本书的研究工作和出版得到了国家社会科学基
（16FJL007）和国家统计局"2017投入产出研究课题"的

中国经济分析：2007—2017

刘新建 王薇 李小文 杨茜 陈文强 苗晨 著

燕山大学出版社

·秦皇岛·

图书在版编目(CIP)数据

中国经济分析:2007—2017/刘新建等著. —秦皇岛:燕山大学出版社,2023.8
ISBN 978-7-81142-490-4

Ⅰ.①中…　Ⅱ.①刘…　Ⅲ.①中国经济—经济分析—2007—2017　Ⅳ.① F12

中国国家版本馆 CIP 数据核字(2023)第 226465 号

中国经济分析:2007—2017

ZHONGGUO JINGJI FENXI:2007—2017

刘新建 王　薇 李小文 杨　茜 陈文强 苗　晨 著

出 版 人:陈　玉

责任编辑:唐　雷

责任印制:吴　波　　　　　　　　　　　封面设计:吴　波

出版发行: 燕山大学出版社　　　　　　　电　　话:0335-8387555
　　　　　 YANSHAN UNIVERSITY PRESS

地　　址:河北省秦皇岛市河北大街西段 438 号　邮政编码:066004

印　　刷:廊坊市印艺阁数字科技有限公司　　经　　销:全国新华书店

开　　本:710 mm×1000 mm　1/16　　　　印　　张:14.75

版　　次:2023 年 8 月第 1 版　　　　　　印　　次:2023 年 8 月第 1 次印刷

书　　号:ISBN 978-7-81142-490-4　　　　字　　数:248 千字

定　　价:72.00 元

内容提要

本书是国家统计局发布的"2017 投入产出研究课题"的研究成果之一，主要内容包括四方面：(1)基于投入产出表的中国经济发展质量评价；(2)最终使用结构变化对中国经济增长的影响分析；(3)最终使用结构对产业结构的影响分析；(4)基于超局部闭模型的最终使用变化对经济增长的影响分析。在研究中，利用了 2007 年到 2017 年的历年投入产出表，经过规范统一，分别形成 10 部门、23 部门、38 部门和 127 部门投入产出表，并且编制了 2007、2012 和 2017 三个年份的 36 部门不变价格投入产出表。研究中所使用的分析方法除了传统投入产出模型以外，还使用了我们提出的多因素多阶影响分析(MMIA)和超局部闭模型等技术。利用投入产出技术进行应用经济分析可以提供非常丰富的数据信息，许多都是非常有意义的。另外，在对感应度系数的经济含义深入分析后提出观点，得出还是用完全需要系数或完全消耗系数计算感应度系数更合理，同时提出推动力系数概念。比较突出的主要研究结论包括以下几点：

(1)从 2007 年到 2017 年，中国经济发展质量经历了逐步提高的过程。首先，人民生活质量不断改善，衣食住行娱各方面全面提高。我国居民生活正在从封闭的居家生活走向开放的现代社会生活。在 2012 年开启的新时代中，居民对服务的消费逐渐超过对物质资料的消费，既体现了人们生活质量的提高，也促进了我国产业结构的转型升级。以食品相关产品占比水平显示的恩格尔系数表明，我国正从小康迈向初步富裕。其次，我国的产业结构不断优化升级。第一产业增加值占比逐步下降，其变化反映了人民生活水平的提高和经济的进步。第二产业中矿采产品占比大幅下降，现代制造业产品的国际竞争力越来越强。第三产业中现代服务业占比大幅增长。这些变化从产业结构演进上表明：我国开始进入高质量发展阶段。再次，以劳动报酬系数提高引致的中间投入率下降标志着经济技术的显著进步，科学研究和技术服务部门在进出口上的表现展示了我国科学技术的进步。无论是农产品还是工业产品，我国的国际竞争力都在持续增强，部分服务业的国际竞争力也在提高。最后,在 2012 年开启的新时代,国家提供的公共产品有了明显改善,在科技、公共服务和文化体育等方面有了较大进步。但是,有些缺陷也是明显的:一是农产品的国际竞争力还比较低,对农业的支持还有待确实加强;二是现代服务业的国际竞争力还较弱,赚取外汇依然要靠工业产品;三是公共财政对教育的支持相对下降。

(2)最终使用的几大项作为拉动经济增长的三或四驾马车在我国经济发展中的角色正在发生变化。2007 到 2012 年期间,资本形成占 GDP 比重显著增大,居民消费占比显著减小,这种趋势在 2012 到 2017 年期间实现翻转。净出口占 GDP 的比重持续快速下降。政府消费在 GDP 中的比重基本稳定,微幅下降。

在投入产出模型下经济增长的影响因素中,固定资产投资起决定性的作用,这一点在 GDP 总量和分部门总产出的增长中是相同的;直接消耗系数矩阵和政府消费总量对 GDP 增长的贡献率影响也很大。这有力地促进了经济增长,但是,居民消费结构改变对经济增长的作用较弱,在 2007 到 2012 年时期还是负作用。其间,净出口的总量和结构对 GDP 增长的作用都是负向的。净出口变化对有些部门如矿采产品、纺织服装类部门增长的影响比较大。

(3)在产业结构的变化中,居民消费结构对相关物质资料生产部门的份额变化影响起主导作用;相对于 2007—2012 年,2012—2017 年居民消费结构变化对轻工制造业、能源电力行业、公共服务业等部门影响变小,而起重要作用的第三产业部门数量增多,这正是居民消费结构升级的结果。政府消费驱动的主要还是公共产品属性强的科学技术、水利与环境和文体娱乐等部门,对教育份额的作用是负向的。信息传输及软件和信息技术服务在资本形成中的占比持续增加,体现出我国建筑行业和设备制造业现代化的发展。与此同时,资本形成也是该产业总产出份额上升的重要驱动因素。资本形成主要对资本密集型产业影响较大。净出口对住宿和餐饮总产出份额的影响体现了我国居民对国际旅游市场的影响力。

(4)根据超局部闭模型分析的结果,净出口代表的外生部门总额降低 30%,对我国 GDP 的影响在 1% 左右,这正相当于与美国脱钩的数量结果。虽然净出口总额占 GDP 的比重已经比较低了,但是,整个净出口对 GDP 的影响是巨大的,其全额影响达到 3 至 4 个百分点。

（5）重要政策建议：以从 2020 年到 2050 年人均 GDP 再翻两番、未来需要大约 10 年的 8% 左右的高速经济增长期为基本出发点，应该在保证人民全面小康生活水平的条件下，坚持可持续发展指导思想，以消费增长计划（包括居民消费和公共产品消费）作为主导控制器，继续增大固定资产投资以实现"双高（高速度与高质量）"发展，同时，再提高对第一产业的财政政策支持力度以保证"三农"高水平发展，加强和改善对教育的经费支持水平并注意提高教育生产效率。

序

——经济与经济学的理论思考

这本著作本身是关于中国经济的实证研究，其中充斥着太多的分析技术和烦琐的数字分析，如果读者只想尽快了解基本观点，可以只浏览其中每章的结论性部分。相信书中提出的一些分析技术对于专业人员是有用的。分析技术中，比较完整描述的是多因素多阶影响分析技术和超局部闭模型技术，其中新提出了区分正向影响和逆向影响，对关联分析提出了推动力系数。另外，第3章关于中国经济发展质量评价的内容为经济评价的理论和实践提供了一种新思路。在这个序里，我想谈一些关于经济和经济学研究的理论性思考，不使用任何公式符号。算起来，从事经济研究工作已经30余年了(从1992年算起)，没有多少浪花，但还是有一些思想沉淀。乐观点，余生还有二三十年，未来的思想或许还有发展。

我本科学习物理学，硕士阶段学习和研究管理科学，学位论文是关于评价理论与方法；博士专业是管理工程，研究方向是投入产出技术，学位论文是关于动态投入占用产出理论与方法。由于路径依赖，研究过程一直偏好理论思维，而课题研究工作都是实证性的，所以，一方面经常喜欢咬文嚼字，偏爱严谨的概念分析，另一方面盯着现实，希望理论符合实际，关注实践性。下面就从对经济和经济学两个概念的剖析谈起。

一

关于经济之义，其实很简单，就是人要衣食住行，这就是需求，然后就得生产，这就是供给，生产与消费或供给与需求构成一对矛盾，因此，凡是与生产消费矛盾有关之事物都可以称为经济事物。在纯粹的自给自足经济中，生产与消费是一体的，二者的矛盾是生产限制了消费。随着商品经济的发展，生产与消费脱离了直接联系，转化为供给需求的关系，而且中间环节在资本主义经济中不止一层；另外，经济关系中增加了更加复杂的金融关系。由于中间关系的复杂化，供求矛盾也就是生产消费矛盾的解决出现了巨大的不确定性，因此形成了资本主义经济危机的周期性根源。

所谓经济学就是关于一定范围内经济系统的生产消费矛盾运动规律的知识体系。按不同的经济领域和专门问题，就形成了许多的经济科学学科。这里强调一下经济学和经济科学的分别。

在20世纪80年代中期初学经济计量学时，很纠结"econometrics"这个词，是叫计量经济学还是经济计量学好。那时的教科书上一般都认为这门学科的研究是"揭示经济活动中客观存在的数量关系或客观规律"。在我的内心对这种观点不认可，不愿承认它是一门经济学，所以，一直喜欢称其为经济计量学。实际上，需要区分经济计量学本身的研究和应用经济计量学模型方法对经济或经济学问题的研究。对经济计量学本身的研究创造的知识属于经济计量学这门学科，其本质上属于应用数学性质的。应用经济计量学模型方法确认特定经济系统在特定时空的某些特征的研究属于实际经济问题研究，其研究成果服务于特定经济管理问题或经济史判断问题。应用经济计量学模型方法对某个一般经济学理论命题的实证研究属于经济学研究，其研究成果填充经济学知识体系，可以属于某个特定的经济学分支学科，其研究活动也就属于某个特定的经济学分支学科研究。从econometrics这个特定学科词汇的分析可以看出，一般所说的经济研究或经济学研究应该进一步严谨细分界定，如果继续模糊下去就使人感觉名不正言不顺。

根据钱学森科学技术体系学的观点，全部科学技术知识都可以分成三个基本层次：应用技术、技术科学和基础科学，在基础科学之上还有哲学。其中，基础科学是关于客观事物规律的知识，应用技术是人类实践的方法步骤知识，技术科学是应用基础科学理论对应用技术科学性的论证知识①。因此，我们把关于各种各类经济系统运动的一般规律的知识称为理论经济学，也就是通常所说的经济学原理。一切创造经济学原理知识、发现经济规律知识的研究都可以称为经济学研究，这就是我们前面的说法；一切应用经济学原理知识为经济管理决策提供科学依据的研究称为经济研究或应用经济学研究（直接的应用研究提供管理咨询报告，间接的应用研究提供实践分析报告及经济预测）；经济学研究和应用经济学研究中使用的方法属于应用技

① 运筹学是典型的技术科学学科，其本身的知识不包括任何客观系统的规律，其中的论证证明也不包括任何新数学知识的发明和发现，完全应用的是已有数学知识；其论证的标的是最优化模型解的存在性、唯一性、最优性等特征和解法的科学性。

术知识,特别是其中的数量分析方法构成数量经济学技术知识体系;发明经济学和应用经济学研究方法的研究属于技术科学研究,其成果构成经济研究方法论(把经济学研究和应用经济学研究统称为经济研究);数量经济学是经济研究方法论的分支学科,经济计量学又是数量经济学的分支。经济学原理、经济研究方法论、经济研究方法一起构成经济科学知识体系。

这里还要区分经济科学分支学科和经济学教科书。一门学科就是关于一类特殊研究对象的知识体系。在一门经济学教科书中可能包括多个层次的知识,不仅有经济学原理知识,还有应用原理处理实际经济问题的管理学知识,还有发现经济学原理的方法知识,许多时候还有相关的哲学层次知识。关于一门学科的研究对象的讨论属于哲学问题,它不可能用该学科的本身知识形式逻辑地解答。金融学等被认为是应用经济学的学科,就是这种混合性非常强的教育教学学科,这类著作也供一般读者学习经济科学知识。实际上,对知识进行分门别类是为了方便知识管理、应用参考和学习知识的,而实际工作包括研究工作完全可以打破学科的分界,这正是各种跨界研究出现的内在原因,也是处理复杂巨系统理论和实践问题的需要。

在经济科学学科体系中,除了经济学原理和经济研究方法论学科外,还有两门历史科学学科:经济史和经济思想史。这两门学科实际上是交叉学科,既属于经济科学也属于历史科学。实际上,以任何一门学科为核心,都可以形成包括本体学科、方法论学科和学科史的知识体系,不妨称之为××科学,所以,现在有物理科学、数学科学、历史科学等称呼。大多数社会科学都会有两门历史科学学科,即对应的社会实践史和学科思想史。在经济科学中,有经济思想史和经济学说史两种学科,学说史是思想史的一部分。经济法学和经济行为学(认知经济学)都不属于经济学原理学科,其中心词分别是法学和行为学,但是可以属于经济科学,属于交叉科学。

二

持续经济增长是几乎所有国家追求的经济目标,但是,在市场经济下,如何实现经济增长成为一个复杂的问题,经常落入宽松或从紧的财政政策和货币政策争论中。在这种争论中,大多数人忘记了经济增长的"初心使命",即为什么要增长的问题,进一步是对什么是增长的认识模糊不清。

在 2021 年年初时,国内外各种机构对中国和世界经济当年增长做出了乐观的估计,如 IMF 认为世界经济总体增长可达 5.5%,美国经济增长可达

5.1%,中国经济达 8.1%,对印度的经济增长预测更是达到 11.5%;在 2021 年 4 月时更将全球经济增长率预测为 6%,7 月时对美国的预测达到 7%,甚至有机构预言美国经济增长率将超过中国。但是,后半年的经济形势发展逐渐下滑,新冠疫情一波高过一波,美国通货膨胀率达到创纪录的水平。此时,各个机构对 2021 年和 2022 年的预测已经陷入了悲观氛围,纷纷下调预测。于是,人们在一片悲声中迎来了 2022 年。

在 2021 年 2 月时,我曾对经济形势给了一个大致估计:"2021 年的经济首先是恢复,恢复的第一步是达到正常。2020 年世界经济衰退约 4%,假如(2021 年)潜在增长率与 2019 年相当即应增长约 3%,如果是完全恢复的话,则 2021 年增长率应接近 7%;考虑到疫情和衰退对生产力的破坏,2021 年世界经济总体应增长 5%~6%。这只是恢复![1] 美国经济 2020 年衰退 3.5%,2019 年增长约为 2.3%,美国经济从恢复角度看,2021 年应增长约 5.8%。中国经济 2020 年增长 2.3%,2019 年增长 6%,从恢复角度看,中国 2021 年增长应为 3.7%;2020 年中国投资增长 2.9%,带来的新 GDP 增长应在 2%~2.5%,所以,2021 年中国经济的正常增长是(3.7+2.5)%=6.2%。中国经济 2021 年的增长要达到 8%甚至 9%,这需要中国经济效率的进一步提高。"

从 2022 年 2 月各机构公布的 2021 年经济增长估计数据看,全球经济总体仍然没有从新冠疫情造成的破坏中完全康复,只是基本恢复(IMF 发布是 5.9%,世界银行发布是 5.5%);美国经济是初步恢复,增长了 5.7%,但是使用了极度宽松的货币政策,引起严重通货膨胀,达 7%;中国经济在恢复的基础上有所增长,总增长 8.1%,但也付出了超常的努力。实际上,除了中国以外,大多数国家都是冒着极大的风险维持经济增长,以至于造成新冠疫情长久不灭。

关于经济增长这件事的道理其实很简单。正常情况下,经济增长就是经济生产能力的增长,这正是经济增长理论的概念。对经济来说,生产能力是由固定资产决定的。同样的固定资产,单纯依靠劳动力的努力和效率的提高增加生产,其增长率在一年之中非常有限。而增加的固定资产(约相当

---

[1] 恢复性增长的精确含义:设 2019 年和 2020 年实际增长率分别是 g_{2019} 和 g_{2020},若 2021 年实现恢复性增长,则 2021 年应有增长率 $g_{2021} = \dfrac{1+g_{2019}}{1+g_{2020}} - 1$。在这种精确定义下,世界、美国和中国 2021 年的应有恢复性增长率分别是 7.29%、6% 和 3.6%。

于投资)要形成可以利用的生产能力一般有个延滞期。部分可以在一年以内实现设计的生产能力,这一般被称为短线投资,但大多数特别是有利于长期发展的投资,延滞期都要在 1 年以上(虽然个别在 10 年以上,实证发现平均在 2 年左右)。所以,正常情况下,某年的经济能不能实现增长要看前一年有多少固定资产投资。增加的固定资产首先要补偿前面生产对老固定资产的磨损消耗和无谓破坏,其次才是增加成长的生产能力。以这个道理来看 2021 年的世界经济形势会明白:2020 年是个非正常年份,不仅没有经济增长,而且是经济衰退,也就是说,不仅没有实现 2019 年提供的成长生产能力,而且有部分老的生产能力也没有利用。因此,2021 年只要能充分利用老的生产能力就有增长,再能利用 2019 年投资增加的生产能力,增长就能再进一步;假如 2020 年还有相当的新投资,那么,2021 年就会有更多的增长。也就是说,2021 年的增长可以由三部分组成:老能力的恢复性利用+2019 年投资的利用+2020 年投资的利用。但是,实际的结果是,世界经济总体的增长仅仅是恢复利用老的生产能力和部分利用 2019 年的投资能力;美国经济也仅仅是比较充分利用了 2019 年投资增加的能力。这是从宏观效果来看,在微观上当然存在新老替换,含有 2020 年投资的利用。相比较而言,中国经济则要好很多了,不仅充分发挥了老的生产能力,而且很好利用了2020 年投资形成的新生产能力,更进一步提高了生产效率,并有效利用了2021 年的短线投资能力。另外,2021 年美国通货膨胀严重,完全是因为过度宽松的货币政策再加上 2020 年没有储备好生产能力(即投资不足)。不仅美国投资不足,而且整个世界都处于衰退之中,投资不足。

展望 2022 年世界经济,各机构的悲观预测不是没有道理的。对全球总体而言,在基本面进一步向好的情况下,可以恢复利用的生产能力带来的增长不到2%,即使能恢复 2019 年以前的增长能力,总增长能力也难以逾越 5%,更何况新冠疫情对劳动力资源和老生产能力都造成了明显的破坏。现在各机构对 2022 年增长的预测都在 4.5%以下。新冠疫情对美国经济生产能力的破坏不可低估,再加上财政和货币政策的困境,美国经济 2022 年增长率应在 3%~4%,这已经是美国经济的正常中上增长水平了。中国经济由于 2021 年的超常发挥和 2022 年世界经济的低增长率,2022 年的增长率也会有所回落①。

---

① 据报道,2022 年全球经济总增长率是 3.2%,美国是 2.1%,中国是 3%。

经济增长不仅表现为量上的变化,也必须配合质的提高,增长才是可持续的。很显然,假设人口没有增长,也就是劳动力数量没有增长,再假设已经实现充分就业,即劳动生产率都达到了最优水平,那么在新增投资形成的生产能力不能更有效即单位固定资产的生产率不能更高的情况下,新增生产能力的效能是不能发挥出来的,因为没有富余的劳动力转移过来使用它们。所以,一切有效的投资增长和经济增长都必须是伴随着科技创新的实现,否则就是不可持续的。

就世界经济发展格局而言,最发达经济体的国内生产总值增长率难以较高,2%甚至1%左右是未来常态,经济危机之后或新冠疫情一类的灾后时期,作为恢复性增长会高一点。所以,在未来的正常情况年份,世界经济的总体平均增长率显著高于发达国家的经济增长率是必然的。但是,在全球化资本主义机制下,跨国资本会在发展中国家的经济中占据控制地位,最发达国家会依靠资本收益实现国民收入增长。

由上述分析可知,所谓经济增长的三驾马车,其实是两架马车:投资是为消费和出口服务的。在生产资料优先增长规律下,投资在一定情况下可以超前增长,但只有在既定的时期及时转化为消费和出口能力才是有效的投资。经济要实现增长必须预先实现投资增长,而投资的增长会压缩消费的增长,这就是消费与积累的矛盾运动。从根本上说,不能长期以出口拉动经济增长,这不仅是避免外部影响的问题,而且是生产的目的问题。出口是为了进口。一国一地生产是为了本国本地的消费使用,提高本国人民的福利水平,所以,本国居民消费的增长是最终的目的,单纯为出口生产是变相的殖民地经济。到本世纪中期即 2050 年,中国要达到中等发达国家的水平,经济总量以 GDP 度量还需要翻两番,即人均国内生产总值从10 000 美元增长到 40 000 美元左右,因此在未来 15 年保持中高速增长(不低于 6%)仍然是必要的[1],这就必须继续保持较高的积累率,维持固定资本形成在国内生产总值中的较高比例。

---

① 以 2020 年为基础,人均 GDP 以 10 000 美元计,实现 2050 年翻两番,若 2035 年前以 6%的速度增长,2035 年到 2050 年就必须以 3.5%的平均速度增长;若 2035 年前以 6.5%的平均速度增长,2035 年到 2050 年则可以 3%的平均速度增长。若 30 年匀速增长,则需要年平均增长 4.73%。

三

在一般文献中经常有关于产业结构优化升级的分析，普遍一个观点是，所谓产业结构升级就是第三产业占比不断提高，第二产业占比不断下降。但是，这是一个似是而非的观点。

三次产业的划分在学术研究上现在是一个惯例，但并不是一个科学的产业分类体系。从人类社会历史长河中看，最早的产业分离是三次社会大分工，即农牧业的分离、手工业的分离和商业的分离。这种社会大分工是生产力发展的结果，也是经济系统发展的基本规律。吃饭对人类的生存来说是第一位的，所以，在只有集中全部落的劳动力进行采集捕猎才能维持生命的生产力水平下，部落成员之间就很少完全专业化分工。当可以通过种植和养殖稳定获取大量生存物资并出现了相当量的剩余产品后，种植农业和畜牧业就形成了专业化分工，并出现了专业的、不生产的社会管理者（并逐渐形成统治阶级），于是生产生活用品的手工业者就出现了；随着农业生产工具需求的增加，相关的手工业就形成了，与此同时，就形成了市场，最后就出现了专门的商人，商业就形成了。这就是古代社会分工的发展方式。

现代社会分工的发展起始于第一次工业革命（惯例上中文也叫产业革命）。首先，生产力的飞跃进步使得工业超过农业成为社会的最大产业。与之相配的运输业、商业同时也获得了极大的发展。其次，与资本主义运行机制相联系的金融业也进化和发展了，证券、保险、银行都成了社会的重要行业。工业的发展造成了人口的集中，城市化形成了对餐饮、娱乐、商业和客运业的大规模需求，最后就形成了规模化的生活服务业。

在这第一波现代服务业的大发展中，首先是服务于工业生产的运输业、商业和金融业获得了发展，其次是服务于人口集中生活需求的生活服务业获得了大发展。可以看出，这些第三产业的发展完全是随着第二产业特别是工业的发展而兴起的。

服务业的发展不仅得益于物质生产部门内部服务活动的分离，而且得益于物质生产部门劳动生产率的提高。与农业劳动生产率的提高为工商业发展提供了剩余劳动力相似，物质生产部门在完成工业化之时，将有更多的劳动力剩余。这些剩余劳动力为传统家庭内劳动的分离提供了条件，为更多人力资源从事科技文化活动创造了条件，从而提高了整体社会的生活质量。

随着市场化的不断发展,特别是信息技术的发展和大规模应用,服务业获得了新一波发展的能量。原来处于实体产业单位内部的财务事务、法律事务、安保工作有一部分分离出来,发展成了第三方服务业。为了降低成本、节约资本,催生了设备租赁服务业,这在发达国家已经是细分层次的支柱产业。服务外包成为现代工业企业发展的一种重要形式,诞生了一批包括产品售后服务和企业内生产技术与管理咨询服务在内的现代服务业。这些都是生产性服务业。

在第一次工业革命下的社会发展中,工人阶级的劳动强度是被逼到了极限的,日工作时间超过 10 个甚至 12 个小时。随着生产力水平的提高和资本主义社会工人阶级的不断斗争,现代社会特别是发达国家的劳动时间在不断缩短,人们有了更多的闲暇时间,这就产生了对生活性服务业的更大需求。原来只属于贵族和富人享有的家务服务成为许多工薪阶层的需求,形成了庞大的家政服务业。

资本主义国家工商业和服务业的发展不仅依赖于本国农业劳动提供剩余农产品,而且高强度剥削了殖民地半殖民地国家的剩余产品。美国和西欧现代服务产业的发展不仅得益于从广大发展中国家输入廉价工农业产品,更是通过诱引高素质人才剥削掠夺了广大第三世界国家人民的劳动成果,由此实现了剩余劳动产品的国际转移。

在信息化社会,信息技术极大提高了生产效率,各行各业的升级发展都在信息技术的催生下加速进行。信息技术也在改变人们的生活方式。

由以上对发展过程的分析可以看出,从全域广义上看,服务业的发展不仅是人们生活水平不断提高的需要,也是社会生产力发展的必然结果。展望未来社会,不仅工农业生产越来越自动化和无人化,家庭服务也逐渐走向智能化和机器人化。这一切既会为资本投入提供广泛的机会,也最终会挤压资本获取利润的机会,社会经济走向纯内涵式发展,循环经济成为主流生产方式,经济增长不再是宏观管理追求的目标。这就是共产主义社会的前夜。但是,在这之前,资本会在不同发展水平国家间转移,先发展的资本主义国家会成为食利国。服务业在不同国家内发展的速度和水平也会不同。一些小国有可能服务业先行发展,依靠服务业成为富裕国家,甚至落后国家的服务业也会先于工业发展,如阿尔巴尼亚、巴基斯坦、津巴布韦、南非等国的第三产业增加值占 GDP 比重都大于中国。

四

共同富裕或共同幸福是社会主义制度国家追求的社会发展目标,也是社会主义社会的本质特征的体现。新时代中国特色社会主义的发展正在朝着这个目标迈进。

在完全由资本主导的市场经济社会,平均来讲,一线劳动者即无产阶级的收入一般仅够维持生活①。这里的平均包括三层含义:一是从一个人一生消费所需而言,二是从维持一个家庭的平均正常生活消费(劳动者的生活消费、养育子女的费用、赡养老人的费用)而言,三是从全社会平均意义而言②。有人或许会说,在富裕社会中,大多数人或家庭都有相当数额的储蓄,在资本社会中,所有人都可以有财产投资而获取收入。但实证研究已经表明,大多数家庭的储蓄平均也只够应急之需,一般大众投资于资本市场的财产的收益不比银行存款利息高,赶不上通货膨胀。在这里,不排除个别人的幸运跳跃,从中产阶层甚至贫困阶层升级为富裕阶层,但对绝大多数人而言,这是不可能的,大众不可能靠财产收益致富。所以,在社会主义市场经济国家,必须发挥政府的调节作用,还必须发挥公有经济的保证作用,才能保证普通大众的共同幸福。

对于市场经济社会,减税在一定机制上可以促进经济增长,但是,不能保证提高工薪阶层的收入水平。在美国里根政府时期,为了破除经济滞胀的魔障,据说是采用新自由主义的供给学派经济学理论,削减政府预算以减少社会福利开支,控制货币供给量以降低通货膨胀,降低个人所得税和企业税以刺激投资,放宽企业管理规章条例以减少经营成本。有人非常欣赏里根时期,提出了里根经济学的概念。但是,里根时期虽然使美国走出了滞胀的泥潭,但是又进入了被惊呼为天文数字的巨额财政赤字旋涡,扩大了社会

---

① 这里的生活不是维持基本生存水平的生活,而是与社会生产力发展水平相适应、与一定富裕水平的社会生活需求相适应,即实现一定水平的衣、食、住、行、娱和教育发展要求的生活。

② 在全球化的世界中,也许个别小国可以成为食利国,如卢森堡、瑞士,但在更大的地区范围内,社会中必然存在人数最多的一线劳动者,他们的收入水平仍然是维持日常普通生活消费的水平。在古代社会的每个朝代晚期,统治阶级及附属的人口(家族内人口、仆人、社会服务者)越来越多,其物质产品需求严重超出劳动阶级的剩余产品生产能力,导致赋税不断加重。现代资本主义则创造了越来越大越多的奢侈需求产业和虚拟经济产业,这些会加重劳动阶级的生产负担。

的贫富鸿沟,随后进入了新的经济危机周期。在克林顿政府时期,面对经济危机和巨额财政赤字,采取了结构性增税、财政支出结构性增减的政策,最后财赤消灭,连续四年盈余,经济繁荣,一时让西方经济学家高呼资本主义经济又一次可以避免衰退性周期,进入可持续发展轨道,并发明"新经济"一词。但是,事实总是无情打脸,在21世纪初的2001年即出现了经济衰退,而且研究表明,在美国历史上最长的这个经济扩张期间①,收入的两级分化进一步扩大,工薪阶层的实际收入不仅没有增长,还有所下降。到2001年后,美国的财政赤字迅速恢复到里根政府时期的水平,并于2008年爆发被称为"金融海啸"的经济危机。近些年美国政府机构因为国会对预算赤字争辩两次关门(2013年和2018年),多次面临关门的威胁。相比里根政府时期,现在的财政赤字才是天文数字,2020年为3.13万亿美元,2021年为2.77万亿美元,而国债总额更是超30万亿美元。2011年爆发了占领华尔街运动,99%起来反对1%。

在理论上,对于以私有制为主体的资本主义经济,增长速度越高,收入分配差距扩大越快。因为,增长是要靠积累的,而积累就是增加资本投资,资本投资是以利润为向导的。在私有制为主体的经济中,资本为私人所有,经济增长越快意味着资本获取的利润越大。因为私有经济在我国已经占有较大的比重,而我国经济增长速度一直处于高水平,这就造成了我国的基尼系数难以下降。现在,我国的基尼系数水平与美国相近,都是0.4多。但是,不能将二者等同评价,因为,美国的平均经济增长速度只有3%左右,而我国曾长期接近10%。随着全面小康社会的建成和巩固,随着国家共同富裕蓝图的落实,我国的收入分配两极化将趋于缓和,基尼系数趋于下降。但是,如果经济增长再次提速,对于削减基尼系数会有抑制。

资本是市场的产物,其社会属性具有两重性。首先,它被其所有者用来获取利润,即超过本金的收益,称之为私人角色;其次,在资本主义社会中,它是社会积累的手段,社会经济通过资本运用实现增长,称之为社会角色。

---

① 20世纪80年代后资本主义国家经济周期的增长期加长得益于中国经济的长期稳定增长。改革开放后,中国经济实现了长期高速稳定增长,与西方世界经济的联系越来越紧密,这一方面为发达国家提供了越来越多的便宜工农业产品,另一方面形成了巨大的、质量不断发展的需求,这有效抑制了传统资本主义生产的过剩危机。所以说,近半个世纪以来,中国经济是世界经济的强力稳定因子!

在资本主义以前的社会中,个别资本的大规模扩张是偶然的、个别的,不是社会经济发展的主导者。

资本的私人角色和社会角色是资本和资本社会中的一对矛盾。在私有制主导的资本主义社会中,资本运用成为社会经济发展的主导者,其私人角色经常性地成为矛盾的主要方面,决定着资本主义国家的社会性质。而社会角色作为资本的天然的和固有的属性,总是在为自己争取发挥作用的空间。所以,在历史的长河中,资本的社会角色属性推动了人类社会的发展,通过经济危机迫使私人角色为自己让路,在一定程度上为自己提供服务。由于私人角色的主导作用,使得资本主义社会的主要矛盾表现为资本家阶级和工人阶级的矛盾。根据马克思主义原理,在资本主义社会发展的最后阶段,资本的社会角色力量会越来越强,最后通过工人阶级的斗争,实现资本主义社会向社会主义社会的转换。

在社会主义市场经济中,存在着公有资本和私有资本,且公有资本起主导作用。公有资本的私人角色由公有资本的人格化功能执行者承担。无论社会主义社会还是资本主义社会,资本的运用都受到国家的监督制约。但是,在资本主义社会,国家权利以私有资本的代理者为主导,在社会主义社会,国家权利是以人民大众的代理者身份为主导,因此,资本的私人角色在社会主义社会受到更强的监督,从而资本的社会角色有更强大的主导作用。

凡国家因政治制度与经济制度而组成,以政治制度为其运作引领,经济制度为其根本依赖。经济制度以社会之阶级结构为支撑。因此,制度在根本上是为人之利益服务的。私有制的资本主义国家政治以最大资本的利益为准绳,公有制的社会主义国家政治以最广大的人民利益为准绳。在人之各种利益中,以经济利益最为基础,有经济才能生存和生活,然后才有政治和文化。然私人利益若没有公共利益的约束,则会泛滥膨胀,以私人利益损害他人和社会利益。

从经济分配的角度看,在市场经济中,总体收益首先被分成三块:劳动者个体(家庭)所得,资本所得,公共所得。以"蛋糕论"而言,总蛋糕是一,被三分。有分得增多者,必有分得减少者。分蛋糕的前提是做蛋糕。如果私有资本能够以其社会角色为主导,那么,从分配角度考虑,初次分配表面上的两极分化并不是问题,这时社会经济的主要矛盾是数量与质量的矛盾,是生产结构发展方向的矛盾。但是,如果不能充分制约资本的私人角色的贪欲,则社会的两极分化必然造成社会阶层矛盾的加剧。社会主义市场经济下,资本制度建设的关键就是让资本成为"红色资本",让资本的社会角色成为其矛盾的主要方面。做蛋糕和分蛋糕的矛盾就是生产力和生产关系矛盾的一种体现,社会的经济管理目标就是使得二者协调发展。既不能让做大蛋糕的说辞掩盖了分配不平的矛盾,也不能让平均主义的公平分配①说辞冲击了做大蛋糕的发展规划。在社会主义市场经济下,公有资本的运用应该发挥主导作用和扮演引领角色。

刘新建

2022 年 4 月

---

① 从辩证法看,公平和平等不等于平均分配,但两极分化的收入(社会产品)分配必定是不公平的。

目　　录

第1章 绪 论

投入产出表是国民经济实体系统的一个比较完整的数据库,用一张表全面展示了各类产品在经济系统中的循环流通。它既能反映各个生产部门之间的经济技术联系,也能反映产品在居民消费、公共消费、资本形成和进出口之间的分配,还能反映国民收入在不同产业部门之间和不同生产要素之间的初次分配。

投入产出技术是以一定的投入产出表结构为基础,基于其中的经济量平衡关系,通过设定一些系数建立经济数学模型,以之进行经济数量关系研究的系统分析技术。自1936年俄裔美国经济学家列昂惕夫发表第一篇投入产出技术应用文章以来,投入产出技术已经获得了广泛的应用,现在大多数国家都在编制国民经济投入产出表。

利用序列投入产出表能够对一个国家的经济增长、产业结构变化、收入分配变化、消费与投资变化、进出口变化、技术经济变化做出深入分析,发现经济规律。通过公共消费结构和生产税结构变化,也可以对经济体制变化做某些方面的分析。如果再辅以劳动力、自然资源和环境数据,可以对经济效率和经济发展质量做出相当深刻的分析。

我国自1987年开始定期编制投入产出表以来,每逢二和逢七年份通过专项调查编制投入产出表,每逢五和逢十年份,利用最近年份投入产出表和年度常规统计数据、以数学模型辅助编制延长表。"中国2017年投入产出表"于2019年年末由国家统计局编制完成,为全面准确分析我国经济发展状态和助力"十四五"规划编制提供了数据支持。2022年11月,国务院发布《国务院关于开展第五次全国经济普查的通知》,提出随经济普查统筹开展投入产出调查,因此以后逢二年份的编表将改为逢三年份逢八年份。实际上,在2017年表之后,在试点基础上,国家统计局就紧接着编制完成了2018年投入产出表。

　　当前时期是我国经济结构重定型、从高速增长向高质量发展的重大转折时期。在这样的转折时期,经济增长动力特别是"三驾马车"拉动力结构的转型一直是人们研究的重点,但是,经济的各个部分包括最终使用部分内部都是紧密关联的。因此,在分析各个因素对经济增长的作用时应考虑它们的关联关系,不宜简单说增加或减少、提高或降低。本课题在系统整体观的指导下,用合适的系统分析方法对这个问题给予了系统回答,展示了投入产出技术在经济发展质量评价方面的应用意义。

　　相比于 GDP 增长,经济发展更重要的表现为一系列经济结构的变化。从一张投入产出表中,不仅能计算产业结构,还能更全面地计算"三驾马车"的横向拉力结构和纵向产品结构,还能计算每个生产部门的投入结构和国民收入的初次分配结构。投入产出模型把经济作为一个整体,能够体现各种结构之间的相互关系,使得不再孤立地看待和分析各种比例关系,在经济规划中能保证各类子系统之间的协调配合。本课题基于 2007—2017 年度中国系列投入产出表数据,研究包括最终使用的产品结构和使用项目结构的变动对国内生产总值增长和产业结构变动的影响效果,并基于这些分析探讨中国经济发展的未来趋向,对提高经济发展质量提出政策建议。

　　投入产出经济学与主流西方经济学的一个关键区别是:主流西方经济学不考虑中间产品的生产和使用循环,造成经济学理论体系的非完备性。投入产出经济学的理论基础是马克思主义再生产理论,以生产为核心建立经济模型。但是,在西方经济学中有一个著名的投资乘数理论,指出一单位的投资可以在经济系统中引致多于一单位的生产总值,这一点在普通的投入产出模型中无法体现,因为在投入产出模型中,一单位的最终使用只能形成一单位的生产总值。问题的症结在于,主流宏观经济学规定了消费与总收入的比例关系,而总收入主要用于消费与投资,从而在消费与投资间建立了联动机制。在普通投入产出模型中,消费与资本形成(即投资)是独立变化的。为了解决投资乘数问题,把居民部门的消费和劳动报酬收入纳入投入产出模型的内生变量系统,就构成了局部闭模型。实际上,不仅居民消费与总收入密切相关,公共消费即西方经济学中的政府消费也与国民总收入密切相关,基于此,本研究提出了超局部闭模型体系。在超局部闭模型体系下,不仅可以更深入地分析投资乘数,而且可以分析进出口变化对经济系统的影响总量和细节。本课题基于中国投入产出表初步应用了超局部闭模型,得出了有意义的结果。

通过以上各方面的研究,本课题建立了一个基于投入产出表数据分析经济发展的系统框架,形成了对我国经济发展质量的重要方面的系统化认识。出于四舍五入的原因,正文中关于计算结果分析的数据可能与根据书中表格数据直接计算所得的稍有差异,正文分析的计算结果是根据原始数据用计算机连续计算所得,精度比较高。比如:原始数是从 0.280 7 增长到 0.432 4,那么,由原始数计算的增幅是 54.04%,而如果四舍五入到三位小数,即从 0.281 增长到 0.432,那么,增幅的直接计算结果就是 53.74%,二者存在 0.3 个百分点的差。所以,希望专家、读者理解。

第2章 数据与方法

　　以投入产出表为核心的经济分析的基础就是具有权威性的投入产出表数据,方法是以投入产出基本关系为核心的模型体系。本研究包括经济发展质量分析、经济增长分析和产业结构分析三个方面,所用方法除了投入产出基本模型与指标体系外,主要使用了多因素多阶影响分析技术,具体的方法细节见相关章节,本章主要介绍多因素多阶影响分析的基本理论与技术以及超局部闭模型。我们编制了口径统一的基础投入产出表作为数据基础,本章给出相关数据的处理方法。

2.1　数据

2.1.1　数据来源

　　基本数据是国家统计局公布的中国 2007 年 135 部门表及 42 部门表、2010 年 41 部门表、2012 年 139 部门表及 42 部门表、2015 年 42 部门表、2017 年 149 部门表及 42 部门表。编制不变价格表的基础数据来自国家统计局网站数据库中的年度数据:农产品生产价格指数,按工业行业分工业生产者出厂价格指数,居民消费价格分类指数,分行业增加值,分行业增加值指数。

2.1.2　数据处理:部门合并与统一

　　由于不同年份的投入产出表的部门划分有所差异,为统一数据口径,通过部门合并,形成了 10 部门、23 部门、38 部门和 127 部门的多层次投入产出表以适应不同的分析需要。另外,为了分析需求因素对经济增长的影响,编制了 2007、2012 和 2017 年度的 36 部门不变价投入产出表。

　　1. 127 部门表

　　2007 年的 135 部门表缩并成 127 部门表时的部门对应见表 2-1,2012 年的 139 部门表缩并成 127 部门表时的部门对应见表 2-2,2017 年的 149 部门表缩并成 127 部门表时的部门对应见表 2-3。为缩减篇幅,表中只列出了有变化的部门。

表 2-1　2007 年 135 部门合并为 127 部门对照

127 部门		135 部门	
序号	部门名称	序号	部门名称
57	钢铁、钢压延产品、铁合金产品	57	炼铁业
		58	炼钢业
		59	钢压延加工业
		60	铁合金冶炼业
88	废品废料及金属制品、机械和设备修理服务	91	废品废料
99	装卸搬运、运输代理及仓储	102	装卸搬运和其他运输服务业
		103	仓储业
104	软件和信息技术服务	106	计算机服务业
		107	软件业
109	商务服务	115	商务服务业
		116	旅游业
111	专业技术服务	118	专业技术服务业
		120	地质勘查业

表 2-2　2012 年 139 部门合并为 127 部门对照

127 部门		139 部门	
序号	部门名称	序号	部门名称
10	非金属矿及其他矿采选业	10	非金属矿采选产品
		11	开采辅助服务和其他采矿产品
17	其他食品加工业	18	蔬菜、水果、坚果和其他农副食品加工品
		31	纺织服装服饰
30	纺织服装、鞋、帽制造业	33	鞋
57	钢铁、钢压延产品、铁合金产品	59	钢、铁及其铸件
		60	钢压延产品
		61	铁合金产品
72	汽车制造业	75	汽车整车
		76	汽车零部件及配件
77	电线、电缆、光缆及电工器材制造业	82	电线、电缆、光缆及电工器材
		83	电池
88	废品废料及金属制品、机械和设备修理服务	94	废弃资源和废旧材料回收加工品
		95	金属制品、机械和设备修理服务

127 部门		139 部门	
序号	部门名称	序号	部门名称
92	建筑业	99	房屋建筑
		100	土木工程建筑
		101	建筑安装
		102	建筑装饰和其他建筑服务
99	装卸搬运、运输代理及仓储	109	装卸搬运和运输代理
		110	仓储
105	金融业	116	货币金融和其他金融服务
		117	资本市场服务

表 2-3　2017 年 149 部门合并为 127 部门对照

127 部门		149 部门	
序号	部门名称	序号	部门名称
10	非金属矿及其他矿采选业	10	非金属矿采选产品
		11	开采辅助活动和其他采矿产品
17	其他食品加工业	18	蔬菜、水果、坚果和其他农副食品加工品
23	软饮料及精制茶加工业	24	饮料
		25	精制茶
30	纺织服装、鞋、帽制造业	32	纺织服装服饰
		34	鞋
36	文教体育用品制造业	39	工艺美术品
		40	文教、体育和娱乐用品
57	钢铁、钢压延产品、铁合金产品	61	钢
		62	钢压延产品
		63	铁及铁合金产品
72	汽车制造业	77	汽车整车
		78	汽车零部件及配件
77	电线、电缆、光缆及电工器材制造业	84	电线、电缆、光缆及电工器材
		85	电池
88	废品废料及金属制品、机械和设备修理服务	96	废弃资源和废旧材料回收加工品
		97	金属制品、机械和设备修理服务
92	建筑业	101	房屋建筑
		102	土木工程建筑
		103	建筑安装
		104	建筑装饰、装修和其他建筑服务

127 部门		149 部门	
序号	部门名称	序号	部门名称
93	批发和零售	105	批发
		106	零售
94	铁路运输	107	铁路旅客运输
		108	铁路货物运输和运输辅助活动
95	道路运输	109	城市公共交通及公路客运
		110	道路货物运输和运输辅助活动
96	水上运输	111	水上旅客运输
		112	水上货物运输和运输辅助活动
97	航空运输	113	航空旅客运输
		114	航空货物运输和运输辅助活动
99	装卸搬运、运输代理及仓储	116	多式联运和运输代理
		117	装卸搬运和仓储
103	电信和其他信息传输服务	121	电信
		122	广播电视及卫星传输服务
		123	互联网和相关服务
104	软件和信息技术服务	124	软件服务
		125	信息技术服务
105	金融业	126	货币金融和其他金融服务
		127	资本市场服务

2. 多种缩减投入产出表编制

2007 年 42 部门表和 2010 年 41 部门表形成 38 部门表时的部门对应见表 2-4,2012 年、2015 年和 2017 年的 42 部门合并为 38 部门时的部门对应见表 2-5。没有列出的部门是未变化的部门。

表 2-4　2007 年和 2010 年表合并为 38 部门对照

序号	38 部门	序号	2007 年 42 部门	序号	38 部门	序号	2010 年 41 部门
21	工艺品及其他制造业(含废品废料)	21	工艺品及其他制造业	27	交通运输及仓储和邮政	26	交通运输及仓储业
		22	废品废料			27	邮政业
27	交通运输及仓储和邮政	27	交通运输及仓储业	33	科学研究和技术服务	34	研究与试验发展业
		28	邮政业			35	综合技术服务业

序号	38 部门	序号	2007 年 42 部门	序号	38 部门	序号	2010 年 41 部门
37	卫生和社会工作及公共管理与社会保障和社会组织(简称公共服务)	40	卫生、社会保障和社会福利业	37	卫生和社会工作及公共管理与社会保障和社会组织(简称公共服务)	39	卫生、社会保障和社会福利业
		42	公共管理和社会组织			41	公共管理和社会组织

表 2-5　2012、2015 和 2017 年表合并为 38 产业部门对照

38 部门		42 部门	
序号	部门名称	序号	部门名称
16	通用及专用设备制造业	16	通用设备
		17	专用设备
21	工艺品及其他制造业(含废品废料)	22	其他制造产品
		23	废品废料
		24	金属制品、机械和设备修理服务
37	卫生和社会工作及公共管理与社会保障和社会组织(简称公共服务)	40	卫生和社会工作
		42	公共管理、社会保障和社会组织

23 部门与 127 部门和 10 部门与 38 部门的对照表分别见章后附表 2-1 和附表 2-2。

2.1.3　数据处理:不变价投入产出表编制

为了应用国家统计局发布的现有价格指数数据编制不变价投入产出表,作如下假定:(1)忽略年度统计数据的部门划分与投入产出表部门划分口径的差别;(2)以 38 部门表为基础统一归并部门成为 36 部门投入产出表。具体数据处理如下:

(1)各部门产品均以 2012 年价格为 100 作基础。所以,在使用国家统计局公布的价格指数时,均将其"上年 = 100"的值转换成"2012 年 = 100"的值,转换公式为:

对应 2012 年及以前年份,

$$t \text{ 期价格指数}(2012 \text{ 年} = 100) = \frac{(t+1) \text{ 期价格指数}(2012 \text{ 年} = 100)}{(t+1) \text{ 期价格指数}(\text{上年} = 100)}$$

对于 2012 年及以后年份,

t 期价格指数(2012 年 = 100) = t 期价格指数(上年 = 100) × $(t-1)$ 期价格指数(2012 年 = 100)

（2）农产品价格指数计算。

① 将"农产品生产价格指数年度数据 2001—2019（上年 = 100）"转换为以 2012 年为 100 的不变价格指数。原始数据来自国家统计局网站数据库。

② 农产品、林产品、畜牧产品、渔产品的不变价格指数根据国家统计局网站"农产品生产价格指数年度数据（上年 = 100）"换算为"2012 年 = 100"的。

③ 2007 和 2017 年"农业产品生产者价格指数（2012 = 100）"以相应年份投入产出表农产品、林产品、畜牧产品、渔产品的总产出结构比例为权重加权平均得到,忽略农、林、牧、渔服务产品的影响。

（3）工业部门产品价格指数计算。

① 将"分行业工业生产者出厂价格指数年度数据 2012—2019（上年 = 100）"转换为以 2012 年为 100 的不变价格指数。原始数据来自国家统计局网站数据库。

2007 年原始数据有 38 个部门,2017 年有 40 个部门,二者存在以下不同:2007 年没有开采辅助活动、其他采矿业两个部门,只有非金属矿采选业;2007 年橡胶和塑料制品业两个是分开的,2017 年二者合并;2007 年汽车制造业与铁路、船舶、航空航天和其他运输设备制造业,是合并的,2017 年是分开的;废弃资源和废旧材料回收加工业与金属制品、机械和设备修理业二者在 2017 年是分开的,2007 年没有金属制品、机械和设备修理业价格指数。

② 对 38 部门的非金属矿和其他矿采选产品,2007 年和 2017 年的价格指数都使用非金属矿采选业价格指数。

③ 38 部门的化学产品部门由化学原料及化学制品制造业、医药制造业、化学纤维制造业、橡胶和塑料制品业等部门组成。首先对 2007 年,由橡胶制品业工业生产者出厂价格指数、塑料制品业工业生产者出厂价格指数按 127 部门表总产出权重合成橡胶和塑料制品业工业生产者出厂价格指数,然后,对 2007 年和 2017 年,化学产品部门的价格指数都按 127 部门总产出权重由前述四类部门价格指数加权合成。

④ 对 38 部门表的交通运输设备制造业,2007 年的价格指数直接可用,2017 年的价格指数则由汽车制造业工业生产者出厂价格指数（2012 年 = 100）、铁路船舶航空航天和其他运输设备制造业工业生产者出厂价格指数（2012 年 = 100）按 127 部门表对应部门的总产出占比权重加权合成。

⑤ 对于38部门表的工艺品及其他制造业（含废品废料）部门，首先2007年"废品废料及金属制品、机械和设备修理服务"的价格指数以废弃资源和废旧材料回收加工业价格指数代替，2017年的"废品废料及金属制品、机械和设备修理服务"价格指数等于"废弃资源和废旧材料回收加工业"与"金属制品、机械和设备修理业"的价格指数相加除以2；其次，工艺品及其他制造业（含废品废料）部门的价格指数由工艺品及其他制造业工业生产者出厂价格指数（2012年=100）与废品废料及金属制品、机械和设备修理服务价格指数（2012年=100）按127部门表总产出占比的权重加权合成。

⑥ 其余38部门表工业各部门的价格指数都可以用127部门表对应部门总产出占比形成的权重直接加权合成。

（4）建筑业、批发和零售、交通运输及仓储和邮政、住宿和餐饮、金融业、房地产业的总产出不变价格指数由对应的增加值价格指数反映。

（5）38部门表中的信息传输及软件和信息技术服务、租赁和商务服务、居民服务及修理和其他服务、教育、文化及体育和娱乐等部门的价格指数分别参考居民消费价格指数中的通信服务、租赁房房租类、家庭服务及加工维修服务费类、教育服务类、文化娱乐类价格指数。因为发现居民消费价格指数与行业价格指数有对应的类相比常常是较低的，多在1个百分点左右，所以，使用居民消费价格指数代表服务部门指数时，在其基础上加1个百分点。居民消费统计中有的服务和物质资料混在一起，不适宜作为类似部门的价格指数。

（6）因为38部门表中的科学研究和技术服务、水利及环境和公共设施管理、公共服务三个部门没有找到对应的统计公布价格指数，故将其合为一个部门，使用"其他行业增加值价格指数（2012年=100）"。

通过以上处理，编制出了36部门价格指数（见章后附表2-3），把原38部门投入产出表合成36部门投入产出表，再以这里的价格指数乘以对应部门行，即得36部门不变价投入产出表。

2.2 多因素多阶影响分析

多因素影响分析（简称"因素分析"）是一个在许多学科中普遍存在的数据分析方法论分支，最早在心理学、教育学和医学领域应用广泛，近来在经济分析领域比较盛行。在经济分析中普遍应用的方法是结构分解分析

(Structure Decomposition Analysis, SDA),但是,该方法在科学性上存在缺陷。通过系统分析,我们对 SDA 的缺陷作出了评价,并提出多因素多阶影响分析(Multifactor-Multiorder Analysis, MMIA)技术[①]。

2.2.1   因素分析的一般概念

一般地,设有一个因变量 y,如果认为在 y 与一组自变量 $x_1,x_2,\cdots,x_n$ 之间存在影响关系(这种关系不一定是直接的因果关系),且 $x_1,x_2,\cdots,x_n$ 的变化相互独立,并有下面的函数关系:

$$y=f(x_1,x_2,\cdots,x_n) \tag{2-1}$$

这里的 y 和 $x_k(k=1,2,\cdots,n)$ 在理论上可以是任意有限维向量和矩阵,分别代表一种经济量或相关因素,那么,就可以定量分析 $x_1,x_2,\cdots,x_n$ 各因素变化对 y 的变化的影响。每一个 $x_k(k=1,2,\cdots,n)$ 可以称为 $(x_1,x_2,\cdots,x_n)$ 的一个分量。

所谓因素影响分析就是对引起因变量 y 变化的各自变量因素及其组合的作用根据函数关系和数据进行评估或预测分析。

因为单从数学关系出发不可能判断自变量与因变量之间是否是因果关系,所以不叫影响因素分析,而叫因素影响分析。因果关系的确定需要用实质专业理论分析。

2.2.2   对 SDA 的几点批评

SDA 脱胎于统计指数分析,但是,当其应用于变量的因素影响分析时具有科学上的缺陷,基本的缺陷有三点[②]:

(1) 无论 SDA 的各种改进如何组合和平均各种不同因素排序的计算结果,它们都只是消除不同排序间的数量差异,而没有给出物理或经济上的解释理由。

(2) 在使用这种方法的过程中,人们忘记了分析的真正目的,变成了就数论数。实际上,SDA 的确切目的是获得每个因素影响因变量的数量性信息,为经济决策提供参考,但是由于其结果的不确定性,SDA 并没有实现这种实证分析的目的。

---

①   刘新建. 多因素多阶影响分析模式及其应用[J]. 统计与决策,2013(3):76-78.

②   刘新建. 经济理论分析的投入占用产出模式[M]. 北京:科学出版社,2018:104.

（3）在一个有机系统中,一般情况下我们不能区分不同部分的作用大小。一只小螺丝脱落会毁掉整架飞机！因此,在许多时候,用不同权重估计各种因素对因变量的贡献大小是没有意义的,更不用说对不同因素使用不同的权重体系。SDA 方法对不同因素作用的测度使用了不同的权重体系。当然,这里不排除在特定含义下评估一定因素作用大小的意义,这种意义正是因素影响分析技术存在的科学意义。

2.2.3　多因素多阶影响分析技术

对给定函数关系见式（2-1）,当时间从 0 变到 t,因变量 y 从 $y(0)$ 变到 $y(t)$,记

$$\Delta y = y(t) - y(0) = f(x_1^t, x_2^t, \cdots, x_n^t) - f(x_1^0, x_2^0, \cdots, x_n^0) \qquad (2-2)$$

Δy 被称为自变量 $(x_1, x_2, \cdots, x_n)$ 对因变量 y 的总作用或总影响。因素影响分析就是对 Δy 与各自变量因素变化的关系做出分析。

2.2.3.1　多因素多阶影响分析的基本概念

从数学形式看,多元函数的自变量变化虽然可以是相互独立的,但是,它们在因变量上产生的作用可能是相互依存的,即一个自变量产生的影响大小受到其他自变量状态的影响,所以,因素影响分析需要区分独立影响和联合影响。

定义 2.1　令 $(x_1, x_2, \cdots, x_n)$ 的若干分量的组合 $(x_{i_1}, x_{i_2}, \cdots, x_{i_m})(m \leqslant n)$ 的分量同时变动,引起因变量的变化,记 $I = \{1, 2, \cdots, n\}$,$I_m = \{i_1, i_2, \cdots, i_m\} \subseteq I$,且

$$\Delta y_{x_{i_1}, x_{i_2}, \cdots, x_{i_m}} = \Delta y_m(x_{i_1}, x_{i_2}, \cdots, x_{i_m})$$

$$= f(x_1', x_2', \cdots, x_n') \begin{vmatrix} x_i' = x_i + \Delta_i, \ i \in I_m \\ x_i' = x_i, i \in I, i \notin I_m \end{vmatrix} - f(x_1, x_2, \cdots, x_n) \qquad (2-3)$$

则 $\Delta y_{x_{i_1}, x_{i_2}, \cdots, x_{i_m}} = \Delta y_m(x_{i_1}, x_{i_2}, \cdots, x_{i_m})$ 称为 $(x_{i_1}, x_{i_2}, \cdots, x_{i_m})$ 的 m 阶联合总作用。

注：$(x_{i_1}, x_{i_2}, \cdots, x_{i_m})$ 的分量排列顺序与 $(x_1, x_2, \cdots, x_n)$ 相同。当 $m = n$ 时,$I_m = I$,$(x_{i_1}, x_{i_2}, \cdots, x_{i_m}) = (x_1, x_2, \cdots, x_n)$。

定义 2.2　$\Delta y^{x_{i_1}, x_{i_2}, \cdots, x_{i_m}} = \Delta y^m(x_{i_1}, x_{i_2}, \cdots, x_{i_m})$ 被称为 $(x_{i_1}, x_{i_2}, \cdots, x_{i_m})$ 的 m 阶联合纯作用,当且仅当对 $(x_{i_1}, x_{i_2}, \cdots, x_{i_m})(m < n)$ 的分量同时变动,只要存在 $i_k \in I_m$,使 $\Delta x_{i_k} = 0$,就有 $\Delta y^{x_{i_1}, x_{i_2}, \cdots, x_{i_m}} = \Delta y^m(x_{i_1}, x_{i_2}, \cdots, x_{i_m}) = 0$。

注：对总作用没有这样的性质,即其中一个分量的 0 变动不会使一组变

量的总作用为 0。

定义 2.3 设 I_k 是从 $\{x_{i_1}, x_{i_2}, \cdots, x_{i_m}\}$ 中抽取的一个 k 阶组合 $(k \le m)$，$I_m(k)$ 是所有从 $\{x_{i_1}, x_{i_2}, \cdots, x_{i_m}\}$ 中抽取的 k 阶组合组成的一个集合，$\Delta y^{I_k}(x_{i_1}, x_{i_2}, \cdots, x_{i_m})$ 表示组合 I_k 的 k 阶联合纯作用。令

$$\Delta y^k(x_{i_1}, x_{i_2}, \cdots, x_{i_m}) = \sum_{I_k \in I_m(k)} \Delta y^{I_k}(x_{i_1}, x_{i_2}, \cdots, x_{i_m}) \tag{2-4}$$

则 $\Delta y^k(x_{i_1}, x_{i_2}, \cdots, x_{i_m})$ 称为 $(x_{i_1}, x_{i_2}, \cdots, x_{i_m})$ 的 k 阶联合纯作用。$\Delta y^k(x_{i_1}, x_{i_2}, \cdots, x_{i_m})/\Delta y$ 称为 $(x_{i_1}, x_{i_2}, \cdots, x_{i_m})$ 对 y 变化的 k 阶纯作用贡献率，$\Delta y^{I_k}(x_{i_1}, x_{i_2}, \cdots, x_{i_m})/\Delta y$ 称为 I_k 对 y 变化的 k 阶纯作用贡献率。

当 $m = n$ 时，式 (2-3) 就是 $(x_1, x_2, \cdots, x_n)$ 的 n 阶联合总作用即 Δy，式 (2-4) 就是 $(x_1, x_2, \cdots, x_n)$ 的 k 阶联合纯作用。显然有

$$\Delta y = \sum_{k=1}^{n} \Delta y^k(x_1, x_2, \cdots, x_n) \tag{2-5}$$

当考虑 $k(k<n)$ 个给定因素的联合纯作用时，可以把其余 $n-k$ 个因素当作常数。从而可以式 (2-3) 和式 (2-4) 建立联合纯作用的递推关系。

显然，如果 $x_{i_1}, x_{i_2}, \cdots, x_{i_m}$ 中有一个分量的作用独立于其他分量，那么，$(x_{i_1}, x_{i_2}, \cdots, x_{i_m})$ 的 m 阶联合纯作用就等于 0。例如，如果有 $y = f(x_1, x_2) + g(x_3)$，则 x_3 的作用与 x_1 和 x_2 的作用就是可分离的，从而，三阶联合纯作用 $\Delta y^{x_1, x_2, x_3} = 0$。

在总共 $m(m<n)$ 个因素的组合中，当计算出从 1 到 m 的所有各阶组合的纯联合作用后，m 个因素的联合总作用等于从 1 到 m 的所有各阶可能组合的联合纯作用之和。

2.2.3.2 正向分析与逆向分析

对某种因素的作用可以从两个角度进行分析。一个角度是：如果该因素发生变化，将会给因变量带来怎样的变化，这可以被称为正向分析；第二种角度是：如果没有该因素的变化，因变量将会怎样，这可以被称为逆向分析。对于一阶影响，这两种影响具体可以测度如下：

$$\Delta^{\text{I}} y^{x_k} = f(x_1^0, x_2^0, \cdots, x_k^t, \cdots, x_n^0) - f(x_1^0, x_2^0, \cdots, x_k^0, \cdots, x_n^0) \tag{2-6}$$

$$\Delta^{\text{II}} y^{x_k} = f(x_1^t, x_2^t, \cdots, x_k^t, \cdots, x_n^t) - f(x_1^t, x_2^t, \cdots, x_k^0, \cdots, x_n^t) \tag{2-7}$$

式(2-6)是正向分析,式(2-7)是逆向分析。可以看出,式(2-6)是仅有 x_k 变化的情况下因变量变动的幅度,可以评价因素 x_k 对因变量变化的贡献。对于式(2-7),其意义可以理解为有 x_k 变化参与的因变量变化值 Δy[见式(2-1)]与没有 x_k 变化参与的因变量变化值[见式(2-8)]的差,所以,也可以看作 x_k 对因变量变化的贡献。

$$\Delta^{II} y^{x_k^t = x_k^0} = f(x_1^t, x_2^t, \cdots, x_k^0, \cdots, x_n^t) - f(x_1^0, x_2^0, \cdots, x_k^0, \cdots, x_n^0) \quad (2\text{-}8)$$

正向分析用于预测更适宜,说明从现在出发,如果让一个或一组因素变化会带来因变量变动,其结果可以用于制定发展政策。逆向分析用于评估更合适,说明对于因变量当前的表现,如果没有某因素的参与会是什么样的结果,可以用于评估过去的某项政策的效果。当然,这里的过去与未来说法是相对的,如果把式(2-7)右边两项交换位置,其实质就与式(2-6)意义相同。

2.2.3.3 高阶影响分析

所谓高阶影响就是多个自变量发生变化时对因变量的作用。如前指出,可以把高阶影响分成总作用和纯作用。对于给定的一组因素,总作用容易求得,如对 $x_{i_1}, x_{i_2}, \cdots, x_{i_m}$,其 m 阶正向总作用就是式(2-9),其 m 阶逆向总作用就是式(2-10)。

$$\Delta^{I} y_m(x_{i_1}, x_{i_2}, \cdots, x_{i_m}) = f(x_1, x_2, \cdots, x_n) \begin{vmatrix} x_i = x_i^t, i \in I_m \\ x_i = x_i^0, i \in I, i \notin I_m \end{vmatrix} - f(x_1^0, x_2^0, \cdots, x_n^0)$$
$$(2\text{-}9)$$

$$\Delta^{II} y_m(x_{i_1}, x_{i_2}, \cdots, x_{i_m}) = f(x_1^t, x_2^t, \cdots, x_k^t, \cdots, x_j^t, \cdots, x_n^t) -$$
$$f(x_1, x_2, \cdots, x_n) \begin{vmatrix} x_i = x_i^0, i \notin I_m \\ x_i = x_i^t, i \in I, i \notin I_m \end{vmatrix} \quad (2\text{-}10)$$

对于高阶联合纯作用,其分析技术有些复杂,下面给出分解展示。

1. 总作用与纯作用的一般关系

根据式(2-5),组合 $x_{i_1}, x_{i_2}, \cdots, x_{i_m}$ 的总作用由其全部子组合的纯作用(包括一阶作用)加总形成,即

$$\Delta y_m(x_{i_1}, x_{i_2}, \cdots, x_{i_m}) = \sum_{k=1}^{m} \Delta y^k(x_{i_1}, x_{i_2}, \cdots, x_{i_m}) \quad (2\text{-}11)$$

其中, $\Delta y^k(x_{i_1}, x_{i_2}, \cdots, x_{i_m})$ 是 $x_{i_1}, x_{i_2}, \cdots, x_{i_m}$ 的 k 阶联合纯作用,计算公式

如下：

$$\Delta y^k(x_{i_1}, x_{i_2}, \cdots, x_{i_m}) = \sum_{I_k \in I_m(k)} \Delta y^{I_k}(x_{i_1}, x_{i_2}, \cdots, x_{i_m}) \qquad (2\text{-}12)$$

其中，I_k 是从 $\{x_{i_1}, x_{i_2}, \cdots, x_{i_m}\}$ 中抽取的一个 k 阶组合，$I_m(k)$ 是所有从 $\{x_{i_1}, x_{i_2}, \cdots, x_{i_m}\}$ 中抽取的 k 阶组合组成的一个集合。$\Delta y^{I_k}(x_{i_1}, x_{i_2}, \cdots, x_{i_m})$ 表示组合 I_k 的纯联合作用。

$x_{i_1}, x_{i_2}, \cdots, x_{i_m}$ 的 k 阶联合总作用则可表示为

$$\Delta y_k(x_{i_1}, x_{i_2}, \cdots, x_{i_m}) = \sum_{p=1}^{k} \Delta y^p(x_{i_1}, x_{i_2}, \cdots, x_{i_m}) \qquad (2\text{-}13)$$

根据式(2-13)有

$$\Delta y_{m-1}(x_{i_1}, x_{i_2}, \cdots, x_{i_m}) = \sum_{k=1}^{m-1} \Delta y^k(x_{i_1}, x_{i_2}, \cdots, x_{i_m}) \qquad (2\text{-}14)$$

对比式(2-11)和(2-14)，可以得出

$$\Delta y^m(x_{i_1}, x_{i_2}, \cdots, x_{i_m}) = \Delta y_m(x_{i_1}, x_{i_2}, \cdots, x_{i_m}) -$$
$$\Delta y_{m-1}(x_{i_1}, x_{i_2}, \cdots, x_{i_m}), m \leqslant n \qquad (2\text{-}15)$$

式(2-15)说明，一个高阶的纯作用可以从本阶总作用中减去低一阶的总作用而得出。

以上的因素作用分解方式可以与函数的泰勒级数展开相对应。对于一个解析函数如式(2-1)，其增量的泰勒级数展开式为

$$\Delta y = \sum_{k=1}^{n} \sum_{\substack{x_1, x_2, \cdots, x_n\text{的} \\ \text{所有}k\text{阶组合}}} \sum_{m=k}^{\infty} \frac{1}{m!}$$

$$\sum_{n_1+n_2+\cdots+n_k=m} \left(\frac{\partial^m f(x_0)}{\partial x_{i_1}^{n_1} \partial x_{i_2}^{n_2} \cdots \partial x_{i_k}^{n_k}} (\Delta x_{i_1})^{n_1} (\Delta x_{i_2})^{n_2} \cdots (\Delta x_{i_k})^{n_k} \right) \qquad (2\text{-}16)$$

其中，x_0 标记该 m 阶偏导数在 $x = (x_1^0, x_2^0, \cdots, x_n^0)$ 处的值，Δx_k 是 x_k 偏离 x_k^0 的量。可以看出，式(2-5)相当于连续函数泰勒级数展开式(2-16)的离散有限项表示，如果加上基准点因变量值就是函数泰勒级数的有限阶表示式。令

$$\Delta y^{x_k} = \sum_{m=1}^{\infty} \frac{1}{m!} \frac{\partial^m f(x_0)}{\partial x_k^m} (\Delta x_k)^m$$

$$\Delta y^k(x_{i_1}, x_{i_2}, \cdots, x_{i_k}) = \sum_{m=k}^{\infty} \frac{1}{m!} \sum_{n_1+n_2+\cdots+n_k=m} \left(\frac{\partial^m f(x_0)}{\partial x_{i_1}^{n_1} \partial x_{i_2}^{n_2} \cdots \partial x_{i_k}^{n_k}} (\Delta x_{i_1})^{n_1} (\Delta x_{i_2})^{n_2} \cdots (\Delta x_{i_k})^{n_k} \right)$$

其中，第一式可以认为是因素 x_k 的单因素纯作用，第二式可以认为是 k 个因

素组合的 k 阶联合纯作用，则由式(2-16)即可得

$$\Delta y = \sum_{k=1}^{n} \sum_{\substack{x_1,x_2,\cdots,x_n \text{的} \\ \text{所有} k \text{阶组合}}} \Delta y^k(x_{i_1},x_{i_2},\cdots,x_{i_k}) = \sum_{k=1}^{n} \Delta y^k(x_1,x_2,\cdots,x_n)$$

以上关系式同时适用于正向分析和逆向分析。

2. 从一阶到三阶的递推过程

下面以正向作用分析为例具体展示一到三阶的递推计算过程。在第 4 章的附录中给出逆向作用分析的一个示例。

（1）一阶作用

$$\Delta^{I} y^{x_k} = f(x_1^0,x_2^0,\cdots,x_k^t,\cdots,x_n^0) -$$

$$f(x_1^0,x_2^0,\cdots,x_k^0,\cdots,x_n^0), k = 1,2,\cdots,n \tag{2-17}$$

$$\Delta^{I} y^{1} = \sum_{k=1}^{n} \Delta^{I} y^{x_k} \tag{2-18}$$

$$\Delta^{I} y_{x_k} = \Delta^{I} y^{x_k}(k = 1,2,\cdots,n), \Delta^{I} y_1 = \Delta^{I} y^{1}$$

对任意组合 $(x_{i_1},x_{i_2},\cdots,x_{i_m})$，

$$\Delta^{I} y_1(x_{i_1},x_{i_2},\cdots,x_{i_m}) = \Delta^{I} y^{1}(x_{i_1},x_{i_2},\cdots,x_{i_m})$$

$$= \sum_{x_k \in \{x_{i_1},x_{i_2},\cdots,x_{i_m}\}} \Delta^{I} y^{x_k}(x_1,x_2,\cdots,x_n)$$

$$\tag{2-19}$$

（2）二阶作用

设 $I_n(2)$ 是所有 $x_1,x_2,\cdots,x_n$ 的二阶组合组成的集合，对组合 $(x_{i_h}x_{i_k}) \in I_n(2)$，二阶总作用和二阶纯作用分别为

$$\Delta^{I} y_{x_{i_h}x_{i_k}} = f(x_1,x_2,\cdots,x_n)\left|\begin{array}{l} x_{i_h} = x_{i_h}^t, x_{i_k} = x_{i_k}^t \\ x_i = x_i^0, i \neq i_h, i_k \end{array}\right. -$$

$$f(x_1^0,x_2^0,\cdots,x_n^0), h,k = 1,2,\cdots,n \tag{2-20}$$

$$\Delta^{I} y^{2}(x_{i_h},x_{i_k}) = \Delta^{I} y^{x_{i_h}x_{i_k}} = \Delta^{I} y_2(x_{i_h},x_{i_k}) - \Delta^{I} y_1(x_{i_h},x_{i_k})$$

$$= \Delta^{I} y_{x_{i_h}x_{i_k}} - \Delta^{I} y^{x_{i_h}} - \Delta^{I} y^{x_{i_k}} \tag{2-21}$$

对任意组合 $(x_{i_1},x_{i_2},\cdots,x_{i_m})$，总的二阶纯作用是

$$\Delta^{I} y^{2}(x_{i_1},x_{i_2},\cdots,x_{i_m}) = \sum_{(x_{i_h}x_{i_k}) \in I_m(2)} \Delta^{I} y^{x_{i_h}x_{i_k}}(x_{i_1},x_{i_2},\cdots,x_{i_m})$$

$$= \sum_{(x_{i_h} x_{i_k}) \in I_m(2)} \Delta^1 y^2(x_{i_h}, x_{i_k}) \tag{2-22}$$

其中，$I_m(2)$ 是所有 $(x_{i_1}, x_{i_2}, \cdots, x_{i_m})$ 的二阶组合组成的集合。$(x_{i_1}, x_{i_2}, \cdots, x_{i_m})$ 的整体二阶总作用是

$$\Delta^1 y_2(x_{i_1}, x_{i_2}, \cdots, x_{i_m}) = \Delta^1 y^1(x_{i_1}, x_{i_2}, \cdots, x_{i_m}) + \Delta^1 y^2(x_{i_1}, x_{i_2}, \cdots, x_{i_m}) \tag{2-23}$$

对于全体自变量因素组合，二阶纯作用和二阶总作用分别是

$$\Delta^1 y^2 = \sum_{(x_h x_k) \in I_n(2)} \Delta^1 y^{x_h x_k}, \Delta^1 y_2 = \Delta^1 y^1 + \Delta^1 y^2 \tag{2-24}$$

（3）三阶作用

设 $I_n(3)$ 是所有 $x_1, x_2, \cdots, x_n$ 的三阶组合组成的集合，对组合 $(x_{i_1} x_{i_2} x_{i_3}) \in I_n(3)$，三阶总作用和三阶纯作用分别为

$$\Delta^1 y_3(x_{i_1}, x_{i_2}, x_{i_3}) = f(x_1, x_2, \cdots, x_n) \begin{vmatrix} x_{i_1} = x_{i_1}^t, x_{i_2} = x_{i_2}^t, x_{i_3} = x_{i_3}^t \\ x_i = x_i^0, i \neq i_1, i_2, i_3 \end{vmatrix} -$$

$$f(x_1^0, x_2^0, \cdots, x_n^0), i_1, i_2, i_3 = 1, 2, \cdots, n \tag{2-25}$$

$$\Delta^1 y^3(x_{i_1}, x_{i_2}, x_{i_3}) = \Delta^1 y_3(x_{i_1}, x_{i_2}, x_{i_3}) - \Delta^1 y_2(x_{i_1}, x_{i_2}, x_{i_3}),$$

$$i_1, i_2, i_3 = 1, 2, \cdots, n \tag{2-26}$$

对任意组合 $(x_{i_1}, x_{i_2}, \cdots, x_{i_m})$，总的三阶纯作用是

$$\Delta^1 y^3(x_{i_1}, x_{i_2}, \cdots, x_{i_m}) = \sum_{(x_{i_1} x_{i_2} x_{i_3}) \in I_m(3)} \Delta^1 y^{x_{i_1} x_{i_2} x_{i_3}}(x_{i_1}, x_{i_2}, \cdots, x_{i_m})$$

$$= \sum_{(x_{i_1} x_{i_2} x_{i_3}) \in I_m(3)} \Delta^1 y^3(x_{i_1}, x_{i_2}, x_{i_3}) \tag{2-27}$$

其中，$I_m(3)$ 是 $(x_{i_1}, x_{i_2}, \cdots, x_{i_m})$ 的所有三阶组合组成的集合。$(x_{i_1}, x_{i_2}, \cdots, x_{i_m})$ 的整体三阶总作用是

$$\Delta^1 y_3(x_{i_1}, x_{i_2}, \cdots, x_{i_m}) = \Delta^1 y^1(x_{i_1}, x_{i_2}, \cdots, x_{i_m}) + \Delta^1 y^2(x_{i_1}, x_{i_2}, \cdots, x_{i_m}) +$$

$$\Delta^1 y^3(x_{i_1}, x_{i_2}, \cdots, x_{i_m}) \tag{2-28}$$

对于全体自变量因素组合，三阶纯作用和三阶总作用分别是

$$\Delta^1 y^3 = \sum_{(x_{i_1} x_{i_2} x_{i_3}) \in I_n(3)} \Delta^1 y^{x_{i_1} x_{i_2} x_{i_3}}, \Delta^1 y_3 = \Delta^1 y^1 + \Delta^1 y^2 + \Delta^1 y^3 \tag{2-29}$$

以上步骤显示，计算从一阶作用开始。对余给定的一个自变量因素，其一阶作用的总作用等于纯作用。对于给定的 m 阶组合 $(x_{i_1}, x_{i_2}, \cdots, x_{i_m})$，首先计算其 m 阶总作用，其次计算出其 $m-1$ 阶总作用，最后其 m 阶纯作用等于其 m 阶总作用减去其 $m-1$ 阶总作用。计算的前提工作之一是列出 $x_1, x_2,$

$\cdots,x_n$ 的所有从 1 阶到 n 阶的组合。理论上,n 个因素的总组合数是:$N = \sum\limits_{k=1}^{n} C_n^k$。当 n 比较大时,组合数非常大,可能存在很多无意义计算。在实际中,n 通常比较小,一般是个位数,而且有一些可分离变量,所有计算可以在 WPS 或 EXCEL 电子表格中完成。对于贡献率比较小的高阶作用,分析可以一笔带过。

2.3 投入产出超局部闭模型

投入产出局部闭模型一般指仅将居民消费列和劳动报酬行纳入内生部门矩阵的投入产出模型,此时,若进一步将其他最终使用部门纳入内生部门,而只保留特定最终使用部门作为外生部门,则可构建不同于一般局部闭模型的投入产出模型,称之为超局部闭模型[①]。作为区分,将上述仅将居民消费和劳动报酬纳入内生部门的模型称为普通局部闭模型。

2.3.1 投入产出模型

研究目的不同,投入产出表可有不同结构,此处将给出一个统一的数据和变量结构,以为本节所涉及的模型形成一个一致的出发点。

投入产出技术将生产系统的全体独立决策单位(称为基本生产单位)划分为若干个门类,一个门类称为一个部门。在理想化的理论分析中,每一个基本生产单位可以作为一个部门。将各部门写为矩阵形式,则可将投入产出表表示出来,如式(2-30)所示。

$$\begin{pmatrix} X & C & G & F & NX \\ W & & & & \\ T & & & & \\ D & & & & \\ M & & & & \end{pmatrix} \begin{matrix} Q \\ \\ \\ \\ \end{matrix} \quad (2\text{-}30)$$

式(2-30)中,X 是 $n \times n$ 维中间流量矩阵(既是中间投入也是中间使用),C 是 n 维居民消费列向量,G 是 n 维公共消费列向量,F 是 n 维资本形成列向量(包括固定资本形成和库存增加),NX 是 n 维净出口列向量(由于

---

① 刘新建,陈文强. 投入产出分析超局部闭模型及其应用[J]. 统计与决策,2021(9):9-13.

记录中的中间使用、居民消费、公共消费和资本形成都可能包含进口产品，所以，为了核算本经济总产出需要在各产品总出口中减去其总进口得净出口）；W 是 n 维劳动报酬行向量，T 是 n 维生产税净额行向量（生产税减生产补贴），D 是 n 维折旧行向量，M 是 n 维经营盈余行向量；Q 是 n 维总产出列向量。在通常的投入产出表中，中间使用、最终使用和总产出都是以交易价格度量的价值量。

令 $A = X\hat{Q}^{-1}$（$\hat{Q}$ 表示以 Q 的元素为主对角元素的对角矩阵，下同），以 1 表示单位矩阵，记 $Y = C + G + F + NX$，$Z = W + T + D + M$，则有如下的方程：

$$Q = (1 - A)^{-1}Y \tag{2-31}$$

式（2-31）中，各项最终使用都被作为外生变量，因此此式也被称为投入产出技术开模型。

根据国内生产总值即 GDP 的核算原理，并定义 e 为所有元素都为 1 的行或列向量，则 GDP 可表示为

$$GDP = eY = e(Q - AQ) = e(1 - A)Q \tag{2-32}$$

式（2-32）中，在居民消费、公共消费和净出口不变时，1 单位的资本形成（即宏观经济学中的投资）增量只能形成 1 单位的 GDP，没有乘数效应。

2.3.2　普通局部闭模型

为了表现宏观经济学的乘数效应，可构造投入产出局部闭模型。局部闭模型将居民消费列与中间使用并列，劳动报酬行与中间投入并列，将劳动报酬行与居民消费列的交叉处的元素设为 0，将居民消费外的最终使用作为外生最终使用，相应的有式（2-33）所示的投入产出表式：

$$\begin{pmatrix} X & C & G & F & NX \\ W & 0 & W_G & 0 & W_O \\ T & T_C & & & \\ M+D & C_S & & & \end{pmatrix} \begin{matrix} Q \\ \tilde{W} \\ \\ \end{matrix} \tag{2-33}$$

式（2-33）第一行与原表或式（2-30）各量相同；第二行中 W 与原表相同，W_G 表示居民从政府获得的转移支付，W_O 表示从本国居民方面从境外获得的劳动报酬；第三行中 T 与原表相同，T_C 表示政府从居民获得的税费收入。将原表经营盈余与折旧相加作为第四行，C_S 表示居民储蓄。应用投入产出局部闭模型可研究增加值乘数及 GDP 乘数等。

此时,令

$$Q^* = \begin{pmatrix} Q \\ \tilde{W} \end{pmatrix}, X^* = \begin{pmatrix} X & C \\ W & 0 \end{pmatrix}, Y^* = \begin{pmatrix} G + F + NX \\ W_G + 0 + W_O \end{pmatrix}$$

$$\tilde{W} = We + 0 + W_G + 0 + W_O, A^* = X^* \langle Q^* \rangle^{-1} = \begin{pmatrix} X\hat{Q}^{-1} & C\tilde{W}^{-1} \\ W\hat{Q}^{-1} & 0 \end{pmatrix} = \begin{pmatrix} A & A_C \\ A_W & 0 \end{pmatrix}$$

则有

$$Q^* = (1 - A^*)^{-1} Y^* = \begin{pmatrix} (1 - \overline{A})^{-1} & (1 - \overline{A})^{-1} A_C \\ (1 - \overline{A})^{-1} & 1 + A_W (1 - \overline{A})^{-1} A_C \end{pmatrix} \begin{pmatrix} Y_1^* \\ Y_2^* \end{pmatrix}$$

$$(2\text{-}34)$$

其中, $\overline{A} = A + A_C A_W$,$Y_1^* = G + F + NX$,$Y_2^* = W_G + 0 + W_O$。

在局部闭模型下,GDP 的计算公式为

$$GDP = e(Q - AQ)$$

$$= e(1 - A)Q = e(1 - A)[(1 - \overline{A})^{-1} Y_1^* + (1 - \overline{A})^{-1} A_C Y_2^*] \quad (2\text{-}35)$$

式(2-35)与式(2-32)不同之处在于其总产出 Q 要从式(2-34)中的分量算出。式(2-35)中右端第一项的经济意义是外生最终使用需求引致的 GDP,第二项是由外生居民收入引致的 GDP。

定义

$$\Theta = (1 - A)(1 - \overline{A})^{-1} \quad (2\text{-}36)$$

Θ 可以称作外生最终使用需求的最终产品乘数矩阵,其元素 θ_{ij} 的经济意义可以解释为:在除了居民消费的最终使用中,增加对部门 j 产品的单位使用,将带来最终产品中部门 i 产品的增加量,由 1 单位的非居民消费最终产品(外生最终使用)及其引致的居民消费增加量组成。$e\Theta$ 的元素即 $\sum_{i=1}^{n} \theta_{ij}$ 是外生最终使用需求中部门 j 的产品的 GDP 乘数。

在局部闭模型下,各部门的增加值计算公式是

$$Z' = Q - \langle eA \rangle Q = (1 - \langle eA \rangle)Q = (1 - \langle eA \rangle)$$

$$[(1 - \overline{A})^{-1} Y_1^* + (1 - \overline{A})^{-1} A_C Y_2^*] \quad (2\text{-}37)$$

其中 $\langle eA \rangle$ 表示向量 eA 相应的对角阵。定义

$$\boldsymbol{\Omega} = (\boldsymbol{1} - \langle \boldsymbol{eA} \rangle)(\boldsymbol{1} - \bar{\boldsymbol{A}})^{-1} \qquad (2\text{-}38)$$

$\boldsymbol{\Omega}$ 可以称作外生最终使用需求的增加值乘数矩阵,其元素 ω_{ij} 的经济意义可以解释为:在除了居民消费的最终使用中,增加对部门 j 产品的单位使用,将带来部门 i 的增加值的增加量。$e\boldsymbol{\Omega}$ 的元素即 $\sum_{i=1}^{n} \omega_{ij}$ 是外生最终使用需求部门 j 的产品的 GDP 乘数,即外生最终使用需求中部门 j 增加一个单位会带来的 GDP 增加量。显然 $e\boldsymbol{\Omega} = e\boldsymbol{\Theta}$。

若定义外生最终使用需求的结构向量为 $f = Y_1^* (\bar{\bar{Y}}_1^*)^{-1} (\bar{\bar{Y}}_1^*$ 是全部外生最终使用的总值),则式(2-35)的第一项可以写为

$$\text{GDP}_Y = e(\boldsymbol{1} - A)(\boldsymbol{1} - \bar{A})^{-1} f Y_1^* = e\boldsymbol{\Theta} f \bar{\bar{Y}}_1^* = e\boldsymbol{\Omega} f \bar{\bar{Y}}_1^* \qquad (2\text{-}39)$$

与宏观经济学的乘数模型相对应,可以把 $e(\boldsymbol{1}-A)(\boldsymbol{1}-\bar{A})^{-1}f$ 称为外生最终使用需求总值的 GDP 乘数,即总外生最终需求总值增加一个单位引起的 GDP 变化。可以看出,最终使用的 GDP 乘数与投入系数和外生最终使用的结构相关,这是投入产出乘数分析比一般宏观经济学投资乘数意义更丰富的地方。

2.3.3　静态投入产出分析超局部闭模型 I

若将最终使用中居民消费外的其他部分进一步纳入投入流量矩阵,并设置相应的系数矩阵,就形成新的局部闭模型。在普通局部闭模型基础上,首先纳入公共消费,留下资本形成和净出口作为外生最终使用,形成静态超局部闭模型 I,其基本表式如式(2-40)所示:

$$\begin{pmatrix} \boldsymbol{X} & \boldsymbol{C} & \boldsymbol{G} & \boldsymbol{F} & \boldsymbol{NX} \\ \boldsymbol{W} & 0 & \boldsymbol{W}_G & 0 & \boldsymbol{W}_O \\ \boldsymbol{T} & \boldsymbol{T}_C & 0 & 0 & \boldsymbol{T}_O \\ \boldsymbol{M} + \boldsymbol{D} & \boldsymbol{C}_S & \boldsymbol{G}_S & 0 & \boldsymbol{O}_S \end{pmatrix} \begin{matrix} \boldsymbol{Q} \\ \tilde{\boldsymbol{W}} \\ \tilde{\boldsymbol{T}} \\ \tilde{\boldsymbol{M}} \end{matrix} \qquad (2\text{-}40)$$

式(2-40)与式(2-33)基本一致,但将式(2-33)的空单元填满,以形成矩形表。此时,第三行中 $\boldsymbol{T}_O$ 表示政府从进出口产品方面获得的税费收入;第四行的量此时表示一种平衡项或余额。且有 $e'\boldsymbol{NX} + \boldsymbol{W}_O + \boldsymbol{T}_O + \boldsymbol{O}_S = 0$。

令

$$X^* = \begin{pmatrix} X & C & G \\ W & 0 & W_G \\ T & T_C & 0 \end{pmatrix}, Y^* = \begin{pmatrix} F + NX \\ 0 + W_0 \\ 0 + T_0 \end{pmatrix}, Q^* = \begin{pmatrix} Q \\ \tilde{W} \\ \tilde{T} \end{pmatrix}$$

$$A^* = X^* (\hat{Q}^*)^{-1} = \begin{pmatrix} A & A_C & A_G \\ A_W & 0 & A_{WG} \\ A_T & A_{TC} & 0 \end{pmatrix}$$

上述 A^* 即为超局部闭模型直接消耗系数矩阵,代入投入产出基本行关系可解得

$$Q^* = (1 - A^*)^{-1} Y^* = \tilde{B}^* Y^* \qquad (2\text{-}41)$$

式(2-41)即为静态超局部闭模型 I。模型 I 下,GDP 的计算公式为

$$\text{GDP} = e(Q - AQ) = e(1 - A)Q = e(1 - A)(\tilde{B}_{11}^* Y_1^* + \tilde{B}_{12}^* Y_2^* + \tilde{B}_{13}^* Y_3^*)$$

$$(2\text{-}42)$$

其中,

$$\begin{pmatrix} Y_1^* \\ Y_2^* \\ Y_3^* \end{pmatrix} = \begin{pmatrix} F + NX \\ 0 + W_0 \\ 0 + T_0 \end{pmatrix} = Y^*, \begin{pmatrix} \tilde{B}_{11}^* & \tilde{B}_{12}^* & \tilde{B}_{13}^* \\ \tilde{B}_{21}^* & \tilde{B}_{22}^* & \tilde{B}_{23}^* \\ \tilde{B}_{31}^* & \tilde{B}_{32}^* & \tilde{B}_{33}^* \end{pmatrix} = \tilde{B}^*$$

此时同样可以定义外生最终使用需求的增加值乘数矩阵和 GDP 乘数,可以肯定的是,计算出的乘数会比普通局部闭模型的更大。

2.3.4 静态投入产出分析超局部闭模型 II

基于投入产出表式(2-40),进一步将资本形成纳入投入流量矩阵,只留下净出口即境外部门作为外生最终使用部门,就形成投入产出分析超局部闭模型 II。令

$$X^* = \begin{pmatrix} X & C & G & F \\ W & 0 & W_G & 0 \\ T & T_C & 0 & 0 \\ M+D & C_S & G_S & 0 \end{pmatrix}, Q^* = \begin{pmatrix} Q \\ \tilde{W} \\ \tilde{T} \\ \tilde{M} \end{pmatrix}, Y^* = \begin{pmatrix} NX \\ W_0 \\ T_0 \\ O_S \end{pmatrix},$$

$$A^* = X^* (\hat{Q}^*)^{-1} = \begin{pmatrix} A & A_C & A_G & A_F \\ A_W & 0 & A_{WG} & 0 \\ A_T & A_{TC} & 0 & 0 \\ A_{MD} & A_{CS} & A_{GS} & 0 \end{pmatrix}$$

投入产出模型变成如下形式：

$$A^* Q^* + Y^* = Q^*, (1 - A^*) Q^* = Y^* \tag{2-43}$$

由于 $e'(1-A^*) = 0$，所以，$(1-A^*)$ 是奇异矩阵，在 Y^* 已知时，Q^* 没有唯一解。这样的模型意味着，对贸易扰动，可以有更多的自主决策权调整国内经济，以减少外贸变化对经济的震动效应。这时，可构造如下的最优化模型：

$$\text{Min } e' ABS(Q^* - Q_0^*) \qquad \text{或} \qquad \text{Min } (Q^* - Q_0^*)'(Q^* - Q_0^*)$$
$$\text{s. t.} \quad (1 - A^*) Q^* = Y^* \qquad\qquad \text{s. t.} \quad (1 - A^*) Q^* = Y^*$$

$$\tag{2-44}$$

其中，Q_0^* 作为参照点是外贸未发生变化前的值，$ABS(Q^* - Q_0^*)$ 表示对 $(Q^* - Q_0^*)$ 的每个元素取绝对值后的向量。在模型中还可以引入其他信息参数，反映对经济的调控政策；不附加其他参数的模型则可以估算贸易扰动对经济的最低影响。计算出 Q^* 后，就可以计算增加值向量和 GDP。当净出口以变动量代入式(2-44)时，目标函数中的 Q_0^* 可以去掉。

虽然从形式上可以把最终使用中的任意一项内生化形成一种局部闭模型，但是，从经济分析意义看，两个消费项特别是居民消费的结构及劳动报酬率更稳定，所以，超局部闭模型应在普通局部闭模型基础上逐步扩展。

附录 部门划分对照表与价格指数表

附表 2-1　23 部门与 127 部门对照表

产业	23 部门	127 部门
第一产业	1 农林牧渔产品和服务	1 农产品；2 林产品；3 畜牧产品；4 渔产品 5 农、林、牧、渔服务产品

产业	23 部门	127 部门
	2 采选业	6 煤炭开采和洗选产品 7 石油和天然气开采产品 8 黑色金属矿采选产品 9 有色金属矿采选产品 10 非金属矿及其他矿采选业
	3 轻工制造业	11 谷物磨制业;12 饲料加工品 13 植物油加工业;14 制糖业 15 屠宰及肉类加工业;16 水产品加工业 17 其他食品加工业;18 方便食品制造业 19 液体乳及乳制品制造业 20 调味品、发酵制品制造业
第二产业	3 轻工制造业	21 其他食品制造业;22 酒精及酒的制造业 23 软饮料及精制茶加工业;24 烟草制品业 25 棉、化纤纺织及印染精加工业 26 毛纺织和染整精加工业 27 麻纺织、丝绢纺织及精加工业 28 纺织制成品制造业 29 针织品、编织品及其制品制造业 30 纺织服装、鞋、帽制造业 31 皮革、毛皮、羽毛(绒)及其制品业 32 木材加工及木、竹、藤、棕、草制品业 33 家具制造业;34 造纸及纸制品业 35 印刷业和记录媒介的复制业 36 文教体育用品制造业
	4 石油及炼焦产品和核燃料加工品	37 石油及核燃料加工业 38 炼焦业
	5 化学产品	39 基础化学原料制造业; 40 肥料制造业 41 农药制造业 42 涂料、油墨、颜料及类似产品制造业 43 合成材料制造业;44 专用化学产品制造业 45 日用化学产品制造业;46 医药制造业 47 化学纤维制造业;48 橡胶制品业 49 塑料制品业

产业	23 部门	127 部门
第二产业	6 非金属矿物制品	50 水泥、石灰和石膏制造业
		51 水泥及石膏制品制造业
		52 砖瓦、石材及其他建筑材料制造业
		53 玻璃及玻璃制品制造业
		54 陶瓷制品制造业
		55 耐火材料制品制造业
		56 石墨及其他非金属矿物制品制造业
	7 金属冶炼及压延加工	57 钢铁、钢压延产品、铁合金产品
		58 有色金属及其合金
		59 有色金属压延加工品
	8 机械及其他制造业	60 金属制品；61 锅炉及原动设备
		62 金属加工机械；63 物料搬运设备
		64 泵、阀门、压缩机及类似机械
		65 文化、办公用机械；66 其他通用设备
		67 矿山、冶金、建筑专用设备制造业
		68 化工、木材、非金属加工专用设备制造业
		69 农林牧渔专用机械制造业
		70 其他专用设备制造业
		71 铁路运输设备制造业；72 汽车制造业
		73 船舶及浮动装置制造业
		74 其他交通运输设备制造业；75 电机制造业
		76 输配电及控制设备制造业
		77 电线、电缆、光缆及电工器材制造业
		78 家用电力和非电力器具制造业
		79 其他电气机械及器材制造业
		80 计算机；81 通信设备
		82 广播电视设备和雷达及配套设备
		83 视听设备；84 电子元器件
		85 其他电子设备；86 仪器仪表
		87 工艺品及其他制造业
		88 废品废料及金属制品、机械和设备修理服务
	9 电燃供应业	89 电力、热力生产和供应
		90 燃气生产和供应

续附表 2-1

产业	23 部门	127 部门
第二产业	10 水的生产和供应	91 水的生产和供应
	11 建筑业	92 建筑业
第三产业	12 交通运输及仓储和邮政	94 铁路运输;95 道路运输;96 水上运输
		97 航空运输;98 管道运输
		99 装卸搬运、运输代理及仓储;100 邮政
	13 信息传输及软件和信息技术服务	103 电信和其他信息传输服务
		104 软件和信息技术服务
	14 批发和零售	93 批发和零售
	15 住宿和餐饮	101 住宿;102 餐饮
	16 金融	105 金融业;106 保险业
	17 房地产	107 房地产
	18 租赁和商务服务	108 租赁;109 商务服务
	19 科学研究与技术服务	110 研究和试验发展;111 专业技术服务
		112 科技推广和应用服务
	20 居民服务及水利环境服务业	113 水利管理;114 生态保护和环境治理
		115 公共设施及土地管理
		116 居民服务;117 其他服务
	21 教育	118 教育
	22 文化体育和娱乐	121 新闻和出版
		122 广播、电视、电影和影视录音制作
		123 文化艺术;124 体育;125 娱乐
	23 公共服务业	119 卫生;120 社会工作
		126 社会保障
		127 公共管理和社会组织

附表 2-2 10 部门与 38 部门对照表

10 部门		38 部门	
序号	部门名称	序号	部门名称
1	农业	1	农林牧渔产品和服务
2	采选业	2	煤炭采选产品
		3	石油和天然气开采产品
		4	金属矿采选产品
		5	非金属矿和其他矿采选产品

10 部门		38 部门	
序号	部门名称	序号	部门名称
3	轻工业	6	食品和烟草
		7	纺织品
		8	纺织服装鞋帽皮革羽绒及其制品
		9	木材加工品和家具
		10	造纸印刷和文教体育用品
		15	金属制品
		19	通信设备和计算机及其他电子设备制造业
		20	仪器仪表及文化办公用机械制造业
		21	工艺品及其他制造业（含废品废料）
4	重化工业	11	石油及炼焦产品和核燃料加工品
		12	化学产品
		13	非金属矿物制品
5	金属冶炼加工与重型机械产品	14	金属冶炼和压延加工品
		16	通用及专用设备制造业
		17	交通运输设备制造业
		18	电气机械及器材制造业
6	电力蒸汽热水、煤气自来水生产供应业	22	电力及热力的生产和供应业
		23	燃气生产和供应业
		24	水的生产和供应业
7	建筑业	25	建筑业
8	商业	26	批发和零售
		28	住宿和餐饮
		30	金融
		31	房地产
		32	租赁和商务服务
9	运输业	27	交通运输及仓储和邮政
10	其他服务业	29	信息传输及软件和信息技术服务
		33	科学研究和技术服务
		34	水利及环境和公共设施管理
		35	居民服务及修理和其他服务
		36	教育

10 部门		38 部门	
序号	部门名称	序号	部门名称
10	其他服务业	37	卫生和社会工作及公共管理与社会保障和社会组织(简称公共服务)
		38	文化及体育和娱乐

附表 2-3　38 部门价格指数:2012 年＝100

序号	部门名称	2007	2017
1	农林牧渔产品和服务	68.6	105.6
2	煤炭采选产品	64.8	84.9
3	石油和天然气开采产品	72.8	62.6
4	金属矿采选产品	84.2	89.0
5	非金属矿和其他矿采选产品	76.7	101.2
6	食品和烟草	80.8	90.8
7	纺织品	86.1	98.6
8	纺织服装鞋帽皮革羽绒及其制品	91.0	104.1
9	木材加工品和家具	90.6	102.9
10	造纸印刷和文教体育用品	94.4	103.0
11	石油及炼焦产品和核燃料加工品	66.3	79.7
12	化学产品	90.9	95.7
13	非金属矿物制品	86.1	101.7
14	金属冶炼和压延加工品	95.9	95.1
15	金属制品	92.3	97.9
16	通用及专用设备制造业	94.0	97.8
17	交通运输设备制造业	98.5	97.2
18	电气机械及器材制造业	100.4	95.6
19	通信设备和计算机及其他电子设备制造业	112.5	92.5
20	仪器仪表及文化办公用机械制造业	101.5	98.7
21	工艺品及其他制造业(含废品废料)	89.3	100.7
22	电力及热力的生产和供应业	89.2	95.4
23	燃气生产和供应业	79.9	94.6
24	水的生产和供应业	85.0	111.1
25	建筑业	74.2	108.7
26	批发和零售	77.5	107.9

序号	部门名称	2007	2017
27	交通运输及仓储和邮政	86.9	112.1
28	住宿和餐饮	80.2	115.2
29	信息传输及软件和信息技术服务	96.4	107.3
30	金融	72.2	117.4
31	房地产	59.9	140.9
32	租赁和商务服务	79.9	121.3
33	科学研究和技术服务		
34	水利及环境和公共设施管理		
35	居民服务及修理和其他服务	63.9	141.7
36	教育	89.3	119.8
37	卫生和社会工作及公共管理与社会保障和社会组织		
38	文化及体育和娱乐	86.3	112.8
	其他部门(科学技术及水利环境和公共服务)	74.1	123.8

注:①在不变价投入产出表中,科学研究和技术服务、水利及环境和公共设施管理、卫生和社会工作及公共管理与社会保障和社会组织等合为一个部门;其他部门,使用"其他行业增加值价格指数",为新第35部门。然后,民服务及修理和其他服务为新第33部门,教育为新第34部门,文化及体育和娱乐为新第36部门。②可以看出,除农业、建筑业和服务业价格持续上升外,工业产品的价格有升有降。

第3章 基于投入产出表的中国经济发展质量评价

3.1 引言

改革开放40余年来,我国经济持续高速发展,早已成为全球第二大经济体,中国经济增长对世界经济的贡献率接近30%,远超美国成为世界经济增长的第一大贡献者。与此同时,国家深入推进供给侧结构性改革,"三去一降一补"以及简政减税减费等举措的实施,使得伴随经济发展的结构失衡、产能过剩、环境破坏严重、贫富差距扩大等现象在一定程度上得到有效缓解。

党的十九大报告指出,我国经济已由高速发展阶段转向高质量发展阶段,必须坚持质量第一、效益优先,以供给侧结构性改革为主线,推动经济发展质量变革、效率变革、动力变革。推动经济高质量发展是我国当前和今后确定发展思路、制定经济政策、实施宏观调控的根本要求。经济高质量发展就是指经济总量与规模增长到一定阶段后,经济结构优化、经济效率提升、新旧动能转换、经济-社会-生态协同发展,而经济发展的最终目的是提高人民的生活水平。

在现有文献中,有关经济发展质量测度分为狭义和广义两个角度。在狭义效率视角上,大多采用全要素生产率度量经济发展质量。沈坤荣(1998)采用全要素生产率从三次产业、非国有经济和乡镇企业效率等视角考察中国经济增长质量[1]。郭庆旺、贾俊雪(2005)对我国1979至2004年间

---

① 沈坤荣.中国经济增长绩效分析[J].经济理论与经济管理,1998(1):30-35.

的全要素生产率增长率进行估算①。从广义视角评价经济发展,对经济发展质量的测度是通过一个综合评价指标体系实现的。魏敏和李书昊(2018)从动力机制转变、经济结构优化、开放稳定共享、生态环境和谐、人民生活幸福五个方面,对我国各省经济增长质量进行了测度和评价②。史丹、李鹏(2019)以新时代的五大发展理念为指导思想,构建包括创新驱动、协调发展、绿色生态、开放稳定与和谐共享五个一级指标在内的经济高质量发展指标体系,采用主成分分析法对我国经济发展质量从各个维度及总体进行分析,并将我国与六个发达国家进行多层面的比较③。

如何测度经济发展的质量是一个异议很大的理论问题。经济发展是一种多维立体空间结构,而投入产出表是对经济系统的一种综合全面表现,是具有内容极丰富的大数据库,完全可以用来从多层次和多角度考察经济发展的水平和结构变化,对经济发展质量作出评价。基于投入产出表以及可获得的数据,本章对我国 2007 年至 2012 年以及 2012 年至 2017 年两个阶段的经济发展质量分别作出评价,并对两阶段经济发展质量的变化情况作出对比分析,对我国现阶段经济发展质量做出评价。

基本评价方案是:基于投入产出表,通过投入系数、分配系数、影响力系数、感应度系数、推动力系数、居民消费支出结构、公共消费结构、出口结构、进口结构、最终使用横向结构、部门劳动收入以及产业结构等 12 种指标,对2007 年至 2012 年以及 2012 年至 2017 年两个阶段的经济发展质量做出评价。由于 2010 年和 2015 年投入产出表作为延长表,误差比较大,其值仅作为参考,基本判断以 2007、2012 和 2017 三年的值为准。

3.2　中国经济发展质量评估:2007—2012

这一阶段是 2008 年西方资本主义世界经济危机之后,我国经济继续高速增长的时期,但是,由于急症用猛药,我国经济结构失衡有所加重,本节的投入产出全面指标分析会揭示更深入的细节。

① 郭庆旺,贾俊雪.中国全要素生产率的估算:1979—2004[J].经济研究,2005(6):51-60.

② 魏敏,李书昊.新时代中国经济高质量发展水平的测度研究[J].数量经济技术经济研究,2018,35(11):3-20.

③ 史丹,李鹏.我国经济高质量发展测度与国际比较[J].东南学术,2019(5):169-180.

3.2.1 投入系数分析之中间投入率

投入系数是投入产出分析的核心参数,其变化反映了生产部门的技术变化,同时也蕴含了经济关系的影响。最基本的是中间投入系数,又称直接消耗系数。一个部门的中间总投入与总产出之比称为其中间投入率,公式为

$$F_j = \frac{\sum_{i=1}^{n} X_{ij}}{Q_j} = \sum_{i=1}^{n} a_{ij}, j = 1, 2, \cdots, n \tag{3-1}$$

其中 X_{ij} 是投入产出表中生产部门 j 为了生产总产出 Q_j 而消耗的产品 i 的量, $a_{ij} = X_{ij}/Q_j$。中间投入率反映一个部门为生产单位产值的产品需要消耗的各类产品的市场价值总和。与中间投入率互补的是增加值率,二者相加为1。

表 3-1 和表 3-2 分别是 2007 年、2010 年及 2012 年的三次产业中间投入率与分 38 部门中间投入率。

表 3-1　三次产业中间投入率　　　　　　　　　　　　　　　单位:%

	2007 年	2010 年	2012 年
第一产业	41.4	41.5	41.4
第二产业	76.7	77.8	77.1
第三产业	46.5	44.9	46.4

表 3-2　分 38 部门中间投入率　　　　　　　　　　　　　　单位:%

	2007 年	2010 年	2012 年
农林牧渔产品和服务	41.4	41.5	41.4
煤炭采选产品*	54.1	54.1	50.7
石油和天然气开采产品*	40.3	40.4	38.9
金属矿采选产品*	64.8	65.4	61.0
非金属矿和其他矿采选产品*	60.8	66.2	55.8
食品和烟草	75.6	78.9	76.5
纺织品	80.5	79.4	81.1
纺织服装鞋帽皮革羽绒及其制品	77.7	80.8	78.6

续表 3-2　单位:%

	2007 年	2010 年	2012 年
木材加工品和家具	76.2	80.8	77.3
造纸印刷和文教体育用品	76.2	79.4	76.2
石油及炼焦产品和核燃料加工品	82.2	80.2	81.4
化学产品	79.7	80.6	80.8
非金属矿物制品	72.5	78.1	74.7
金属冶炼和压延加工品	80.5	82.2	82.0
金属制品	79.2	81.3	80.2
通用专用设备制造业	77.3	78.9	78.7
交通运输设备制造业	80.5	80.9	80.1
电气机械及器材制造业	83.0	84.1	83.4
通信设备和计算机及其他电子设备制造业	83.5	84.6	83.0
仪器仪表及文化办公用机械制造业	74.7	79.0	77.4
工艺品及其他制造业(含废品废料) *	51.9	55.6	48.1
电力及热力的生产和供应业	72.0	74.9	74.2
燃气生产和供应业	80.0	78.8	78.3
水的生产和供应业 *	53.5	55.8	54.1
建筑业	76.9	73.9	73.4
批发和零售	39.9	29.0	30.9
交通运输及仓储和邮政 △	53.8	60.6	63.0
住宿和餐饮	62.4	62.8	59.1
信息传输及软件和信息技术服务 △	40.0	47.3	53.0
金融 △	31.1	35.0	40.4
房地产 △	16.6	24.4	25.4
租赁和商务服务	67.7	64.2	67.4
科学研究和技术服务 △	48.7	53.3	63.2
水利及环境和公共设施管理 △	48.6	59.6	58.5
居民服务及修理和其他服务	54.1	48.8	48.1
教育	44.0	25.7	26.6
公共服务	53.6	46.9	46.6
文化及体育和娱乐	57.0	49.4	49.6

　　由表 3-1 知,第一产业中间投入率是三次产业中最低的,5 年中保持

41.4%基本没有变。第一产业中间投入率较低在于其劳动密集度最大,劳动报酬占了较大的比重。随着经济与科技的进一步发展和农业工业化的加深,第一产业中间投入率会趋于增大,从而增加值率会趋于减小。

第二产业总体中间投入率微升,从2007到2012年仅上升了0.4个百分点,总体稍大于77%。(1)工业部门可以被分为两类:中间投入率大于70%的,中间投入率在35%~70%的(表3-2中部门名称后带*的),其中第二类主要是采掘工业,为劳动密集型产业。(2)中间投入率增长大于1个百分点的部门有8个:仪器仪表及文化办公用机械制造业、非金属矿物制品、电力及热力的生产和供应业、金属冶炼和压延加工品、通用及专用设备制造业、木材加工品和家具、化学产品、金属制品;下降幅度大于1个百分点的部门有6个:石油和天然气开采产品、燃气生产和供应业、煤炭采选产品、金属矿采选产品、工艺品及其他制造业(含废品废料)、非金属矿和其他矿采选产品。可以看出,下降多的部门主要是采掘部门,其原因有可能是工资率的提高或税率的增大。建筑业的中间投入率稍有下降,从76.9%下降到73.4%。

第三产业的中间投入率总体微降,下降幅度为0.1个百分点。(1)从中间投入率大小上可以把第三产业分为两类:高中间投入率部门和低中间需投入率部门。按照2012年值,小于40%的是批发和零售、教育、房地产3个部门,其余10个部门都大于40%。中间投入率低都可以解释为劳动密集型的特点,但教育部门的劳动密集型体现为主体以高级劳动力为特征,工资率高,而其余两个部门则是传统的劳动密集型部门。(2)从变化看,除了租赁和商务服务、住宿和餐饮二部门的变化(都是下降)较小外,第三产业各部门的中间投入率变化分为两个极端:增大在8个百分点以上的部门(6个,表3-2中部门名称后有Δ的)和下降6个百分点以上的部门(5个)。增大的部门与科技、信息、金融、房地产、交通运输行业相关,增大最多的部门是科学研究和技术服务、信息传输及软件和信息技术服务,分别增大14.5、13个百分点,这两个部门具有技术密集型的特点。下降的部门主要是与居民服务、商务服务、文体娱乐、教育行业有关,其中教育部门属于劳动密集型行业,它的中间投入率更是下降了17.4个百分点。

总体来看,第一产业劳动密集度高,中间投入率为最低,但5年内基本没有变化。第二产业整体中间投入率稍有上升,而下降幅度超过1%的部门大多是采掘业。第三产业整体中间投入率稍有下降,具体下降的多是劳动密集型部门。近年来,中国许多产业的中间投入率维持稳定或有下降,基本原因应该是劳动报酬水平提高,从 2007 到 2012 年,总体劳动报酬系数提高了 22.7%。

3.2.2　分配系数分析之中间需求率

在投入产出表中,从横向看,总产出的去向即分配有四大领域:中间消耗、消费、资本形成和进出口。作为中间消耗使用的产品具有原材料的性质。作为资本形成的产品,其用途也是生产性的。作为出口的产品,其国民经济功能是换取外汇。进口是对外汇的使用。

从国民经济整体考虑,消费是最终目的,但是,在经济社会进步历史中,经济总产出的消费率经历了一个 U 形过程。在传统农业社会,各行业产品与消费的关系很直接,中间环节很少。随着工业化的发展,消费品加工深度不断增大,出现了以中间产品为主或纯粹生产中间产品的产业部门;在经济工业化过程中(或被称之为经济起飞阶段),经济增速较快,消费率不断下降。进入后工业化经济以后,增长速度放慢,消费率开始回升。

横向考察产品及其价值运动的投入产出参数是分配系数,一个部门产品的中间使用之和与总产出的比称为中间使用率,也即中间需求率,计算公式为

$$G_i = \frac{\sum_{j=1}^{n} X_{ij}}{Q_i} = \sum_{j=1}^{n} h_{ij}, i = 1, 2, \cdots, n, h_{ij} = \frac{X_{ij}}{Q_i} \tag{3-2}$$

中间需求率越高,表明该产业部门越带有原材料产业和基础产业的性质。如果中间需求率大于 1,一般说明该部门的国内生产不足,进口较大。

表 3-3 和表 3-4 分别是 2007 年、2010 年及 2012 年三次产业中间需求率与分部门中间需求率。

表 3-3　三次产业中间需求率　　　　　　　　　　　　　　单位:%

	2007 年	2010 年	2012 年
第一产业	70.2	77.8	73
第二产业	73.3	72.7	71.5
第三产业	49.5	51.4	53.2

表3-4　分部门中间需求率　　　　　　　　　　　　　　　单位:%

	2007 年	2010 年	2012 年
农林牧渔产品和服务	70.2	77.8	73.0
煤炭采选产品	99.7	108.4	106.4
石油和天然气开采产品	159.0	175.6	212.3
金属矿采选产品	162.1	160.4	166.3
非金属矿和其他矿采选产品	104.4	106.1	105.6
食品和烟草	52.8	53.3	54.9
纺织品	71.4	74.1	84.2
纺织服装鞋帽皮革羽绒及其制品	36.0	39.0	31.5
木材加工品和家具	67.2	71.4	68.1
造纸印刷和文教体育用品	88.7	90.7	76.7
石油及炼焦产品和核燃料加工品	103.6	104.2	97.5
化学产品	99.3	99.2	97.1
非金属矿物制品	96.2	98.2	95.4
金属冶炼和压延加工品	100.8	102.9	104.5
金属制品	78.2	86.5	78.7
通用专用设备制造业	62.2	62.9	50.8
交通运输设备制造业	56.4	52.1	47.1
电气机械及器材制造业	63.5	58.3	62.0
通信设备和计算机及其他电子设备制造业	71.0	67.7	74.9
仪器仪表及文化办公用机械制造业	122.2	94.7	95.4
工艺品及其他制造业(含废品废料)	76.7	81.3	117.9
电力及热力的生产和供应业	96.3	97.2	94.2
燃气生产和供应业	65.8	55.4	53.3
水的生产和供应业	75.2	47.4	56.8
建筑业	3.2	3.4	6.2
批发和零售	51.0	54.2	58.7
交通运输及仓储和邮政	77.5	89.9	78.9
住宿和餐饮	57.4	63.9	52.1
信息传输及软件和信息技术服务	55.0	48.6	44.1
金融	74.7	77.5	82.3
房地产	24.9	20.4	28.1

	2007 年	2010 年	2012 年
租赁和商务服务	77.9	75.3	89.7
科学研究和技术服务	79.5	73.4	68.3
水利及环境和公共设施管理	31.2	27.5	25.3
居民服务及修理和其他服务	49.5	46.9	49.9
教育	9.9	3.9	6.3
公共服务	4.4	3.3	3.1
文化及体育和娱乐	52.5	53.2	44.5

首先从三次产业总体看,从 2007 到 2012 年,第一产业和第三产业中间需求率总体上升,第二产业总体下降。

第一产业的中间需求率总体上升,但呈倒 V 形。2007 年到 2010 年上升 7.6 个百分点,2010 年到 2012 年又下降 4.8 个百分点,总体升了 2.8 个百分点。第一产业中间需求率的提高说明,随着我国人民生活水平的提高,所消费农产品的加工度在不断提高,第一产业产品作为生产资料的属性增强。

第二产业总体的中间需求率有缓慢下降趋势,5 年间共下降 1.8 个百分点,但内部差异较大。在第二产业内部,(1)石油和天然气开采产品、煤炭采选产品、金属矿采选产品、非金属矿和其他矿采选产品、金属冶炼和压延加工品的中间需求率都大于 100%,且增大显著。其中石油和天然气开采产品的中间需求率在 2012 年达到 212.3%,提高 1/3。变化说明,这些产品越来越需要依靠进口以满足其作为生产资料的需求。这些部门都是初级工业产品部门和资源部门,这样的变化也说明,我国的自然资源供给偏紧,越来越依靠外部支持,这对于我国的制造业大国角色是一个严峻挑战。(2)石油炼焦产品和核燃料加工品、化学产品、非金属矿物制品、仪器仪表及文化办公用机械制造业、电力热力的生产和供应业等五大部门的中间需求率都在 90% 以上,说明这些部门是典型的生产资料部门,像化学产品和文化办公用机械制造产品虽然也大量用于消费资料,但生产资料还是占绝对大比重。(3)交通运输设备制造业、通用及专用设备制造业、造纸印刷和文教体育用品、燃气生产和供应业、水的生产和供应业、仪器仪表及文化办公用机械制造业是中间需求率下降十分显著的六大部门,下降都在 9 个百分点以上。这些部门的中间需求率都在 60% 以上,尤其是仪器仪表及文化办公用机械制造业的中间需求率在95%以上。这些特征表明,这些部门产品主要也是作为生产资料,但作为最终使用的比例迅速增大;因为这些产品是高级工业产品,如果增大的部分主要用于消费,就说明居民的消费水平在提高。(4)工业部门中唯有纺织服装鞋帽皮革羽绒及其制品、交通运输设备制造业的中间需求率2012年在50%以下,且也呈下降趋势。(5)建筑业的产品主要是作为资本而具有用途,其中间需求率2012年只有6.2%,虽然相对于2007年有显著增长,但解释意义不大。

第三产业的中间需求率总体显著上升3.7个百分点。2013年第三产业增加值占GDP比重超过第二产业,所以,从2007年到2012年是我国经济结构转型的过渡阶段。中间需求率上升,说明生产性服务业发展较快。(1)根据中间需求率大小将第三产业分为三大类:超过50%的按照2012年值排序依次是:租赁和商务服务、金融、交通运输及仓储和邮政、科学研究和技术服务、批发和零售、住宿和餐饮;小于30%的依次是:房地产、水利及环境和公共设施管理、公共服务、教育;在30%至50%的部门是:居民服务及修理和其他服务、文化及体育和娱乐、信息传输及软件和信息技术服务。可以看出,第一类以生产性服务为主,第二类以公共产品提供为主,第三类偏技术性且生产性和消费性兼顾。(2)从变化看,5年期间增大显著的部门是租赁和商务服务、批发和零售、金融,增大7个百分点以上,另外,房地产也增大3.2个百分点,比较显著;下降显著的部门有:住宿和餐饮、水利及环境和公共设施管理、文化及体育和娱乐、信息传输及软件和信息技术服务、科学研究和技术服务,其下降在5个百分点以上,另外教育部门下降3.6个百分点,比较显著。金融和商业类部门的中间需求率大幅上升,显示出我国经济的市场化水平在显著提高;住宿和餐饮的中间需求率显著下降意味着我国居民消费的市场化提高,对机构单位的依赖性减小;技术性服务部门的中间需求率显著下降有两种可能性:一是国家作为公共产品的提供者,对这类服务的购买在增大,二是相对于经济的高速发展,我国的科技服务企业发展滞后。

总体来说,农产品加工度不断提高,生产资料属性增强。采掘业中间需求率高且增大显著,进口依赖程度提高。典型生产资料部门的中间需求率较大但有所下降,虽然有大量用于消费资料,但作为生产资料的部分还是占比较大。仪表仪器制造业、燃气及水生产和供应业部门的消费资料属性增强。生产性服务业发展较快,经济的市场化水平提高,技术型服务部门发展速度滞后于经济发展速度。

投入系数和分配系数的增大或减小以及由此二系数衍生的系数的增大或减小,并不能说明一个部门在经济总体中的功能作用的增强或减弱,其反映的可能是该部门功能角色的转换,有些文献以之作为所谓主导产业的选择依据,并不合适。

3.2.3 影响力系数分析

影响力系数是后向联系系数,计算公式为

$$\delta_j = \frac{\frac{1}{n}\sum_{i=1}^{n}b_{ij}}{\frac{1}{n^2}\sum_{j=1}^{n}\sum_{i=1}^{n}b_{ij}},j=1,2,\cdots,n \tag{3-3}$$

其中,b_{ij} 是第 j 部门对第 i 部门的完全消耗系数[①]。

影响力系数是反映某种产品增加一个单位作为最终产品时,对国民经济各个部门所产生的生产需求波及相对水平,是衡量某产业后向联系广度和深度的指标。某部门产品的影响力系数越大,说明对该类产品的最终需求对经济总体的拉动影响力越大。当 $\delta_j = 1$ 时,表示该部门对经济总体的拉动作用达到了各部门的平均水平;当 $\delta_j < 1$ 时,表示该部门对经济总体的拉动作用低于各部门的平均水平,拉动作用较弱;当 $\delta_j > 1$ 时,表示该部门对经济总体的拉动作用高于各部门的平均水平,拉动作用较强。

表 3-5 给出了 2007、2010 和 2012 三个年度 38 部门的影响力系数。

农林牧渔产品和服务部门的影响力系数呈不断上升的趋势,2012 年的影响力系数为 0.590,5 年间上升了 0.018,增长了 3.22%。总体来看,农林牧渔产品和服务部门的影响力系数仍小于 1,说明对经济总体的拉动作用有所提高,但仍低于社会平均水平。

在第二产业,从 2012 年值看,在第二产业的 24 个部门中,有 16 个部门的影响力系数大于 1,其中排名前五位的全部为制造业部门,说明我国制造业部门发展不断增强,对经济总体的拉动作用大。在影响力系数小于 1 的 8 个部门中,有 4 个部门为采掘业,表明采掘业对经济总体的拉动作用弱于社会平均水平。从变化趋势看,(1)增速较快的部门有非金属矿物制品、木材

---

① 在影响力系数和感应度系数的计算中,一般文献多使用完全需要系数,本书使用了完全消耗系数,排除了完全需要系数中的最终使用部分,意义更纯粹。

加工品和家具,增长率分别为 5.49%、5.07%,其次为仪器仪表及文化办公用机械制造业、通用专用设备制造业,增长率分别为 3.87%、3.71%,这两个制造业部门对经济总体的拉动作用高于平均水平,且拉动作用在增强,再次为化学产品、金属制品、金属冶炼和压延加工品、食品和烟草,影响力系数的增长率在 2%~3% 之间;(2)降速较快的部门有煤炭采选产品、金属矿采选产品、石油和天然气开采产品、非金属矿和其他矿采选产品,降速分别为9.38%、6.72%、5.94%、5.03%,可以看出,降速较快的前 4 个部门均为采掘业,且绝大多数采掘业的影响力系数小于 1,这表明采掘业对经济总体的拉动作用较弱,且在下降中。

表 3-5　38 部门影响力系数

	2007 年	2010 年	2012 年
农林牧渔产品和服务	0.571	0.574	0.590
煤炭采选产品	0.840	0.811	0.761
石油和天然气开采产品	0.659	0.661	0.620
金属矿采选产品	1.039	1.048	0.969
非金属矿和其他矿采选产品	0.961	1.070	0.913
食品和烟草	0.966	1.000	0.987
纺织品	1.296	1.226	1.288
纺织服装鞋帽皮革羽绒及其制品	1.296	1.312	1.301
木材加工品和家具	1.193	1.280	1.254
造纸印刷和文教体育用品	1.251	1.293	1.264
石油及炼焦产品和核燃料加工品	1.041	0.994	1.013
化学产品	1.314	1.308	1.346
非金属矿物制品	1.139	1.233	1.202
金属冶炼和压延加工品	1.325	1.327	1.356
金属制品	1.382	1.405	1.414
通用专用设备制造业	1.371	1.374	1.421
交通运输设备制造业	1.475	1.453	1.451
电气机械及器材制造业	1.494	1.490	1.520
通信设备和计算机及其他电子设备制造业	1.608	1.574	1.584
仪器仪表及文化办公用机械制造业	1.367	1.441	1.420

	2007 年	2010 年	2012 年
工艺品及其他制造业(含废品废料)	0.807	0.850	0.799
电力及热力的生产和供应业	1.122	1.141	1.125
燃气生产和供应业	1.023	1.002	0.977
水的生产和供应业	0.815	0.857	0.817
建筑业	1.267	1.219	1.250
批发和零售	0.565	0.401	0.417
交通运输及仓储和邮政	0.806	0.885	0.931
住宿和餐饮	0.855	0.866	0.806
信息传输及软件和信息技术服务	0.641	0.728	0.833
金融	0.404	0.448	0.534
房地产	0.247	0.347	0.322
租赁和商务服务	1.106	1.000	1.055
科学研究和技术服务	0.779	0.829	1.024
水利及环境和公共设施管理	0.744	0.927	0.862
居民服务及修理和其他服务	0.859	0.751	0.747
教育	0.656	0.377	0.373
公共服务	0.853	0.745	0.730
文化及体育和娱乐	0.864	0.754	0.724

2012 年,在第三产业的 13 个部门中,只有 2 个部门的影响力系数大于 1,其余 11 个部门的影响力系数均小于 1,这表明第三产业整体对经济的拉动作用仍较弱。从 2012 年的值来看,影响力系数高于 1 的部门有租赁和商务服务、科学研究和技术服务部门,这两部门对经济总体的拉动作用高于社会平均水平。影响力系数较低的部门有金融、批发和零售、教育、房地产,分别为 0.534 、0.417 、0.373 、0.322 。从变化趋势来看:(1)金融、科学研究和技术服务、房地产、信息传输及软件和信息技术服务、水利及环境和公共设施管理、交通运输及仓储和邮政部门有显著增长,且增速较快,均高于 15% ;(2)降速较快的部门有教育、批发和零售、文化及体育和娱乐,下降幅度超过 15%。总体来看,科学研究和技术服务部门对经济总体的拉动作用较大且有继续增大的趋势,金融、房产部门的拉动作用较小,但在不断增大,而教育、文化及体育和娱乐、公共服务、居民服务及修理和其他服务的拉动作用

较小,低于社会平均水平且在不断减小。

总体来看,第一产业对经济总体拉动作用增大,但仍较小。第二产业中有2/3部门的影响力系数大于1,且第二产业中影响力系数最小的部门仍比农林牧渔产品和服务部门的影响力系数大,表明第二产业总体对经济的拉动作用最为显著。第三产业整体拉动作用小,但增速较快,第二产业整体拉动作用较大,但增速较慢,第三产业增速最慢的部门都高于第二产业增速最快的部门,表明第三产业对经济总体的拉动作用有较快增长。

3.2.4 感应度系数与推动力系数分析

关于感应度系数,存在着基于完全消耗(需要)系数和基于完全分配系数的两种计算方法,并且现在普遍认为基于完全分配系数更合理。但是,笔认为,基于完全消耗系数更合理,因为,完全分配系数是基于一个部门的增加值变化一个单位引起的各部门总产出变化,但是,在经济学上,投入产出原理恰恰揭示出"一个部门的总产出不可能独立变化",必须有其他部门的配合,从而一个部门的增加值也不可能独立变化,从而完全分配系数实际上"不完全"。不可能存在一个部门的增加值是1、其他部门的增加值是0的状态,那样在逻辑上不通。虽然最终使用的各部门产品之间也具有关联性,现实中并不能任意外生,但在投入产出原理框架内可以假定外生,这也是最终使用与最初投入在性质上不完全对称的表现。基于完全消耗系数计算感应度系数在经济逻辑上是讲得通的:(1)b_{ij} 表示一个单位最终使用的产品 j 拉动的部门 i 的总产出变动,其倒数表示一个单位产品 i 可以推动的部门 j 产品在最终使用上的增加量,具有前向联系系数的意义;(2)$\sum\limits_{j=1}^{n} b_{ij}$ 表示每个部门为最终使用提供一个单位产品时引起的部门 i 产品的总值,在前向意义上看,其值越小,前向推动力越大,即推动同量的最终使用需要更少的产品 i,或反过来说,消耗同样的产品 i,可以推动更多的最终使用;(3)但是,从"感应"的词义看,感应度系数反映的是部门 i 的感应能力,即对同样的最终使用,部门 i 会产生的响应,所以,使用 $\sum\limits_{j=1}^{n} b_{ij}$ 表示感应度大小更合适,而 $1/\sum\limits_{j=1}^{n} b_{ij}$ 表示推动力大小,也可用 $\dfrac{1}{n}\sum\limits_{j=1}^{n}\dfrac{1}{b_{ij}}$ 表示 i 部门的推动力大小。

综合以上分析,分别定义感应度系数和推动力系数公式如下①:

$$\theta_i = \frac{\dfrac{1}{n}\sum\limits_{j=1}^{n} b_{ij}}{\dfrac{1}{n^2}\sum\limits_{k=1}^{n}\sum\limits_{j=1}^{n} b_{kj}} = \frac{n\sum\limits_{j=1}^{n} b_{ij}}{\sum\limits_{k=1}^{n}\sum\limits_{j=1}^{n} b_{kj}}, \quad i=1,2,\cdots,n \qquad (3\text{-}4)$$

$$\gamma_i = \frac{\dfrac{1}{n}\left(1\Big/\sum\limits_{j=1}^{n} b_{ij}\right)}{\dfrac{1}{n^2}\sum\limits_{k=1}^{n}\left(1\Big/\sum\limits_{j=1}^{n} b_{kj}\right)} = \frac{n\left(1\Big/\sum\limits_{j=1}^{n} b_{ij}\right)}{\sum\limits_{k=1}^{n}\left(1\Big/\sum\limits_{j=1}^{n} b_{kj}\right)}, \quad i=1,2,\cdots,n \qquad (3\text{-}5)$$

其中,θ_i 表示感应度系数,γ_i 表示推动力系数,感应度系数是一个部门受最终使用影响的大小,推动力系数是一个部门对最终使用的影响大小。感应度系数大是指最终使用对本部门的需求大,推动力系数大是指本部门推动的最终需求大。根据公式,对部门 i,其完全消耗系数 $b_{ij}(j=1,2,\cdots,n)$ 越小,推动力越大。如果从前向联系能力的词义考虑,推动力系数更合理。感应度系数实际上还是后向联系性质。

与影响力系数相比,感应度系数越大表示该部门具有更强的生产资料性质,属于基础产业,比如化学产品、金属冶炼和压延加工产品、电力及热力等;推动力系数越大,表示该部门更具有四两拨千斤的力量,如公共服务、教育、水的生产和供应业;而影响力系数越大,表示该部门具有更强的最终产品性质且可能有更长的产业链,如机械产品和电子仪器产品。

3.2.4.1 感应度系数分析

表 3-6 给出了 2007、2010、2012 年 38 部门感应度系数。

第一产业即农林牧渔产品和服务部门的感应度系数一直大于1,这说明第一产业在这一时期的基础性作用很强,且总体有增大趋势,5 年增大 4.46%。

第二产业中,煤炭采选产品、石油和天然气开采产品、食品和烟草、纺织品、石油及炼焦产品和核燃料加工品、化学产品、金属冶炼和压延加工品、通用及专用设备制造业、通信设备及计算机及其他电子设备制造业、电力及热

---

① 现在的影响力系数和感应度系数都被定义成相对指标,实际上,类似于完全消耗系数,用绝对指标的经济意义更实在,即用式(3-4)和(3-5)的分子分别表示感应度和拉动力。

力的生产和供应业等10部门的感应度系数均大于1,其中化学产品、金属冶炼和压延加工品、电力及热力的生产和供应业部门的感应度系数更是高于2,这些部门正是以工业为主导的国民经济的基础性产业部门,对最终需求的感应能力最强。从2012年数值看,非金属矿和其他矿采选产品、纺织服装鞋帽皮革羽绒及其制品、木材加工品和家具、非金属矿物制品、仪器仪表及文化办公用机械制造业、工艺品及其他制造业(含废品废料)、燃气生产和供应业、水的生产和供应业、建筑业等部门的感应度系数小于0.8,表明它们具有较强的终端产品属性。从变化情况看,(1)感应度系数增大最快的五个部门是建筑业、非金属矿和其他矿采选产品、煤炭采选产品、燃气生产和供应业、食品和烟草,其中非金属矿和其他矿采选产品、煤炭采选产品都属于采掘部门。食品和烟草部门的感应度系数大于1且上升快,是因为食品与烟草部门与居民的生活有很强的直接联系,且基础作用在不断增强(与中间需求率对比,可以发现二者变化具有一致性)。建筑业的感应度系数小于1,但上升最快,5年间上升121.24%,说明这个部门的基础性在增强,有更多的建筑业产品用于中间产品。(2)感应度系数下降的部门数占工业部门总数的约2/3,有16个部门,其中下降幅度超过10%的就有11个部门。这其中的原因可能是一些部门的消费性份额增大较多,体现着人民生活质量的提高,也可能是一些部门的出口增长快,显示出我国工业产品的国际竞争力提高。

表3-6 38部门感应度系数:2007—2012

	2007 年	2010 年	2012 年
农林牧渔产品和服务	1.896	2.046	1.980
煤炭采选产品	0.935	1.437	1.296
石油和天然气开采产品	1.773	1.610	1.587
金属矿采选产品	0.776	0.934	0.882
非金属矿和其他矿采选产品	0.248	0.234	0.377
食品和烟草	1.260	1.390	1.468
纺织品	1.134	1.116	1.217
纺织服装鞋帽皮革羽绒及其制品	0.413	0.402	0.296
木材加工品和家具	0.541	0.544	0.499
造纸印刷和文教体育用品	1.071	1.043	0.937

	2007 年	2010 年	2012 年
石油及炼焦产品和核燃料加工品	1.671	1.619	1.606
化学产品	4.327	4.263	4.270
非金属矿物制品	0.718	0.828	0.723
金属冶炼和压延加工品	3.679	3.201	3.410
金属制品	0.929	0.920	0.827
通用专用设备制造业	1.769	1.836	1.293
交通运输设备制造业	1.127	1.094	0.803
电气机械及器材制造业	1.140	1.069	0.986
通信设备和计算机及其他电子设备制造业	1.986	1.625	1.844
仪器仪表及文化办公用机械制造业	0.384	0.405	0.316
工艺品及其他制造业(含废品废料)	0.616	0.556	0.374
电力及热力的生产和供应业	2.899	2.747	2.286
燃气生产和供应业	0.087	0.096	0.118
水的生产和供应业	0.088	0.053	0.060
建筑业	0.091	0.101	0.202
批发和零售	0.944	0.957	1.445
交通运输及仓储和邮政	1.555	1.742	1.690
住宿和餐饮	0.587	0.616	0.435
信息传输及软件和信息技术服务	0.326	0.318	0.339
金融	1.096	1.208	1.812
房地产	0.266	0.285	0.400
租赁和商务服务	0.617	0.709	1.100
科学研究和技术服务	0.330	0.401	0.512
水利及环境和公共设施管理	0.086	0.098	0.107
居民服务及修理和其他服务	0.331	0.280	0.283
教育	0.074	0.024	0.042
公共服务	0.087	0.066	0.055
文化及体育和娱乐	0.144	0.128	0.123

第三产业大多数部门的感应度系数低于 1。(1)有 8 个部门的感应度系数是增大的。金融业与交通运输及仓储和邮政部门是服务业中感应度系数一直大于 1 的两个部门,金融业的感应度系数在不断增大,这反映着我国市

场经济发展和改革的不断推进,各生产部门的发展对金融部门的依赖越来越强。交通运输及仓储和邮政在国民经济中也是最基础的产业,并且在2007年与2010年的感应度系数均位列服务业第一名,而且总体是增大的。租赁和商务服务的感应系数从小于1变为大于1,体现其在经济中的基础性作用持续增强。批发和零售、房地产部门的感应度系数也是增大的,它们是国民经济的中介部门,其增大是经济市场化水平提高的表现。科学研究和技术服务、水利及环境和公共设施管理部门的感应度系数也是逐渐增大的,这是国家科学技术及基础建设水平不断提高的表现。(2)在13个服务业部门中,有5个部门的感应度系数是下降的,并且下降的幅度都在14%以上。教育是服务业中知识密集度较高的部门,其感应度系数在服务业中最小,且呈下降趋势,从2007年的0.074下降到2012年的0.042,与公共服务部门并列下降最多。其他下降的部门依次为住宿和餐饮、居民服务及修理和其他服务、文化及体育和娱乐。

由表3-6可以看出,我国感应度系数大于1的部门大多集中在传统的加工制造业部门和中介性服务业,尤其是化学产品、金属冶炼和压延加工品、电力及热力的生产和供应业这3个部门的感应度系数是社会平均值的2倍以上。这说明,这些部门对国民经济有较强的基础作用,在经济快速增长时,这些部门受到社会需求的拉力最大,往往成为制约国民经济发展的"瓶颈"部门。此外,第三产业中的金融业、交通运输及仓储业、2012年的租赁和商务服务的感应度也大于社会平均水平,这说明对服务业国民经济的需求在增强,同时也说明这些部门也易成为制约国民经济发展的"瓶颈"。感应度系数低于社会平均水平的产业部门是大多数第三产业部门和部分第二产业部门,也有少数劳动密集型产业部门。

3.2.4.2 推动力系数分析

表3-7给出2007、2010及2012年分部门推动力系数。

农林牧渔产品和服务部门的推动力系数远小于1,且呈"先下降、后上升"的变化趋势,5年内总下降0.02,下降幅度为12.36%,表明农业部门对经济的推动作用小于社会平均水平,并且推动作用有所下降。与感应度系数对应,说明农业部门的强基础性。

从2012年的值看,在第二产业,推动力系数大于1的部门有水的生产和供应业、燃气生产和供应业、建筑业,分别为4.728、2.427、1.414,其次是纺织服装鞋帽皮革羽绒及其制品、仪器仪表及文化办公用机械制造业、工艺品及其他制造业(含废品废料)、非金属矿和其他矿采选产品、木材加工品和家具部门,均大于 0.5,这些部门中有一半以上属于轻工业。推动力系数小于 0.2 的部门有食品和烟草、石油和天然气开采产品、石油及炼焦产品和核燃料加工品、通信设备和计算机及其他电子设备制造业、电力及热力的生产和供应业、金属冶炼和压延加工品、化学产品,以重工业为主,表明重工业对现阶段经济发展的推动能力较弱。

从变化趋势看,增速较快的部门为工艺品及其他制造业(含废品废料)、水的生产和供应业、交通运输设备制造业、纺织服装鞋帽皮革羽绒及其制品、通用及专用设备制造业、电力及热力的生产和供应业、仪器仪表及文化办公用机械制造业,主要是一些轻工业部门,这些部门与居民消费直接联系较为紧密,表明现阶段轻工业的推动能力在不断增强。下降较快的部门是纺织品、金属矿采选产品、食品和烟草、燃气生产和供应业、煤炭采选产品、非金属矿和其他矿采选产品、建筑业,其中一半部门为采掘业,说明采掘业的推动作用下降,食品与烟草部门的推动力较小且有所下降,燃气生产和供应业部门推动力较大但有所下降。

表 3-7　38 部门推动力系数:2007—2012

	2007 年	2010 年	2012 年
农林牧渔产品和服务	0.165	0.119	0.144
煤炭采选产品	0.334	0.169	0.221
石油和天然气开采产品	0.176	0.151	0.180
金属矿采选产品	0.403	0.259	0.324
非金属矿和其他矿采选产品	1.260	1.036	0.759
食品和烟草	0.248	0.174	0.195
纺织品	0.275	0.217	0.235
纺织服装鞋帽皮革羽绒及其制品	0.757	0.604	0.966
木材加工品和家具	0.577	0.445	0.573
造纸印刷和文教体育用品	0.292	0.232	0.305
石油及炼焦产品和核燃料加工品	0.187	0.150	0.178
化学产品	0.072	0.057	0.067
非金属矿物制品	0.435	0.293	0.396

	2007 年	2010 年	2012 年
金属冶炼和压延加工品	0.085	0.076	0.084
金属制品	0.336	0.263	0.346
通用专用设备制造业	0.177	0.132	0.221
交通运输设备制造业	0.277	0.222	0.356
电气机械及器材制造业	0.274	0.227	0.290
通信设备和计算机及其他电子设备制造业	0.157	0.149	0.155
仪器仪表及文化办公用机械制造业	0.814	0.598	0.906
工艺品及其他制造业(含废品废料)	0.507	0.436	0.764
电力及热力的生产和供应业	0.108	0.088	0.125
燃气生产和供应业	3.598	2.520	2.427
水的生产和供应业	3.541	4.583	4.728
建筑业	3.417	2.407	1.414
批发和零售	0.331	0.253	0.198
交通运输及仓储和邮政	0.201	0.139	0.169
住宿和餐饮	0.532	0.393	0.657
信息传输及软件和信息技术服务	0.957	0.763	0.843
金融	0.285	0.201	0.158
房地产	1.175	0.852	0.715
租赁和商务服务	0.506	0.342	0.260
科学研究和技术服务	0.947	0.605	0.558
水利及环境和公共设施管理	3.653	2.485	2.676
居民服务及修理和其他服务	0.945	0.865	1.011
教育	4.247	9.899	6.833
公共服务	3.576	3.697	5.245
文化及体育和娱乐	2.172	1.898	2.317

在第三产业,教育、公共服务、水利及环境和公共设施管理、文化及体育和娱乐、居民服务及修理和其他服务部门的推动力系数为6.833、5.245、2.676、2.317、1.011,均大于1,表明这些部门对经济发展的推动作用较大,高于社会平均水平,这些部门大多数以提供公共物品为主。批发和零售、交通运输及仓储和邮政、金融部门等生产性服务业推动作用较小。从变化趋势来看,教育、公共服务、住宿和餐饮增速较快,增长幅度为60.89%、

46.67%、23.49%,其中教育及公共服务推动力较大且增速较大,说明这些部门对国民经济增长的推动作用加强。信息传输及软件和信息技术服务、交通运输及仓储和邮政、水利及环境和公共设施管理、房地产、批发和零售、科学研究和技术服务、金融、租赁和商务服务的降速都超过 10%,这些部门以生产性服务业为主。

总体来看,农林牧渔产品和服务部门对经济的推动作用低于社会平均水平且推动作用有所减小。轻工业对国民经济发展的推动力较大,且推动作用在不断加强,重工业部门的推动能力较小,且在不断减弱。在第三产业中,教育、公共服务等提供公共物品的部门对最终需求的推动作用较大且在不断增大,生产性服务业的推动作用较小且在不断减小。

3.2.5　居民消费分析

居民消费结构是由居民在各部门产品上的消费支出与居民消费总额的比值,比值越大的部门产品与居民的直接联系越大,对居民生活的重要程度越高。

表 3-8 给出了依据投入产出表计算的 2007、2010、2012 年居民消费结构。

以 2012 年值看,食品和烟草、房地产、农林牧渔产品和服务、批发和零售、住宿和餐饮是居民消费的前五大类产品,合计占居民总消费的 52%。如果把对食品和烟草、农林牧渔产品和服务的消费比例作为食物消费,则食物消费在居民消费中的比例是 29.3%,按联合国有关机构的标准已经达到富裕水平的上界;如果再加上流通费用,则在 30% 至 40% 之间,属于相对富裕水平①。如果把仪器仪表及文化办公用机械制造业、通用及专用设备制造业、造纸印刷和文教体育用品、通信设备及计算机及其他电子设备制造业、电气机械及器材制造业、交通运输设备制造业作为现代制造业的代表,那么,2012 年居民在现代制造业产品上的消费占 8.3%,且 5 年增长了 14.88%,其中 2012 年在交通运输设备制造业产品上的消费占 3.5%,5 年增长了 38.25%。如果把科学研究和技术服务、水利及环境和公共设施管理、租赁和

---

① 联合国机构根据恩格尔系数的大小,对世界各国的生活水平有一个划分标准,即一个国家平均家庭恩格尔系数大于 60% 为贫穷,50%~60% 为温饱,40%~50% 为小康,30%~40% 属于相对富裕,20%~30% 为富足,20% 以下为极其富裕。

商务服务、文化及体育和娱乐、信息传输及软件和信息技术服务、教育、金融作为现代服务的代表，则居民 2012 年在现代服务上的消费占 13.5%，5 年下降了 4.91%，其中除了金融、文化及体育和娱乐消费是增长的外，其他现代服务的消费比例都是下降的。对现代服务消费占比的下降主要是因为对现代制造业产品消费的大幅上升。5 年中，对造纸印刷和文教体育用品的消费占比增长了 1.14 倍，对燃气生产和供应业的消费占比增长了 1.08 倍，这二者都体现着人民生活质量的提高。房地产在居民消费中的占比超过 10%，达到 10.4%，且增长迅速（达 32.8%），一方面说明我国人民居住水平的提高，另一方面也是居住成本的上升。总体看，我国居民对物质资料的消费比例仍大于服务，但是，服务的占比是逐渐增大的。

　　总体来看，按食物消费在在居民消费中的占比，我国已达到相对富裕水平的标准。居民在现代制造业产品上的消费有所增长，5 年间增长了 14.88%，其中占比较大的是交通运输设备制造业，增长速度接近 40%。居民在现代服务业上的消费，5 年间下降 4.91%，只有对金融、文化及体育和娱乐的消费是增长的，其他部门的消费比例是下降的。对现代服务业消费下降的原因是对现代制造业产品消费大幅上升，这都体现出居民生活质量水平的提高。

表 3-8　居民消费 38 部门产品结构　　　　　　　　　　　单位：%

	2007 年	2010 年	2012 年
农林牧渔产品和服务	11.55	8.41	10.37
煤炭采选产品	0.15	0.09	0.08
石油和天然气开采产品	0.00	0.00	0.00
金属矿采选产品	0.00	0.00	0.00
非金属矿和其他矿采选产品	0.00	0.00	0.00
食品和烟草	17.28	19.27	18.95
纺织品	0.46	0.35	0.43
纺织服装鞋帽皮革羽绒及其制品	5.87	5.73	5.16
木材加工品和家具	0.54	0.51	0.58
造纸印刷和文教体育用品	0.44	0.53	0.93
石油及炼焦产品和核燃料加工品	0.77	0.95	1.17
化学产品	2.44	2.31	3.00

	2007 年	2010 年	2012 年
非金属矿物制品	0.29	0.21	0.26
金属冶炼和压延加工品	0.00	0.00	0.00
金属制品	0.43	0.34	0.25
通用专用设备制造业	0.14	0.06	0.15
交通运输设备制造业	2.54	3.24	3.52
电气机械及器材制造业	1.99	2.24	1.75
通信设备和计算机及其他电子设备制造业	2.01	1.73	1.86
仪器仪表及文化办公用机械制造业	0.12	0.23	0.10
工艺品及其他制造业(含废品废料)	1.43	1.66	0.12
电力及热力的生产和供应业	2.44	1.91	1.44
燃气生产和供应业	0.33	0.68	0.69
水的生产和供应业	0.33	0.63	0.37
建筑业	0.97	0.86	0.00
批发和零售	8.0	6.57	6.31
交通运输及仓储和邮政	2.50	2.22	3.24
住宿和餐饮	5.95	4.82	5.90
信息传输及软件和信息技术服务	3.09	3.02	2.97
金融	4.29	4.10	4.83
房地产	7.84	10.58	10.41
租赁和商务服务	1.27	1.57	0.55
科学研究和技术服务	0.00	0.17	0.12
水利及环境和公共设施管理	0.30	0.40	0.25
居民服务及修理和其他服务	4.15	4.16	3.90
教育	4.44	3.45	3.36
公共服务	4.85	6.27	5.57
文化及体育和娱乐	0.79	0.75	1.41

3.2.6　公共消费结构分析

公共消费即通常说的政府消费项,其实质一是反映各项公共服务部门得到的公共财政支持,二是反映国家和地方的财政政策倾斜,除了转移支付,总体体现了财政资金的去向。通过对公共消费结构变化的描述可以对经济体制的变化有一定程度的了解。由于政府的公共消费体现在服务上,所以一些部门的公共消费为 0,在这里不再对这些部门进行考虑。通过计算政府对各部门的消费支出比重可以获得公共消费结构。

表 3-9 是依据投入产出表计算的 2007、2010、2012 年的公共消费结构。

表 3-9　公共消费结构:2001—2012　　　　　　　　　　单位:%

	2007 年	2010 年	2012 年
农林牧渔产品和服务	0.971	0.958	0.830
交通运输及仓储和邮政	4.608	2.315	2.696
金融	0.773	0.505	1.279
租赁和商务服务	1.617	1.419	1.554
科学研究和技术服务	4.140	5.443	9.180
水利及环境和公共设施管理	3.247	4.979	5.788
教育	21.213	21.025	19.237
公共服务	60.849	61.024	57.002
文化及体育和娱乐	2.583	2.332	2.435

公共消费支出占比最大的是公共服务,在 60%左右,其次是教育,占比在 20%左右,再次是科学研究和技术服务,占比在 2012 年达到 9.18%。从变化看,在金融、科学研究和技术服务、水利及环境和公共设施管理 3 个部门上是增长的,增长幅度分别达到 65.46%、121.74%、78.26%。对金融支持占比快速上升应该主要是政策性金融支持增加较多的结果;科学研究和技术服务、水利及环境和公共设施管理二部门支持快速增长显示了政府在科技兴国和可持续发展基本国策上的持续推进、速度加快。占比下降最快的是交通运输及仓储和邮政,下降 41.49%,反映了国家在这一领域市场化改革的不断深化;在 2013 年,铁道部被撤销,成立了中国铁路总公司。下降次快的是在农林牧渔产品和服务上的投入,下降幅度达 14.52%。另外,教育占比下降达 9.32%,是值得注意的一个现象。

3.2.7　出口结构分析

出口结构是出口总额中各部门产品出口额的比重,数值越大,代表我国这个部门产品越具有相对比较优势。

表 3-10 是 2007、2010、2012 年出口的 38 部门产品结构。

农林牧渔产品和服务部门产品在出口总额的比重在 5 年内下降 0.13%,降速为 17.95%。与此同时,我国的农产品贸易逆差在不断增大,说明我国第一产业产品的国际竞争力较弱。

表 3-10　出口 38 部门产品结构: 2001—2012　　　　　　单位: %

	2007 年	2010 年	2012 年
农林牧渔产品和服务	0.70	0.75	0.57
煤炭采选产品	0.24	0.13	0.07
石油和天然气开采产品	0.18	0.14	0.14
金属矿采选产品	0.09	0.07	0.04
非金属矿和其他矿采选产品	0.16	0.14	0.09
食品和烟草	2.00	1.97	2.05
纺织品	8.60	8.03	3.79
纺织服装鞋帽皮革羽绒及其制品	5.94	5.18	7.87
木材加工品和家具	2.54	2.41	2.65
造纸印刷和文教体育用品	2.37	2.03	4.09
石油及炼焦产品和核燃料加工品	0.80	0.73	0.86
化学产品	7.58	8.44	7.23
非金属矿物制品	1.55	1.70	1.96
金属冶炼和压延加工品	5.40	3.27	3.26
金属制品	3.72	3.09	3.14
通用专用设备制造业	7.41	6.40	7.79
交通运输设备制造业	3.44	4.56	4.28
电气机械及器材制造业	7.14	8.30	7.85
通信设备和计算机及其他电子设备制造业	22.38	21.56	22.02
仪器仪表及文化办公用机械制造业	1.99	3.23	1.29
工艺品及其他制造业(含废品废料)	1.40	1.54	0.40
电力及热力的生产和供应业	0.07	0.07	0.06
燃气生产和供应业	0.00	0.00	0.00
水的生产和供应业	0.00	0.00	0.00
建筑业	0.43	0.88	0.57
批发和零售	4.19	6.09	8.61
交通运输及仓储和邮政	4.22	3.35	4.17
住宿和餐饮	0.77	0.56	0.41
信息传输及软件和信息技术服务	0.47	0.62	0.73
金融	0.09	0.18	0.30

	2007 年	2010 年	2012 年
房地产	0.00	0.00	0.00
租赁和商务服务	3.36	3.83	3.02
科学研究和技术服务	0.03	0.05	0.02
水利及环境和公共设施管理	0.00	0.00	0.08
居民服务及修理和其他服务	0.30	0.19	0.09
教育	0.03	0.03	0.03
公共服务	0.09	0.09	0.08
文化及体育和娱乐	0.34	0.38	0.40

在第二产业中,2012 年出口比重最大的是通信设备和计算机及其他电子设备制造业部门,为 22.02%,表明我国在电子技术一般产品方面具有相对优势,不过这一阶段占比有所下降。其次是纺织服装鞋帽皮革羽绒及其制品、电气机械及器材制造业、通用及专用设备制造业、化学产品,在 7%~8%,这是我国制造业大国和"世界工厂"特征的反映。在出口比重小于 1%的 8 个部门中(除去出口为 0 的部门),5 个部门为采掘、能源行业,这与我国自然资源紧缺的现状相符。从变化看,增速最快的前 5 个部门是造纸印刷和文教体育用品、纺织服装鞋帽皮革羽绒及其制品、建筑业、非金属矿物制品、交通运输设备制造业,占比增速均高于 20%,其中造纸印刷和文教体育用品的增速达 72.62%。降速最快的前五名是煤炭采选业、工艺品及其他制造业(含废品废料)、纺织品、金属矿采选产品、非金属矿和其他矿采选产品,降幅分别为 72.70%、71.80%、55.96%、49.63%、40.39%,其中有 3 个部门属于采掘业,这是因为我国虽然是资源大国,但是资源的储量不高,各种金属矿、原油、天然气等主要依赖进口,中国采掘业的国际竞争力较弱。

我国服务业不具有国际竞争优势。第三产业出口比重高于 3%的部门有批发和零售、交通运输及仓储和邮政、租赁和商务服务部门,批发和零售部门的比重是交通运输及仓储和邮政的 2 倍。这 3 个部门特别是前两个部门与物质产品融合在一起,共同涨落。出口比重较低的部门有居民服务及修理和其他服务、水利及环境和公共设施管理、公共服务、教育、科学研究和技术服务部门,出口占比不足 0.1%。从变化看,增速较快的部门是金融、批发和零售、信息传输及软件和信息技术服务,增幅达到 236.23%、105.37%、

56.21%,金融业所占比重较少,但是增长速度高达236.23%。批发和零售业出口不仅比重较大且增速较高,与我国这一时期的高速增长态势一致。金融业既与进出口业务相关,也与我国金融开放程度和发展水平相关。降速较快的部门是居民服务及修理和其他服务、住宿和餐饮、科学研究和技术服务,居民服务、住宿和餐饮等部门主要是对内提供,这两部门出口的下降表明我国内需增大,是人民生活水平提高的一种表现。科学研究和技术服务部门出口占比下降说明我国科学技术水平还有待进一步提升,或者与我国的服务贸易发展阶段有关。

3.2.8 进口结构分析

进口结构以进口总额中各部门产品进口额所占的比重表示,占比越大表示我国对这个部门产品的需求和依赖程度越大。

表 3-11 是依据投入产出表计算的 2007—2012 年的 38 部门进口结构。

农林牧渔产品和服务部门产品进口比重在 5 年内上升了 1.04 个百分点,增幅为 33.38%。结合农林牧渔产品和服务部门出口比重的下降趋势分析,自 2007 年始农产品国际市场发生显著变化,特别是世界粮食供求偏紧,我国的农产品贸易逆差也在增大。

2012 年,第二产业中进口比重最大的是通信设备和计算机及其他电子设备制造业部门,为 19.68%,不过相比 2007 年是减小的。其次是石油和天然气开采产品、化学产品、金属冶炼和压延加工品、通用及专用设备制造业、金属矿采选产品,占比均高于 5%。进口比重小于 1% 的有 8 个部门(除去出口为 0 的部门):纺织服装鞋帽皮革羽绒及其制品、纺织品、金属制品、非金属矿物制品、木材加工品和家具、非金属矿和其他矿采选产品、建筑业、电力及热力的生产和供应业。从变化看,进口增速最快的部门产品是煤炭采选产品,增幅高达 472.29%。我国重工业较多,煤炭需求量大,而国内生产已远远不足;其次是石油和天然气开采产品、食品和烟草、金属冶炼和压延加工品、金属矿采选产品、交通运输设备制造业、石油及炼焦产品和核燃料加工品,进口增幅均高于 20%。降速最快的前 5 个部门是仪器仪表及文化办公用机械制造业、建筑业、纺织品、电气机械及器材制造业、通用及专用设备制造业,降幅达 51.45%、37.38%、30.34%、29.58%、26.24%,有 3 个部门为制造业。结合出口看,我国制造业部门在这一阶段发展较快,对进口依赖度减小。

表 3-11　进口 38 部门产品结构:2001—2012　　　　　　　　单位:%

	2007 年	2010 年	2012 年
农林牧渔产品和服务	3.15	4.04	4.19
煤炭采选产品	0.26	1.29	1.49
石油和天然气开采产品	7.79	8.44	11.71
金属矿采选产品	5.51	7.28	6.89
非金属矿和其他矿采选产品	0.41	0.31	0.32
食品和烟草	2.14	2.39	2.77
纺织品	1.11	0.95	0.77
纺织服装鞋帽皮革羽绒及其制品	0.82	0.75	0.91
木材加工品和家具	0.37	0.46	0.42
造纸印刷和文教体育用品	1.12	1.02	1.21
石油及炼焦产品和核燃料加工品	1.96	2.05	2.36
化学产品	12.30	11.71	10.09
非金属矿物制品	0.51	0.57	0.58
金属冶炼和压延加工品	5.84	5.05	7.34
金属制品	0.79	0.71	0.67
通用专用设备制造业	9.92	9.52	7.32
交通运输设备制造业	4.06	5.87	4.93
电气机械及器材制造业	4.64	4.19	3.27
通信设备和计算机及其他电子设备制造业	22.02	17.40	19.68
仪器仪表及文化办公用机械制造业	4.90	4.92	2.38
工艺品及其他制造业(含废品废料)	2.20	3.50	1.91
电力及热力的生产和供应业	0.02	0.02	0.02
燃气生产和供应业	0.00	0.00	0.00
水的生产和供应业	0.00	0.00	0.00
建筑业	0.30	0.34	0.19
批发和零售	0.00	0.00	0.00
交通运输及仓储和邮政	1.49	1.71	2.68
住宿和餐饮	0.71	0.74	0.94
信息传输及软件和信息技术服务	0.54	0.27	0.61
金融	0.17	0.21	0.36
房地产	0.00	0.00	0.00

续表 3-11　单位:%

	2007 年	2010 年	2012 年
租赁和商务服务	3.26	2.46	2.29
科学研究和技术服务	0.84	0.87	0.18
水利及环境和公共设施管理	0.00	0.00	0.18
居民服务及修理和其他服务	0.27	0.26	0.11
教育	0.06	0.09	0.11
公共服务	0.12	0.10	0.13
文化及体育和娱乐	0.41	0.53	1.02

　　我国服务贸易逆差很大。在第三产业中进口比重高于 1% 的部门有交通运输及仓储和邮政、租赁和商务服务、文化及体育和娱乐 3 个部门,比重为 2.68%、2.29%、1.02%。进口比重低于 1% 的部门有住宿和餐饮、信息传输及软件和信息技术服务、金融、科学研究和技术服务、水利及环境和公共设施管理、公共服务、居民服务及修理和其他服务、教育部门。从变化看,增速较快的部门是文化及体育和娱乐、金融,增速高达 148.13%、108.20%,文体娱乐部门进口占比较高且增长速度较快,说明居民更加注重身心素质健康保养,相关产品需求增加。金融业进口增速的提高与我国在这一时期出台的一系列鼓励银行业金融机构开放政策相关。进口降速较快的部门有科学研究和技术服务、居民服务及修理和其他服务、租赁和商务服务,分别达 78.13%、59.12%、29.68%,科学技术部门的进口有较大的降幅意味着我国科学技术水平有所提升,进口依赖程度下降。

　　总体评价:农林牧渔产品和服务部门进口比重增大,结合该部门出口比重减小、贸易逆差不断增大的现状分析,农业部门的基础依然薄弱,不能满足国内巨大需求,粮食资源远远小于世界平均水平,依靠大量进口。石油及天然气开采产品、金属矿选产品进口占比高且增速较快,是工业部门对自然资源需求量加大的表现,大部分制造业部门的进口出现降速,是我国制造业竞争力持续增强、对进口依赖程度减弱的表现。文体娱乐占比高、增速快,说明居民更加注重身心娱乐,也是人民生活质量水平提高的一种表现。随着经济发展,我国金融业也有所进步,对外投资水显著提高,科学技术水平也有较大提升,但与发达国家相比,在高端技术上还是有很大差距。

3.2.9 最终使用横向结构分析

最终使用横向结构即居民消费、公共消费、固定资本形成总额、存货增加、出口、进口占 GDP 的比重构成。

表 3-12 是 2007、2010、2012 年的最终使用横向结构。"其他"项是一种统计误差。

表 3-12 最终使用横向结构:2007—2012 单位:%

	2007 年	2010 年	2012 年
居民消费	36.3	35.9	37.0
公共消费	13.2	12.9	13.6
固定资本形成	39.6	45.5	44.3
存货增加	2.1	2.5	2.0
出口	35.9	27.7	25.5
进口	27.8	25.1	22.7
其他	0.7	0.7	0.4

由表 3-12 知,2012 年各项最终使用占 GDP 比重由高到低是:固定资本形成总额、居民消费、出口、进口、公共消费、存货增加,固定资本形成占比最高,居民消费也是支撑 GDP 的重要部分,虽不及固定资产投资比重大,但也高达 37%,然后进出口,而这 3 项正是拉动经济增长的"三驾马车"。从变化趋势看:(1)呈增长的有固定资本形成、公共消费、居民消费,增幅为 11.76%、3.07%、1.91%,其中固定资本形成增速最快,是公共消费的 3 倍多。固定资本形成近 5 年内为 GDP 增长做出的贡献高达 48.9%,此阶段我国经济增长更加依赖固定资产投资。公共消费增长表明,国家对基础教育、公共交通、文化、医疗方面的重视程度增大。我国居民消费比重有所增加,在 2012 年达到 37%,总消费在 2012 年已经达到 50.6%,占 GDP 比重的一半以上,说明消费逐渐成为引导我国经济发展的第一动力,但与发达经济体相比还有巨大的成长空间。发达国家居民消费占 GDP 的比重达到 70% 以上。(2)占比呈下降的是出口、进口、存货增加,降速分别为 29.11%、18.30%、3.84%,出口降速高于进口降速,说明我国净出口在下降。2012 年我国净出口占 GDP 比重是 2.8%。一般来说,大国净出口占 GDP 的比重较低,多数发达国家在 3% 以内。2012 年,我国贸易的顺差额为 1 438.9 亿元,并且净出口对 GDP

的拉动力呈负增长。

3.2.10 部门间劳动收入比较分析

作为人类社会进步性的经济体现,分配公平是发展质量的一个重要方面。在投入产出表中,最基本的反映分配差异的数据项就是不同产业部门的劳动报酬。这种差异在当前发展阶段虽然尚无法完全消除,但不应过大。下面的分析利用投入产出表劳动报酬数据和《中国统计年鉴》分部门年度就业人数,计算劳均劳动收入:

$$部门 j 劳均劳动收入 = \frac{部门 j 劳动报酬}{部门 j 就业人数} \tag{3-6}$$

因为无法获得制造业细分行业的数据,所以,表 3-14 仅列出了 19 个部门的数据。其中劳动力数量来源于国家统计局网上数据库的年度数据。表 3-13 是三次产业劳均劳动收入。

表3-13 三次产业劳均劳动收入:2007—2012　　　　　　　　单位:元/人

	2007 年		2010 年		2012 年	
	绝对值	相对值	绝对值	相对值	绝对值	相对值
第一产业	9 083.8	1.00	14 500.6	1.00	21 925.6	1.00
第二产业	22 377.9	2.46	33 988.2	2.34	44 054.1	2.01
第三产业	14 697.3	1.62	20 953.6	1.45	36 801.3	1.68
总体	14 563.5	1.60	22 553.2	1.56	34 313.4	1.56

从三次产业总体层次看,劳均劳动收入水平排序是第二产业、第三产业、第一产业。在增长速度上,第三产业增速最快,5 年间增长了 150.4%,其次是第一产业,而第二产业增速最慢,低于全国平均水平。从 2012 年的全国劳均劳动收入水平看,第二产业和第三产业的劳动收入是平均水平的 1.20 倍、1.07 倍,均高于全国平均劳动收入水平;第三产业的劳均劳动收入相对水平较低,为 0.64。从收入分配差距来看,2007 年、2010 年、2012 年三次产业劳动收入水平的最大值与最小值之比依次为 2.46、2.34、2.01,逐渐下降,说明我国三次产业间的收入分配差距有所减小。收入分配差距的减小说明我国分配机制与社会保障体系逐渐改善。

表 3-14 是 2007、2010、2012 年 19 部门劳均劳动收入。

表3-14　分19部门劳均劳动收入:2007—2012　　　　　　单位:元/人

	2007 年		2010 年		2012 年	
	绝对值	相对值	绝对值	相对值	绝对值	相对值
农林牧渔业	9 083.8	1.60	14 500.6	1.51	21 925.6	1.48
采矿业	32 638.6	5.76	48 669.5	5.06	70 693.5	4.77
制造业	21 148.9	3.73	31 610.0	3.29	42 425.4	2.86
电力及热力、燃气及水生产和供应业	28 460.0	5.02	45 839.5	4.77	51 434.7	3.47
建筑业	21 701.1	3.83	35 077.9	3.65	40 387.8	2.73
交通运输及仓储和邮政业	18 860.4	3.33	39 925.8	4.15	46 663.7	3.15
信息传输及软件和信息技术服务业	29 434.3	5.19	52 068.3	5.42	75 268.9	5.08
批发和零售业	5 669.7	1.00	9 612.3	1.00	14 819.0	1.00
住宿和餐饮业	10 247.0	1.81	29 508.0	3.07	34 570.2	2.33
金融业	37 592.9	6.63	63 664.2	6.62	99 959.3	6.75
房地产业	31 842.3	5.62	51 026.5	5.31	65 629.9	4.43
租赁和商务服务业	10 352.6	1.83	25 106.5	2.61	30 163.9	2.04
科学研究和技术服务业	25 510.2	4.50	46 478.2	4.84	68 942.0	4.65
水利及环境和公共设施管理业	11 304.5	1.99	19 512.2	2.03	28 691.9	1.94
居民服务及修理和其他服务业	10 859.5	1.92	32 290.1	3.36	39 617.8	2.67
教育业	14 754.6	2.60	28 449.3	2.96	38 462.2	2.60
卫生和社会工作	18 254.6	3.22	34 757.1	3.62	49 338.0	3.33
文化及体育和娱乐业	21 631.2	3.82	46 317.8	4.82	64 156.1	4.33
公共管理、社会保障和社会组织	22 957.4	4.05	40 851.2	4.25	51 947.1	3.51
劳均劳动收入	14 563.5	2.57	24 994.6	2.60	34 313.4	2.32

　　由表3-14可知,2012年劳动收入前五高的部门从高到低依次是金融业、信息传输及软件和信息技术服务业、采矿业、科学研究和技术服务业、房地产业,第六高部门文化及体育和娱乐业与第五高部门非常接近。6个部门劳动收入水平与最低部门"批发与零售"部门的比都在4倍以上,6个部门的就业人数占总就业人数的5.54%。从变化看,金融业、科学研究和技术服务业、文化及体育和娱乐业的相对高度(与批发与零售部门相比)还在提升,其他3个部门有所降低。从增长速度看,有7个部门的增长速度大于批发与零售部门,其中居民服务及修理和其他服务业、住宿和餐饮业、文化及体育和娱乐业、租赁和商务服务业等部门的增速比批发与零售部门高19%以上。文化及体育和娱乐业部门的劳动收入水平从2007年的第八升到2012

年的第六。相对收入水平下降最快的是建筑业、电力热力燃气及水生产和供应业,相对水平分别从 3.83 倍、5.02 倍下降到 2.73 倍、3.74 倍。这两者的变化一个反映了国家对房地产泡沫的治理成效,一个反映了治理自然垄断行业过高收入的成效。采矿业的劳动收入水平持续处于高位反映了自然资源在我国经济中的关键地位,同时其相对水平有所下降也反映了国家在行业治理上的成效和自 2008 年全球经济危机以来我国经济转型升级的效果。金融业的收入水平持续处于高位并不断加强,一方面是金融服务在我国经济中的地位持续上升的表现,一方面也是对金融业垄断收入治理薄弱的表现。只有水利及环境和公共设施管理业、农林牧渔业、批发和零售业的平均劳动收入水平持续低于全国平均水平。居民服务及修理和其他服务业、住宿和餐饮业二部门劳动收入水平的增长速度居前两位,分别从 2007 年平均水平的 0.75 和 0.70 倍跃升到平均水平的 1.15 和 1.01 倍。

计算 19 部门劳均劳动收入的差异系数(标准差/均值)发现,部门劳动收入差距有所缩小,三个年度的差异系数分别是 0.457、0.378 和 0.425。

3.3　中国经济发展质量评估:2012—2017

2012 年至 2017 年,我国经济已由高速增长阶段过渡到中高速增长阶段,进入经济发展的新常态。下面继续用 11 种指标对我国这一阶段的经济发展质量作出分析。

3.3.1　投入系数分析之中间投入率

依据式(3-1)计算,表 3-15 是 2012、2015、2017 年三次产业中间投入率,表 3-16 是 38 部门中间投入率。

表 3-15　三次产业中间投入率:2012—2017　　　　　　　单位:%

	2012 年	2015 年	2017 年
第一产业	41.4	41.2	40.6
第二产业	77.1	79.2	75.5
第三产业	46.4	46.9	46.3

第一产业的中间投入率是三次产业中最低的,总体依然呈下降趋势,下降 0.8 个百分点。第一产业中间投入率较低其因为是劳动密集度大,劳动报酬系数持增大。

表3-16　分38部门中间投入率:2012—2017　　　　　　　　单位:%

	2012 年	2015 年	2017 年
农林牧渔产品和服务	41.4	41.2	40.6
煤炭采选产品	50.7	68.1	48.8
石油和天然气开采产品	38.9	45.9	33.4
金属矿采选产品	61.0	73.0	54.2
非金属矿和其他矿采选产品	55.8	69.5	55.6
食品和烟草	76.5	77.3	76.4
纺织品	81.1	82.1	82.4
纺织服装鞋帽皮革羽绒及其制品	78.6	74.8	80.7
木材加工品和家具	77.3	78.2	78.7
造纸印刷和文教体育用品(高)	76.2	79.3	77.1
石油及炼焦产品和核燃料加工品	81.4	78.6	74.7
化学产品	80.8	82.3	76.8
非金属矿物制品	74.7	79.7	71.3
金属冶炼和压延加工品	82.0	86.3	77.5
金属制品	80.2	80.8	75.7
通用专用设备制造业	78.7	79.0	76.9
交通运输设备制造业	80.1	79.1	77.9
电气机械及器材制造业	83.4	81.3	80.8
通信设备和计算机及其他电子设备制造业	83.0	81.7	83.7
仪器仪表及文化办公用机械制造业	77.4	75.9	74.7
工艺品及其他制造业(含废品废料)	48.1	77.5	51.4
电力及热力的生产和供应业	74.2	77.5	67.9
燃气生产和供应业	78.3	81.1	74.3
水的生产和供应业	54.1	63.9	53.2
建筑业	73.4	77.0	75.8
批发和零售	30.9	37.1	33.5
交通运输及仓储和邮政	63.0	62.6	54.7
住宿和餐饮	59.1	59.3	63.9
信息传输及软件和信息技术服务	53.0	51.6	47.8
金融	40.4	34.4	42.7
房地产	25.4	28.4	25.4

续表 3-16　单位:%

	2012 年	2015 年	2017 年
租赁和商务服务	67.4	71.7	67.2
科学研究和技术服务	63.2	64.1	59.9
水利及环境和公共设施管理	58.5	55.8	57.4
居民服务及修理和其他服务	48.1	46.2	47.7
教育	26.6	32.4	28.7
公共服务	46.6	55.9	47.9
文化及体育和娱乐	49.6	49.3	48.2

第二产业的总体中间投入率有所下降,并呈倒 V 形,从 2012 到 2017 年下降了 1.6 个百分点,总体稍大于 75%。(1)同第一阶段,工业部门依然可以被分为中间投入率大于 70% 的和在 35%~70% 的两类,其中第二类主要是采掘工业。(2)中间投入率增长大于 1 个百分点的部门有 5 个:纺织品、纺织服装鞋帽皮革羽绒及其制品、木材加工品和家具、工艺品及其他制造业(含废品废料)、建筑业;下降幅度大于 1 个百分点的部门有 14 个:煤炭采选产品、石油和天然气开采产品、金属矿采选产品、石油及炼焦产品和核燃料加工品、化学产品、非金属矿物制品、金属冶炼和压延加工品、金属制品、通用及专用设备制造业、交通运输设备制造业、电气机械及器材制造业、仪器仪表及文化办公用机械制造业、电力及热力的生产和供应业、燃气生产和供应业。可以看出,下降多的部门主要是采掘部门、机械设备制造业、仪器仪表制造业等部门,其原因有可能是工资率的提高或税率的增高。建筑业的中间投入率稍有上升,从 73.4% 上升到 75.8%,应该是建筑业的机械化水平提高、劳动生产率提高的结果。

第三产业的中间投入率在第二阶段依然基本维持不变,总下降 0.1 个百分点。(1)按照 2017 年值,小于 40% 的仍然是批发和零售、教育、房地产等三个部门,其余 10 个部门都大于 40%。(2)从变化看,住宿和餐饮部门的中间投入率增大 4.8 个百分点,交通运输及仓储和邮政、信息传输及软件和信息技术服务部门的中间投入率下降在 5 个百分点以上,其余部门的变化并不显著。

总体来看,第一产业中间投入率为三次产业里最低,5 年内下降 0.8 个百分点。第二产业中间投入率下降 1.6 个百分点,下降幅度超过 1% 的部门主要包括采掘业、机械设备制造业、仪器仪表制造业部门，与工资率提升有关。第三产业总体中间投入率继续维持不变，信息传输及软件和信息技术服务部门的中间投入率下降 5.2 个百分点，相对滞后于经济的高速发展，住宿和餐饮部门的中间投入率增大 4.8 个百分点，其他部门变化不显著。

3.3.2 分配系数分析之中间需求率

依据式(3-2)，表 3-17 和 3-18 分别是 2012、2015、2017 年三次产业中间需求率与 38 部门中间需求率。

表 3-17 三次产业中间需求率：2012—2017　　　　　　　　单位：%

	2012 年	2015 年	2017 年
第一产业	73.0	81.8	77.2
第二产业	71.5	70.9	67.4
第三产业	53.2	57.5	55.0

在三次产业层次上，从 2012 到 2017 年，第一产业和第三产业中间需求率总体上升，第二产业总体下降。这个趋势与上一阶段相同。

第一产业的中间需求率 2012 年到 2015 年上升 8.8 个百分点，2015 年到 2017 年又下降 4.6 个百分点，总体升了 4.2 个百分点。这个结果说明，随着我国人民生活水平继续提高，所消费农产品的加工度继续提高，第一产业产品作为生产资料的属性进一步增强。

表 3-18 38 部门中间需求率：2012—2017　　　　　　　　单位：%

	2012 年	2015 年	2017 年
农林牧渔产品和服务	73.0	81.8	77.2
煤炭采选产品	106.4	96.1	105.4
石油和天然气开采产品	212.3	209.6	200.0
金属矿采选产品	166.3	146.1	177.8
非金属矿和其他矿采选产品	105.6	107.0	105.6
食品和烟草	54.9	63.0	51.2
纺织品	84.2	87.2	84.2
纺织服装鞋帽皮革羽绒及其制品	31.5	37.2	37.8
木材加工品和家具	68.1	70.5	67.7
造纸印刷和文教体育用品	76.7	78.9	85.8

续表 3-18　单位:%

	2012 年	2015 年	2017 年
石油及炼焦产品和核燃料加工品	97.5	98.3	93.7
化学产品	97.1	97.5	97.1
非金属矿物制品	95.4	98.3	96.2
金属冶炼和压延加工品	104.5	106.8	102.6
金属制品	78.7	83.4	82.7
通用专用设备制造业	50.8	58.2	58.0
交通运输设备制造业	47.1	51.8	50.7
电气机械及器材制造业	62.0	65.1	67.3
通信设备和计算机及其他电子设备制造业	74.9	78.6	76.7
仪器仪表及文化办公用机械制造业	95.4	87.5	101.3
工艺品及其他制造业(含废品废料)	117.9	104.8	79.9
电力及热力的生产和供应业	94.2	98.5	93.8
燃气生产和供应业	53.3	59.5	65.2
水的生产和供应业	56.8	58.1	59.2
建筑业	6.2	6.2	4.6
批发和零售	58.7	59.4	66.1
交通运输及仓储和邮政	78.9	86.8	76.9
住宿和餐饮	52.1	66.7	64.3
信息传输及软件和信息技术服务	44.1	48.4	49.6
金融	82.3	81.9	78.1
房地产	28.1	35.0	41.2
租赁和商务服务	89.7	90.2	90.9
科学研究和技术服务	68.3	74.3	59.1
水利及环境和公共设施管理	25.3	27.8	31.1
居民服务及修理和其他服务	49.9	54.9	49.9
教育	6.3	7.5	5.3
公共服务	3.1	4.6	3.4
文化及体育和娱乐	44.5	53.3	38.0

　　第二产业总体的中间需求率 5 年间共下降 4.1 个百分点,内部差异较大。在第二产业内部,从 2017 年的值看,中间需求率较大的部门有石油和天然气开采产品、金属矿采选产品、非金属矿和其他矿采选产品、煤炭采选

产品、金属冶炼和压延加工品、仪器仪表及文化办公用机械制造业，均高于100%，石油和天然气开采产品的中间需求率更是达到200%，这些部门有一半以上为采掘业，说明我国采掘业对外依赖程度较大。中间需求率低于50%的部门有纺织服装鞋帽皮革羽绒及其制品、建筑业，分别达37.8%、4.6%。从变化趋势来看，在第二产业的24个部门中，有12个部门呈增长趋势，9个部门呈下降趋势。在出现增长趋势的部门中，有5个部门为制造业，我国制造业大国地位受到挑战；在呈下降趋势的9个部门中，煤炭采选产品、石油和天然气开采产品分别下降0.94%、5.79%，说明这两种产品对外依赖程度有所减轻。工业部门中唯有纺织服装鞋帽皮革羽绒及其制品的中间需求率在2017年在50%以下，而且也处于上升趋势。建筑业的产品主要是作为资本形成用途，其中间需求率2017年只有4.6%，虽然相对于2012年有显著下降，但解释意义不大。

第三产业中间需求率总体显著上升1.8个百分点，但呈倒V形。2013年我国第三产业增加值占GDP比重超过第二产业，所以，从2012年到2017年是我国经济结构转型的关键阶段。中间需求率上升，说明生产性服务业发展较快。（1）根据中间需求率大小将第三产业分为三大类：超过50%的按照2017年值排序，依次是：租赁和商务服务、金融、交通运输及仓储和邮政、批发和零售、住宿和餐饮科学、研究和技术服务；小于30%的依次是：教育、公共服务；在30%～50%的部门是：居民服务及修理和其他服务、信息传输及软件和信息技术服务、房地产、文化及体育和娱乐、水利及环境和公共设施管理。可以看出，第一类以生产性服务为主，第二类以公共产品提供为主，第三类偏技术性且生产性和消费性兼顾。这些特征与第一阶段相同。（2）从变化看，5年期间增大显著的部门是房地产、住宿和餐饮，增大12个百分点以上，另外批发和零售、水利及环境和公共设施管理、信息传输及软件和信息技术服务，增大也在5个百分点以上，比较显著。下降显著的部门有：科学研究和技术服务、文化及体育和娱乐，其下降在5个百分点以上，另外金融部门下降4.2个百分点，比较显著。商业类部门的中间需求率大幅上升，显示我国经济的市场化水平在显著提高；住宿和餐饮的中间需求率显著上升意味着我国居民消费的市场化继续提高，对机构单位的依赖性增强；技术性服务部门的中间需求率显著上升有两种可能性，一是国家作为公共产品的提供者，对这类服务的购买在减小，二是相对于我国经济的高速发展，我国的科技服务企业发展超前,这一点与第一阶段不同。

总体来说,农产品加工度继续提高,生产资料属性进一步增强。采掘业中间需求率高但有所下降,进口依赖度降低,我国自然资源不足而依靠外部的现象有所缓解。典型生产资料部门的中间需求率较大但有所下降,虽然大量用于消费,但作为生产资料部分占比还是大于作为消费资料部分。仪表仪器制造业、机械设备制造业、燃气生产和供应部门的生产资料属性增强。生产性服务业发展较快,经济的市场化水平显著提高;技术型服务部门发展速度相对于经济发展速度有明显的提升。

3.3.3　影响力系数分析

依据式(3-3),表 3-19 给出了 2012、2015 和 2017 三个年度 38 部门产品的影响力系数。

表 3-19　　38 部门产品影响力系数:2012—2017　　　　　　单位:%

	2012 年	2015 年	2017 年
农林牧渔产品和服务	0.590	0.554	0.601
煤炭采选产品	0.761	1.019	0.742
石油和天然气开采产品	0.620	0.716	0.532
金属矿采选产品	0.969	1.132	0.867
非金属矿和其他矿采选产品高	0.913	1.075	0.925
食品和烟草	0.987	0.925	1.054
纺织品	1.288	1.183	1.380
纺织服装鞋帽皮革羽绒及其制品	1.301	1.129	1.446
木材加工品和家具	1.254	1.185	1.306
造纸印刷和文教体育用品	1.264	1.257	1.314
石油及炼焦产品和核燃料加工品	1.013	1.047	0.935
化学产品	1.346	1.292	1.284
非金属矿物制品	1.202	1.264	1.154
金属冶炼和压延加工品	1.356	1.454	1.247
金属制品	1.414	1.384	1.318
通用专用设备制造业降	1.421	1.347	1.414
交通运输设备制造业降	1.451	1.337	1.430
电气机械及器材制造业降	1.520	1.418	1.487
通信设备和计算机及其他电子设备制造业	1.584	1.425	1.728

	2012 年	2015 年	2017 年
仪器仪表及文化办公用机械制造业降	1.420	1.274	1.434
工艺品及其他制造业(含废品废料)	0.799	1.227	0.870
电力及热力的生产和供应业	1.125	1.197	1.061
燃气生产和供应业	0.977	1.058	0.938
水的生产和供应业高	0.817	0.906	0.839
建筑业	1.250	1.249	1.267
批发和零售	0.417	0.463	0.469
交通运输及仓储和邮政	0.931	0.857	0.816
住宿和餐饮	0.806	0.753	0.934
信息传输及软件和信息技术服务	0.833	0.735	0.720
金融	0.534	0.410	0.581
房地产	0.322	0.327	0.336
租赁和商务服务	1.055	1.034	1.048
科学研究和技术服务	1.024	0.958	0.990
水利及环境和公共设施管理	0.862	0.755	0.866
居民服务及修理和其他服务	0.747	0.663	0.751
教育	0.373	0.425	0.420
公共服务	0.730	0.904	0.767
文化及体育和娱乐	0.724	0.663	0.730

农林牧渔产品和服务部门影响力系数呈"先下降,后上升"的变化趋势,总体上升幅度为 1.89%。农林牧渔产品和服务部门对经济总体的拉动作用仍低于社会平均水平。

在第二产业中,从 2017 年值看,有 2/3 部门的影响力系数大于 1,说明第二产业总体对经济的拉动作用较强。影响力系数大于 1 的前 6 个部门中,有 5 个部门为制造业,另一部门为纺织服装鞋帽皮革羽绒及其制品,说明制造业对经济总体的拉动作用较强。在影响力系数小于 1 的 8 个部门中,4 个部门为采掘业,2 个部门为能源的生产与供应业,说明采掘业与能源供应业对经济总体拉动作用较弱。从变化趋势看:(1)增速较快的部门有纺织服装鞋帽皮革羽绒及其制品、通信设备和计算机及其他电子设备制造业、工艺品及其他制造业(含废品废料)、纺织品、食品和烟草,影响力系数分别增大 11.10%、9.03%、8.88%、7.20%、6.73%,其中纺织服装鞋帽皮革羽绒及其制品、通信设备和计算机及其他电子设备制造业、纺织品部门的影响力系数较大且有较快增速。(2)降速较快的部门是石油和天然气开采产品、金属矿采选产品部门,下降幅度分别为 14.21%、10.50%,两部门均为采掘业,影响力系数在第二产业中最小,说明两部门对经济总体的拉动作用较弱且在不断减小;其次为金属冶炼和压延加工品、石油及炼焦产品和核燃料加工品、金属制品、电力及热力的生产和供应业,下降幅度均超过 5%,其中金属冶炼和压延加工品部门对经济总体拉动作用低于社会平均水平且有所减小,石油及炼焦产品和核燃料加工品、金属制品、电力及热力的生产和供应业部门对经济总体拉动作用高于社会平均水平但在不断减弱。

在第三产业中,2017 年影响力系数高于 1 的只有租赁和商务服务部门,说明租赁和商务服务部门发展较快,对经济总体的拉动作用也高于社会平均水平。影响力系数小于 0.5 的部门是批发和零售、教育、房地产,分别为 0.469、0.420、0.336。从变化趋势看:(1)增速较快的部门有住宿和餐饮、批发和零售、教育部门,增长幅度均超过 10%,其次为金融、公共服务、房地产,增长幅度分别为 8.80%、4.96%、4.39%,这些部门对经济总体的拉动作用在不断增强。(2)下降速度较快的部门首先是信息传输及软件和信息技术服务、交通运输及仓储和邮政部门,降速分别为 13.62%、12.43%,与上一阶段呈现快速增长的态势相比,这一阶段,两部门的感应度系数均有较大幅度的下降。其次为科学研究和技术服务、租赁和商务服务,降速分别为 3.32%、0.65%,其中租赁和商务服务部门对经济的总体拉动作用高于社会平均水平,但近 5 年拉动作用有所减弱。

总体来看,第一产业的影响力系数较小,虽然在 5 年间对经济总体的拉动作用有所增大,但仍低于社会平均水平。第二产业有 2/3 部门的影响力系数大于 1,制造业部门的拉动作用最强,而采掘业与能源供应业的拉动作用最弱,且有不断减弱的趋势。在第三产业的 13 个部门中,9 个部门的影响力系数有所增大,说明第三产业发展较快,但总体的拉动作用仍然较小。

3.3.4　感应度系数与推动力系数分析

3.3.4.1　感应度系数分析

依据式(3-4),表 3-20 给出了 2012 年、2015 年、2017 年 38 部门产品的感应度系数。

表 3-20　38 部门产品感应度系数：2012—2017

	2012 年	2015 年	2017 年
农林牧渔产品和服务	1.980	2.227	2.022
煤炭采选产品	1.296	0.966	0.989
石油和天然气开采产品	1.587	0.911	1.224
金属矿采选产品	0.882	0.683	0.726
非金属矿和其他矿采选产品	0.377	0.401	0.408
食品和烟草	1.468	1.849	1.516
纺织品	1.217	1.160	1.139
纺织服装鞋帽皮革羽绒及其制品	0.296	0.355	0.387
木材加工品和家具	0.499	0.483	0.514
造纸印刷和文教体育用品	0.937	0.924	0.959
石油及炼焦产品和核燃料加工品	1.606	1.286	1.075
化学产品	4.270	4.208	3.983
非金属矿物制品	0.723	0.707	0.673
金属冶炼和压延加工品	3.410	2.745	2.531
金属制品	0.827	0.839	0.817
通用专用设备制造业	1.293	1.424	1.294
交通运输设备制造业	0.803	0.917	0.954
电气机械及器材制造业	0.986	1.008	0.984
通信设备和计算机及其他电子设备制造业	1.844	1.870	2.099
仪器仪表及文化办公用机械制造业	0.316	0.294	0.367
工艺品及其他制造业(含废品废料)	0.374	0.336	0.430
电力及热力的生产和供应业	2.286	2.307	1.961
燃气生产和供应业	0.118	0.182	0.178
水的生产和供应业	0.060	0.066	0.068
建筑业	0.202	0.197	0.097
批发和零售	1.445	1.649	1.915
交通运输及仓储和邮政	1.690	1.842	1.997
住宿和餐饮	0.435	0.529	0.594
信息传输及软件和信息技术服务	0.339	0.402	0.585
金融	1.812	2.055	1.908
房地产	0.400	0.493	0.796
租赁和商务服务	1.100	1.448	1.673
科学研究和技术服务	0.512	0.498	0.414
水利及环境和公共设施管理	0.107	0.121	0.140
居民服务及修理和其他服务	0.283	0.298	0.341
教育	0.042	0.132	0.036
公共服务	0.055	0.036	0.055
文化及体育和娱乐	0.123	0.152	0.150

第一产业即农林牧渔产品和服务部门的感应度系数一直大于 1,且总体有增大趋势,虽然与上一阶段相比增幅有所下降,但 5 年间还是增大了2.12%。这说明,第一产业在这一时期的基础性作用很强,且在不断增强。

第二产业中,煤炭采选产品、石油和天然气开采产品、食品和烟草、纺织品、石油及炼焦产品和核燃料加工品、化学产品、金属冶炼和压延加工品、通用及专用设备制造业、通信设备和计算机及其他电子设备制造业、电力及热力的生产和供应业等部门的感应度系数均大于 1,其中化学产品、金属冶炼和压延加工品、电力及热力的生产和供应业部门的感应度系数更是高于 2,这一点与第一阶段相同。从 2017 年值看,金属矿采选产品、非金属矿和其他矿采选产品、纺织服装鞋帽皮革羽绒及其制品、木材加工品和家具、非金属矿物制品、仪器仪表及文化办公用机械制造业、工艺品及其他制造业(含废品废料)、燃气生产和供应业、水的生产和供应业、建筑业等部门的感应度系数小于 0.8,表明它们具有较强的终端产品属性。从变化情况看:(1)感应度系数增大最快的 5 个工业部门是燃气生产和供应业、纺织服装鞋帽皮革羽绒及其制品、交通运输设备制造业、仪器仪表及文化办公用机械制造业、工艺品及其他制造业(含废品废料),与上一期以采掘业为主的情况相比,本期的部门发生了较大变化,这些部门的感应度系数均小于 1。上升最快的部门是燃气生产和供应业,虽然感应度系数小于 1,但 5 年间上升了 50.85%,说明这个部门的基础性在增强。(2)感应度系数下降的部门数占工业部门总数的约 1/2,有 12 个部门,其中下降幅度超过 10% 的有 7 个部门,其中金属矿和其他矿采选产品、煤炭采选产品都属于采掘部门。食品和烟草部门的感应度系数大于 1 且继续上升,基础作用继续增强。建筑业的感应度系数很小,且从上一期的增大反转为减小,恢复到 2007 年水平。

第三产业大多数部门的感应度系数低于 1。(1)在 13 个服务业部门中,有 11 个部门的感应度系数是增大的,比第一阶段多 3 个。批发和零售、交通运输及仓储和邮政、金融、租赁和商务服务是服务业中感应度系数一直大于1 的部门。金融业的感应度系数总体继续增大,反映我国金融体系改革和金融业发展继续增强。交通运输及仓储和邮政的感应度系数连续增大,2017年再次超过金融业位列服务业第一。租赁和商务服务的感应度系数的持续快速增大,体现其在经济中的基础性作用持续增强。根据对发达国家的分析,租赁和商务服务在经济中的比例份额居于各部门前列,我国还有很大的发展空间,是大有发展前景的生产性服务业。批发和零售、房地产部门的感应度系数也是持续快速增大,表明我国经济市场化水平继续提高。信息传输及软件和信息技术服务、水利及环境和公共设施管理部门的感应度系数也是逐渐增大的,显示我国经济的信息化和数字化水平不断提高,经济基础设施水平不断加强。(2)有 2 个部门的感应度系数是下降的,下降的幅度都在 14% 以上,其中科学研究和技术服务从 2012 年的 0.512 到 2017 年的 0.414,下降了 19.1%,教育部门 5 年间下降了 14.29%。这两个部门感应度系数的大幅下降说明我国产业部门在这两个领域的投入尚需加强。不过,科学研究和技术服务部门感应度下降的现象可能是 GDP 核算制度改变的结果,2017 年新的制度把一部分以前记作中间使用的科研部门投入转记到最终使用中的资本形成。

3.3.4.2 推动力系数分析

依据式(3-5),表 3-21 给出了 2012、2015、2017 年 38 部门的推动力系数。

表 3-21 38 部门推动力系数:2012—2017

	2012 年	2015 年	2017 年
农林牧渔产品和服务	0.144	0.145	0.146
煤炭采选产品	0.221	0.334	0.299
石油和天然气开采产品	0.180	0.354	0.241
金属矿采选产品	0.324	0.473	0.407
非金属矿和其他矿采选产品	0.759	0.805	0.724
食品和烟草	0.195	0.175	0.195
纺织品	0.235	0.278	0.259
纺织服装鞋帽皮革羽绒及其制品	0.966	0.909	0.764
木材加工品和家具	0.573	0.669	0.574
造纸印刷和文教体育用品	0.305	0.350	0.308
石油及炼焦产品和核燃料加工品	0.178	0.251	0.275
化学产品	0.067	0.077	0.074
非金属矿物制品	0.396	0.457	0.439
金属冶炼和压延加工品	0.084	0.118	0.117
金属制品	0.346	0.385	0.361
通用专用设备制造业	0.221	0.227	0.228

	2012 年	2015 年	2017 年
交通运输设备制造业	0.356	0.352	0.310
电气机械及器材制造业	0.290	0.320	0.300
通信设备和计算机及其他电子设备制造业	0.155	0.173	0.141
仪器仪表及文化办公用机械制造业	0.906	1.099	0.805
工艺品及其他制造业(含废品废料)	0.764	0.961	0.687
电力及热力的生产和供应业	0.125	0.140	0.151
燃气生产和供应业	2.427	1.777	1.660
水的生产和供应业	4.728	4.858	4.374
建筑业	1.414	1.640	3.058
批发和零售	0.198	0.196	0.154
交通运输及仓储和邮政	0.169	0.175	0.148
住宿和餐饮	0.657	0.610	0.497
信息传输及软件和信息技术服务	0.843	0.803	0.505
金融	0.158	0.157	0.155
房地产	0.715	0.655	0.371
租赁和商务服务	0.260	0.223	0.177
科学研究和技术服务	0.558	0.648	0.714
水利及环境和公共设施管理	2.676	2.669	2.117
居民服务及修理和其他服务	1.011	1.085	0.867
教育	6.833	2.453	8.096
公共服务	5.245	8.871	5.335
文化及体育和娱乐	2.317	2.130	1.967

农林牧渔产品和服务部门对国民经济的推动力基本不变,5 年间上升幅度仅为 1.16%,推动力系数仍较小,表明农业对国民经济发展的推动力趋于稳定。

以 2017 年的值分析,在第二产业的 24 个部门中,只有水的生产和供应业、建筑业、燃气生产和供应业 3 个部门的推动力系数高于平均水平,分别为 4.374、3.058、1.660,其余部门的推动力较低。从变化趋势来看,建筑业部门的推动力增速最大,高达 116.31%,但结合第一阶段看,其变化不太稳定,是一个 V 形。其次是石油及炼焦产品和核燃料加工品,增速达 54.35%,再次为金属冶炼和压延加工品、煤炭采选产品、石油和天然气开采产品、金属矿采选产品、电力及热力的生产和供应业、非金属矿物制品、化学产品、纺织品。在增速大于 10% 的部门中有 1/2 为资源型部门,说明资源型部门对国民经济增长的推动力有所增强。降速高于 10% 的有 5 个部门,包括燃气生产和供应业、纺织服装鞋帽皮革羽绒及其制品、交通运输设备制造业、仪器仪表及文化办公用机械制造业、工艺品及其他制造业(含废品废料),其中,燃气生产和供应业下降最快,余下部门均属于制造业部门,说明制造业部门对经济发展的推动作用下降,这也是经济转型的表现。

在第三产业中,教育、公共服务、水利及环境和公共设施管理、文化及体育和娱乐部门的推动作用高于社会平均水平,这些部门以提供公共物品为主。租赁和商务服务、金融、批发和零售、交通运输及仓储和邮政等生产性服务业部门的推动力系数较低。从变化趋势看,科学研究和技术服务、教育、公共服务部门的推动力系数有所提高,其余部门均有所下降,降速较快的是房地产、信息传输及软件和信息技术服务,说明国家对房地产泡沫治理有效,信息技术服务还有很大的提升空间。

通过比较可以发现,感应度系数和推动力系数的排序是互反的,感应度系数高的部门推动力系数低;大体上,中间需求率低的部门(如公共服务)有高的推动力系数,中间需求率大的部门(如金属冶炼和压延加工品)的推动力系数较低,但并不一一对应,有些差异还很大(非金属矿和其他矿采选产品),具体排序还受到部门间关联关系的影响。

3.3.5 居民消费分析

居民消费结构是居民在各部门产品的消费支出与居民消费总额的比值,比值越大,代表这种产品与居民的直接联系越大,对居民生活的重要程度越高。

表 3-22 给出了 2012—2017 年居民消费结构。

表 3-22　居民消费产品结构:2012—2017　　　　　　单位:%

	2012 年	2015 年	2017 年
农林牧渔产品和服务	10.37	6.81	8.19
煤炭采选产品	0.08	0.10	0.04
石油和天然气开采产品	0.00	0.00	0.00
金属矿采选产品	0.00	0.00	0.00
非金属矿和其他矿采选产品	0.00	0.00	0.00
食品和烟草	18.95	16.23	19.48
纺织品	0.43	0.54	0.36
纺织服装鞋帽皮革羽绒及其制品	5.16	5.36	4.11
木材加工品和家具	0.58	0.89	0.63
造纸印刷和文教体育用品	0.93	2.04	0.54
石油及炼焦产品和核燃料加工品	1.17	1.14	0.91
化学产品	3.00	3.23	2.71
非金属矿物制品	0.26	0.27	0.16
金属冶炼和压延加工品	0.00	0.00	0.00
金属制品	0.25	0.14	0.17
通用及专用设备制造业	0.15	0.13	0.14
交通运输设备制造业	3.52	4.88	3.83
电气机械及器材制造业	1.75	2.12	1.14
通信设备和计算机及其他电子设备制造业	1.86	2.24	1.89
仪器仪表及文化办公用机械制造业	0.10	0.25	0.10
工艺品及其他制造业(含废品废料)	0.12	0.17	0.52
电力及热力的生产和供应业	1.44	1.33	1.05
燃气生产和供应业	0.69	0.85	0.58
水的生产和供应业	0.37	0.40	0.31
建筑业	0.00	0.00	0.00
批发和零售	6.31	5.73	5.53
交通运输及仓储和邮政	3.24	3.07	4.70
住宿和餐饮	5.90	4.68	5.42
信息传输及软件和信息技术服务	2.97	2.40	2.69
金融	4.83	6.12	6.32
房地产	10.41	11.57	11.08
租赁和商务服务	0.55	1.89	1.29
科学研究和技术服务	0.12	0.14	0.13
水利及环境和公共设施管理	0.25	0.43	0.24
居民服务及修理和其他服务	3.90	3.47	4.29
教育	3.36	4.15	4.95
公共服务	5.57	5.81	4.76
文化及体育和娱乐	1.41	1.43	1.77

　　以 2017 年值看,食品和烟草、房地产、农林牧渔产品和服务、金融、批发和零售等产品合计占居民总消费的 51%。如果把对食品和烟草、农林牧渔

产品和服务的消费比例作为食物消费,则食物消费在居民消费中的比例是27.7%,按有关标准已进入富足水平①。如果把仪器仪表及文化办公用机械制造业、通用及专用设备制造业、造纸印刷和文教体育用品、通信设备及计算机及其他电子设备制造业、电气机械及器材制造业、交通运输设备制造业作为现代制造业的代表,那么,2017年居民在现代制造业产品上的消费占7.6%,且5年下降了8.2%,其中2017年在交通运输设备制造业产品上的消费占3.8%,5年增长了8.87%,而电气机械及器材制造业、造纸印刷和文教体育用品部门在消费中的占比有较大降幅。如果把科学研究和技术服务、水利及环境和公共设施管理、租赁和商务服务、文化及体育和娱乐、信息传输及软件和信息技术服务、教育、金融作为现代服务的代表,则居民2017年在现代服务上的消费占17.4%,5年上升了28.9%,其中除了信息传输及软件和信息技术服务、水利及环境和公共设施管理是下降的外,对其他现代服务的消费比例都是上升的。对现代服务消费占比的上升主要是由对农林牧渔产品和服务和现代制造业产品消费的下降造成的。5年中,对租赁和商务服务的消费占比增长了133.4%,对教育、交通运输及仓储和邮政的消费增长达到40%以上,这二者体现了我国国民素质及交通运输基础设施等方面的提高。房地产在居民消费中的占比达到11.1%,且增长显著(增幅达6.4%),一方面说明我国人民居住水平的提高,另一方面也是居住成本的上升。总体看,从2015年起,我国居民对服务的消费比例开始大于物质资料,并且,服务的占比是增大的。

总体来看,与上一阶段相比,食物消费占居民消费支出有所下降,富裕程度提高。现代制造业消费占比下降,其中机械制造业、造纸印刷及文体用品有较大降幅;现代服务业消费占比有较大上升,其中绝大多数部门产品的消费比重都有所上升,只有信息技术服务、水利环境及公共设施部门是下降的,表明我国现代服务业发展较快。因此,在这一阶段,我国国民文化素质提升,居民生活水平和质量有较大提升。

3.3.6 公共消费结构分析

表3-23是2012、2015和2017年公共消费结构。

公共消费支出占比最大的仍是公共服务,占比超过60%,其次是教育,

---

① 根据中经网数据,中国2021年恩格尔系数是29.8%,已经达到富足国家的水平。

占比在 15% 以上,再次是科学研究和技术服务,占比在 2017 年是 6.43%。从变化看,在农林牧渔产品和服务、公共服务、文化及体育和娱乐 3 个部门上是增长的,增幅分别达到 20.48%、11.80%、49.08%。对农林牧渔产品和服务支持占比快速上升的来源应该是国家加大对农产品的支持力度的结果,这扭转了上一阶段占比持续下降的趋势;对公共服务、文化及体育和娱乐两部门支持快速增长显示了我国政府在为居民提供基本公共产品上的力度增大。占比下降最快的是科学研究和技术服务,下降 29.99%,这应该是这一阶段国家加强科研经费管理的效果;下降次快的是在金融业上的投入,下降幅度达 27.29%。另外继上一阶段教育占比下降后,本期教育占比继续下降,下降幅度达 19.14%,这需要引起高度重视。

表 3-23　公共消费产品结构:2012—2017　　　　　　　　　　单位:%

	2012 年	2015 年	2017 年
农林牧渔产品和服务	0.830	1.116	1.000
交通运输及仓储和邮政	2.696	1.930	2.437
金融	1.279	0.166	0.930
租赁和商务服务	1.554	0.758	1.345
科学研究和技术服务	9.180	7.987	6.427
水利及环境和公共设施管理	5.788	5.839	4.947
教育	19.237	19.546	15.556
公共服务	57.002	60.436	63.729
文化及体育和娱乐	2.435	2.221	3.630

3.3.7　出口结构分析

表 3-24 是 2012—2017 年的出口产品结构。

表 3-24　38 部门出口产品结构:2012—2017　　　　　　　　单位:%

	2012 年	2015 年	2017 年
农林牧渔产品和服务	0.57	0.62	0.73
煤炭采选产品	0.07	0.02	0.04
石油和天然气开采产品	0.14	0.09	0.11
金属矿采选产品	0.04	0.03	0.05
非金属矿和其他矿采选产品	0.09	0.09	0.10
食品和烟草	2.05	1.91	2.19
纺织品	3.79	3.78	3.75

	2012 年	2015 年	2017 年
纺织服装鞋帽皮革羽绒及其制品	7.87	7.55	7.50
木材加工品和家具	2.65	2.54	2.90
造纸印刷和文教体育用品	4.09	3.32	2.75
石油及炼焦产品和核燃料加工品	0.86	0.50	0.81
化学产品	7.23	7.21	7.36
非金属矿物制品	1.96	2.25	1.76
金属冶炼和压延加工品	3.26	3.41	3.00
金属制品	3.14	3.23	3.20
通用专用设备制造业	7.79	7.46	7.66
交通运输设备制造业	4.28	3.87	3.57
电气机械及器材制造业	7.85	8.52	8.19
通信设备和计算机及其他电子设备制造业	22.02	21.00	22.37
仪器仪表及文化办公用机械制造业	1.29	1.31	1.36
工艺品及其他制造业(含废品废料)	0.40	0.42	1.96
电力及热力的生产和供应业	0.06	0.06%	0.06
燃气生产和供应业	0.00	0.00	0.00
水的生产和供应业	0.00	0.00	0.00
建筑业	0.57	0.70	0.50
批发和零售	8.61	11.66	8.32
交通运输及仓储和邮政	4.17	3.69	4.86
住宿和餐饮	0.41	0.36	0.29
信息传输及软件和信息技术服务	0.73	1.06	1.28
金融	0.30	0.37	0.36
房地产	0.00	0.00	0.00
租赁和商务服务	3.02	2.20	1.72
科学研究和技术服务	0.02	0.31	0.80
水利及环境和公共设施管理	0.08	0.05	0.06
居民服务及修理和其他服务	0.09	0.04	0.02
教育	0.03	0.05	0.00
公共服务	0.08	0.04	0.12
文化及体育和娱乐	0.40	0.32	0.25

农林牧渔产品和服务部门的出口比重在第二阶段的 5 年内上升了

27.37%,扭转了第一阶段的下降趋势。这说明我国农业生产力水平开始走强,在产量和品质上都有所提升,促进了出口。

在第二产业中,2017 年出口比重最大的是通信设备及计算机和其他电子设备制造业部门,高达 22.37%,继续维持上一阶段强势地位。其次是电气机械及器材制造业、通用及专用设备制造业、纺织服装鞋帽皮革羽绒及制品、化学产品,占比均高于 7%,这些产业的优势继续保持。在出口比重小于 1% 的 6 个部门中(除去出口为 0 的部门),4 个部门为采掘业、能源行业。从变化方面看,增速最快的部门是工艺品及其他制造业(含废品废料),增幅达 394.92%,其次是木材加工品和家具、食品和烟草、金属矿采选产品、仪器仪表及文化办公用机械制造业,增幅在 5%~10% 之间。降速最快的是煤炭采选产品,达 40.10%;其次为非金属矿物制品,达 32.7%,再次为建筑业、石油和天然气开采产品、交通运输设备制造业、造纸印刷和文教体育用品,均高于 10%。在降速较快的 6 个部门中,有 2 个部门属于采掘业。我国虽然是能源消费大国,但是初级能源产量相对不高,而且各种金属矿、原油、天然气等主要依赖进口,采掘业的国际竞争力较弱。

在第三产业中,出口比重高于 1% 的部门有批发和零售、交通运输及仓储和邮政、租赁和商务服务、信息传输及软件和信息技术服务,其中批发和零售部门的比重是交通运输及仓储和邮政的 2 倍。批发和零售业的快速发展,对引导生产、促进消费和稳定就业起到了重要作用。出口比重较低的部门有科学研究和技术服务、金融、住宿和餐饮、文化及体育和娱乐、公共服务、水利及环境和公共设施管理、居民服务及修理和其他服务部门,出口占比不足 0.1%。从变化看,增速最快的部门是科学研究和技术服务,增幅高达 4 005.17%,其次是信息传输及软件和信息技术服务、公共服务,增幅为 75.61%、56.90%。综合看,我国科学技术、信息技术虽然出口比重较低,但是在近 5 年内实现了快速发展。

总体看,农林牧渔产品和服务部门产品在产量与品质上有所提升,出口比重增大,速度加快。电子通信技术、电气设备制造业等机电制成品是主要出口部门,保持优势。采掘业出口比重较低 ,且继续下降。与上一阶段相比,信息技术服务出口比重超过 1%,科学研究和技术服务出口增幅很大,虽然两部门所占出口比重较低,但发展趋势向好,也表明了我国这一阶段在信息技术与科技产业领域取得的显著进步。

3.3.8 进口结构分析

表 3-25 给出了 2012、2015、2017 年的进口产品结构。

表 3-25　进口产品结构:2012—2017　　　　　　　　单位:%

	2012 年	2015 年	2017 年
农林牧渔产品和服务	4.19	4.17	4.03
煤炭采选产品	1.49	0.62	1.03
石油和天然气开采产品	11.71	6.90	8.01
金属矿采选产品	6.89	4.75	6.13
非金属矿和其他矿采选产品	0.32	0.26	0.43
纺织品	0.77	0.90	0.76
纺织服装鞋帽皮革羽绒及其制品	0.91	1.43	1.31
木材加工品和家具	0.42	0.69	0.75
造纸印刷和文教体育用品	1.21	1.62	1.08
石油及炼焦产品和核燃料加工品	2.36	1.63	1.47
化学产品	10.09	9.67	11.22
非金属矿物制品	0.58	0.70	0.68
金属冶炼和压延加工品	7.34	6.96	5.36
金属制品	0.67	0.67	0.57
通用专用设备制造业	7.32	6.44	6.47
交通运输设备制造业	4.93	5.52	5.09
电气机械及器材制造业	3.27	3.37	3.21
通信设备和计算机及其他电子设备制造业	19.68	20.72	19.38
仪器仪表及文化办公用机械制造业	2.38	2.49	2.48
工艺品及其他制造业(含废品废料)	1.91	1.15	1.32
电力及热力的生产和供应业	0.02	0.02	0.01
燃气生产和供应业	0.00	0.00	0.00
水的生产和供应业	0.00	0.00	0.00
建筑业	0.19	0.51	0.39
批发和零售	0.00	0.00	0.00
交通运输及仓储及邮政	2.68	5.96	4.15
住宿和餐饮	0.94	2.36	2.85
信息传输及软件及信息技术服务	0.61	1.13	1.22
金融	0.36	0.74	0.93
房地产	0.00	0.00	0.00

续表 3-30　单位:%

	2012 年	2015 年	2017 年
租赁和商务服务	2.29	2.16	1.37
科学研究和技术服务	0.18	0.46	1.85
水利及环境和公共设施管理	0.18	0.32	0.41
居民服务及修理和其他服务	0.11	0.20	0.18
教育	0.11	0.14	0.19
公共服务	0.13	0.22	0.38
文化及体育和娱乐	1.02	1.54	1.37

在这一阶段,农林牧渔产品和服务部门的进口比重在 5 年内下降了 0.16%,降幅为 3.92%。结合农林牧渔产品和服务部门出口比重的上升趋势,说明我国农业部门产能增加,相对减少了对境外产品的需求。

在第二产业中,2017 年进口比重最大的是通信设备及计算机和其他电子设备制造业部门,高达 19.38%,其次是化学产品、石油和天然气开采产品、通用及专用设备制造业、金属矿采选产品,均高于 5%。进口比重小于 1% 的有 7 个部门(除去进口为 0 的部门):纺织品、木材加工品和家具、非金属矿物制品、金属制品、非金属矿和其他矿采选产品、建筑业、电力及热力的生产和供应业。从变化看:进口增速最快的部门是建筑业,增幅高达 108.81%;其次是木材加工品和家具,高达 80.90%;再次是纺织服装鞋帽皮革羽绒及其制品、食品和烟草、非金属矿和其他矿采选产品,进口增幅均高于 20%。降速最快的前五名是燃气生产和供应业、石油及炼焦产品和核燃料加工品、石油和天然气开采产品、工艺品及其他制造业(含废品废料)、煤炭采选产品,降幅达 100.00%、37.75%、31.59%、30.98%、30.54%,主要是能源业与采掘业,这两类部门是国民经济的基础性部门,进口相对减少多是因为我国经济增速显著降低的结果。

在第三产业中,进口比重高于 1% 的部门有交通运输及仓储和邮政、住宿和餐饮、科学研究和技术服务、文化及体育和娱乐、租赁和商务服务、信息传输及软件和信息技术服务,比重依次为 4.15%、2.85%、1.85%、1.37%、1.37%、1.22%。住宿和餐饮业有较高的比重应该是因为我国居民境外旅游大幅增加。进口比重低于 1% 的部门有金融、水利及环境和公共设施管理、公共服务、教育、居民服务及修理和其他服务。从变化看,除了批发和零售业以及房地产部门外,第三产业的 11 个部门中,有 10 个部门的进口是增加的,增速最快的部门是科学研究和技术服务,高达 903.76%,表明我国在这一阶段加大对国外高新技术的引进。其次是公共服务、住宿和餐饮,高达201.92%、201.28%。再次是金融、水利及环境和公共设施管理、信息传输及软件和信息技术服务,均高于 100%。只有租赁和商务服务部门进口比重是下降的,降速为 40.16%。

农林牧渔产品和服务部门产品进口占比下降,再考虑到出口占比增加,说明我国农业部门在这一阶段发展向好,产能和品质有所提升,对进口的依赖程度有所缓解。通信设备和计算机及其他电子设备制造业部门进口比重依然最大,非金属矿和其他矿采选产品进口增速较快,煤炭、石油及天然气等采掘业、燃气生产和供应业进口比重下降,所以,总体看,我国能源进口压力有所缓解。第三产业 90% 以上的部门进口比重增大,进口比重较大的部门主要是生产性服务业,增速最快的是科学技术研究部门。这一时期我国生产性服务业发展较快,并且国内对科学技术及信息服务的需求较大。

3.3.9 最终使用横向结构分析

表 3-26 给出了 2012、2015、2017 年最终使用横向结构。

由表 3-26 可知,2017 年各项最终使用占 GDP 比重由高到低是:固定资本形成总额、居民消费、出口、进口、公共消费、存货增加,分别为 43.6%、38.9%、19.9%、18.1%、15.0%、0.6%,可以看出,与第一阶段相比,固定资产形成占 GDP 的比例依然最高,其次居民消费也是支撑 GDP 的重要部分,达38.9%,再次是出口。存货增加占 GDP 的比重较小,只有 0.6%。从变化趋势看,(1)增长的有公共消费、居民消费,增幅为 10.27%、5.24%,公共消费的增速最快,表明国家对国防、科教文卫、社会救济以及劳动保险等方面支出增加,同时公共消费的增加也能够带动居民消费的增加,而消费总量的增加是拉动经济发展的强大动力,所以在这一阶段消费占 GDP 比重的上升对我国维持长期持续的经济增长是有利的。(2)下降的有存货增加、出口、进口、固定资本形成,降幅分别为 67.46%、21.82%、20.24%、1.50%。近 5 年存货的下降表明经过"三去一降一补"强力措施后,存货增加在 GDP 中的比重持续下降。

表 3-26　最终使用横向结构　　　　　　　　　　　单位:%

	2012 年	2015 年	2017 年
居民消费	37.0	39.1	38.9
公共消费	13.6	14.3	15.0
固定资本形成	44.3	42.9	43.6
存货增加	2.0	1.7	0.6
出口	25.5	21.8	19.9
进口	22.7	18.4	18.1
其他	0.4	−1.4	0.0

3.3.10　部门间劳动收入比较分析

依据式(3-6)计算,表 3-27 是三次产业 2012—2017 年分部门劳均劳动收入。

表 3-27　三次产业劳均劳动收入:2012—2017　　　　单位:元/人

	2012 年		2015 年		2017 年	
	绝对值	相对值	绝对值	相对值	绝对值	相对值
第一产业	21 925.6	1.00	29 545.4	1.00	32 219.8	1.00
第二产业	44 054.1	2.01	52 317.3	1.77	65 087.8	2.02
第三产业	36 801.3	1.68	58 583.5	1.98	60 875.5	1.89
总体	34 313.4	1.56	45 631.0	1.54	54 635.7	1.70

从三次产业的劳动收入水平来看,2012 年与 2017 年劳动收入水平最高的部门为第二产业,其次为第三产业,最低是第一产业。从增长速度来看,与上一阶段相比增速都明显放缓,其中,第三产业的增长速度最快,5 年间增幅为 65.4%,其次是第二产业,增幅为 47.7%,第一产业的增幅为 47.0%。从相对水平看,第二产业和第三产业 2017 年劳均劳动收入分别是第一产业的 2.02 和 1.89 倍。从收入分配差距看,2012 年、2015 年、2017 年三次产业劳动收入水平的最大值与最小值之比依次为 2.01、1.98、2.02,这 3 年的比值先下降后上升,但并未有较大波动,说明我国三次产业的收入分配差距比较平稳,没有明显的扩大或缩小的趋势。一个好的趋势是,第三产业与第二产业的劳均劳动收入水平在接近,在 2015 年曾超过第二产业,虽然 2015 年

数据精确性差点,但也可以判断,第三产业与第二产业的收入差距在缩小。

表 3-28 是 2012—2017 年分 19 部门劳均劳动收入计算结果。

表3-28   19 部门劳均劳动收入   单位:元/人

	2012 年		2015 年		2017 年	
	绝对值	相对值	绝对值	相对值	绝对值	相对值
农林牧渔业	21 925.6	1.48	29 545.4	1.32	32 219.8	1.24
采矿业	70 693.5	4.77	74 374.2	3.33	119 799.6	4.60
制造业	42 425.4	2.86	53 174.9	2.38	64 562.3	2.48
电力及热力、燃气及水生产和供应业	51 434.7	3.47	58 890.3	2.64	97 061.1	3.72
建筑业	40 387.8	2.73	46 077.8	2.07	55 331.0	2.12
交通运输及仓储和邮政业	46 663.7	3.15	83 751.2	3.76	98 548.2	3.78
信息传输及软件和信息技术服务业	75268.9	5.08	102 254.7	4.59	154 060.6	5.91
批发和零售业	14 819.0	1.00	22 301.8	1.00	26 067.2	1.00
住宿和餐饮业	34 570.2	2.33	37 115.1	1.66	26 295.8	1.01
金融业	99 959.3	6.75	155 584.3	6.98	201 463.1	7.73
房地产业	65 629.9	4.43	77 418.5	3.47	111 786.5	4.29
租赁和商务服务业	30 163.9	2.04	32 980.0	1.48	55 110.2	2.11
科学研究和技术服务业	68 942.4	4.65	92 977.6	4.17	167 473.9	6.42
水利及环境和公共设施管理业	28 691.9	1.94	52 666.8	2.36	38 935.8	1.49
居民服务及修理和其他服务业	39 617.8	2.67	48 470.4	2.17	56 229.8	2.16
教育业	38 462.2	2.60	13 4201.5	6.02	62 663.5	2.40
卫生和社会工作	49 338.0	3.33	83 671.5	3.75	87 852.7	3.37
文化及体育和娱乐业	64 156.1	4.33	104 048.8	4.67	163 871.6	6.29
公共管理、社会保障和社会组织	51 947.1	3.51	76 657.1	3.44	90 090.0	3.46
劳均劳动收入	34 313.4	2.32	45 631.0	2.05	54 635.7	2.10

由表 3-28 可知,2017 年劳动收入前五高的部门从高到低依次是金融业、科学研究和技术服务业、文化及体育和娱乐业、信息传输及软件和信息技术服务业、采矿业。5 个部门劳动收入水平与最低部门"批发与零售"部门的比都在 4.5 倍以上,5 个部门的就业人数占总人数的 4.86%。从变化

看,金融业、科学研究和技术服务业、文化及体育和娱乐业、信息传输及软件和信息技术服务业的相对高度(与批发与零售部门相比)还在提升,采矿业部门有所降低。

从增长速度看,有8个部门的增长速度大于批发与零售部门,其中文化及体育和娱乐业、科学研究和技术服务业、交通运输及仓储和邮政业、信息传输及软件和信息技术服务业、金融业等部门的增速比批发与零售部门高20%以上。相对收入水平下降最快的是建筑业、住宿和餐饮业,相对水平分别从2.73倍、2.33倍下降到2.12倍、1.01倍,其中建筑业的变化从一个侧面反映了国家对房地产泡沫的治理成效。采矿业的劳动收入水平持续处于高位反映了自然资源在我国经济中的关键地位,同时其相对水平总体有所下降也反映了国家在行业治理上的成效和自2008年全球经济危机以来我国经济转型升级的效果。金融业的收入水平持续处于高位并不断加强,一方面是金融服务在我国经济中的地位持续上升的表现,一方面也是对金融业垄断收入治理薄弱的表现。只有农林牧渔业、批发和零售业的平均劳动收入水平持续低于全国平均水平。文化及体育和娱乐业、科学研究和技术服务业二部门劳动收入水平的增长速度居前两位,分别从2012年平均水平的1.87和2.01倍跃升到平均水平的3.00和3.07倍。

从差异系数看,这一阶段的部门收入差距持续扩大,3个年度的差异系数分别是0.425、0.494、0.577。

3.4　产业结构分析

产业结构是各产业部门的产出在经济总产出中的比例构成,不仅指三次产业,还可以是任意层次的部门分类。在投入产出分析中,部门产出有2个指标:总产出和增加值,对应的产业结构也有2种:总产出产业结构和增加值产业结构。考虑到一般习惯,本节使用增加值结构分析:

$$产业结构 = \frac{产业部门增加值}{GDP} \tag{3-7}$$

在一定意义上可以把产业部门划分为传统部门和现代部门①,根据这两类部门的比例变化,评价经济的进步情况。随着经济发展进步,现代部门的比重一般是增大的。

3.4.1 产业结构分析:2007—2012

表3-29和表3-30是2007—2012年三次产业结构及分38部门产业结构的计算结果。

表3-29 三次产业结构 单位:%

	2007 年	2010 年	2012 年
第一产业	10.8	10.0	9.8
第二产业	50.6	48.2	45.5
第三产业	38.7	41.8	44.8

从三次产业层次看,第一产业增加值占GDP比重5年内下降了1.02个百分点,降幅为9.45%;第二产业增加值占比逐步下降,降幅为10.08%;第三产业占比持续增长,5年内增幅为15.76%。三次产业比例的变化趋势符合一般发展规律。

在第二产业内部,从2012年的值看,建筑业增加值占比最大,为6.86%,其次是化学产品、食品和烟草、金属冶炼和压延加工品,增加值占比分别为4.32%、3.86%、3.70%。增加值占比较小的部门有金属矿采选产品、木材加工品和家具、工艺品及其他制造业(含废品废料)、非金属矿和其他矿采选产品、仪器仪表及文化办公用机械制造业、水及燃气的生产和供应业。从变化趋势看,第二产业的24个部门中,只有5个部门增加值占比是上升的,更多的部门呈现下降趋势。(1)增速最快的部门是燃气生产和供应业,增速为51.03%,其次为建筑业、煤炭采选产品、金属矿采选产品、食品和烟草。对燃气的需求量逐年增大,显示着人民生活水平的不断提高和对清洁

① 农业部门难以从产品来划分现代部门和传统部门。有人认为:"凡是有利于实现高产、优质、高效、生态、安全的科学技术和管理措施,也都属于现代农业的范畴。"现代工业的定义不确定,国家统计局有高技术产业标准,在投入产出表上可以找到近似的部门。服务业中,根据2012年2月22日国家科技部发布的第70号文件,现代服务业是指以现代科学技术特别是信息网络技术为主要支撑,建立在新的商业模式、服务方式和管理方法基础上的服务产业。国家统计局曾给出现代服务业十大统计分类。

能源需求的增加。建筑业比重大且增速快,是因为随着我国经济快速增长,建筑业需求跟随增长,建筑业是国民经济发展的支柱产业。对煤炭需求量增大,一方面表示我国工业化进程加深,而煤炭依然是我国的主导能源,另一方面也说明我国居民生活水平提高,直接和间接增加了对煤炭的需求。食品及烟草占比增大主要是由于我国人口的增长。(2)降速最快的部门是工艺品及其他制造业(含废品废料),降幅为61.09%;其次是水的生产和供应业、电力及热力的生产和供应业、纺织品、石油和天然气开采产品,降幅均大于20%;再次为电气机械及器材制造业、金属制品、通用及专用设备制造业、金属冶炼和压延加工品、木材加工品和家具、通信设备和计算机及其他电子设备制造业,其中4个为制造业部门,说明我国制造业整体占比有所下降。在这一阶段,我国中低端制造业较多,高端制造业薄弱。

表3-30　38部门产业结构:2007—2012　　　　　　单位:%

	2007 年	2010 年	2012 年
农林牧渔产品和服务	10.77	10.04	9.75
煤炭采选产品	1.66	2.30	2.07
石油和天然气开采产品	2.14	1.72	1.40
金属矿采选产品	0.81	0.98	0.91
非金属矿和其他矿采选产品	0.57	0.45	0.52
食品和烟草	3.83	3.52	3.86
纺织品	1.85	1.66	1.29
纺织服装鞋帽皮革羽绒及其制品	1.52	1.15	1.18
木材加工品和家具	0.98	0.72	0.79
造纸印刷和文教体育用品	1.34	1.06	1.30
石油及炼焦产品和核燃料加工品	1.41	1.48	1.39
化学产品	4.73	4.47	4.32
非金属矿物制品	2.35	2.18	2.19
金属冶炼和压延加工品	4.48	3.62	3.70
金属制品	1.39	1.13	1.19
通用专用设备制造业	3.53	3.47	2.92
交通运输设备制造业	2.41	2.78	2.40
电气机械及器材制造业	1.74	1.81	1.55
通信设备和计算机及其他电子设备制造业	2.56	2.15	2.06
仪器仪表及文化办公用机械制造业	0.29	0.37	0.23

续表 3-30 单位:%

	2007 年	2010 年	2012 年
工艺品及其他制造业(含废品废料)	1.91	1.50	0.74
电力及热力的生产和供应业	3.31	2.72	2.34
燃气生产和供应业	0.08	0.12	0.13
水的生产和供应业	0.21	0.19	0.15
建筑业	5.46	6.60	6.86
批发和零售	6.51	7.57	9.28
交通运输及仓储和邮政	5.63	4.81	4.27
住宿和餐饮	2.09	2.00	1.78
信息传输及软件和信息技术服务	2.26	2.20	2.20
金融	5.05	5.20	6.56
房地产	4.63	5.64	5.82
租赁和商务服务	1.43	1.93	2.09
科学研究和技术服务	1.11	1.40	1.71
水利及环境和公共设施管理	0.42	0.43	0.48
居民服务及修理和其他服务	1.51	1.51	1.52
教育	2.75	2.98	3.01
公共服务	4.70	5.50	5.42
文化及体育和娱乐	0.57	0.62	0.66

在第三产业内部,从 2012 年的值看,增加值占 GDP 比重较大的 5 个部门为批发和零售、金融、房地产、公共服务、交通运输及仓储和邮政,分别为 9.28%、6.56%、5.82%、5.42%、4.27%,较小的部门为文化及体育和娱乐、水利及环境和公共设施管理,均不足 1%。从变化趋势来看,第三产业的 13 个部门中,有 10 个部门的增加值比重上升。(1)增速最快的部门为科学研究和技术服务,增幅为 53.37%,科学研究和技术服务业部门比重不高但实现了最快增长,是我国科学技术进步的表现之一;其次是租赁和商务服务、批发和零售,增幅为 45.99%、42.49%;再次为金融、房地产,增幅也均在 20% 以上。在这一时期,租赁和商务服务、批发和零售部门、金融部门的快速增长是我国经济市场化程度提升的重要表现。(2)降速较快的部门有交通运输及仓储和邮政、住宿和餐饮、信息传输及软件和信息技术服务,降幅分别为 24.14%、15.09%、2.87%,其中信息传输及软件和信息技术服务部门占比的下降说明,我国在信息技术方面的发展较慢,还有较大提升空间。

总体看,二产比重>三产比重>一产比重,第二产业占比最高,在 2007 年为 50.6%。从变化趋势看,第一产业、第二产业比重逐渐下降,5 年降幅分别为 9.5%、10.1%,第三产业比重逐年上升,增幅为 15.8%。从 2012 年的值看,虽然第三产业占比仍低于第二产业,但第三产业发展速度快,与第二产业仅相差 0.7%,有望在下一阶段超过二产。

3.4.2　产业结构分析:2012—2017

表 3-31 和表 3-32 是 2012—2017 年三次产业结构及分 38 部门产业结构。

表 3-31　三次产业结构:2012—2017　　　　　　　　　　单位:%

	2012 年	2015 年	2017 年
第一产业	9.8	9.2	8.0
第二产业	45.5	40.7	40.4
第三产业	44.8	50.1	51.6

从三次产业层次结构看,第一产业增加值占 GDP 比重在 5 年间下降 1.8 个百分点,降幅为 18.49%,第二产业降到 40% 的水平线,第三产业占比则超过 50%,这是一个历史性的跨越。随着经济进一步发展,第三产业比重会继续增大,第一和第二产业会继续下降。

在第二产业内部,从 2017 年的产值看,可以将第二产业部门分为 3 个集合:(1)增加值占比大于 3% 的部门,有建筑业、化学产品、食品和烟草,分别为 6.72%、4.20%、3.62%;(2)比重大于 1% 且小于 3% 的部门,有 10 个;(3)比重小于 1% 的部门,有 11 个。从变化趋势看,在 24 个部门中,只有 5 个部门占比总体呈现增长,其余部门都有所下降。(1)占比增长较快的部门有燃气生产和供应业、工艺品及其他制造业(含废品废料)、仪器仪表及文化办公用机械制造业,其中燃气生产供应部门占比的持续增大反映我国居民生活水平提升和清洁能源发展,仪器仪表及文化办公用机械制造业占比增大表明我国高端制造业有所进步。(2)下降较快的部门有纺织品、煤炭采选产品、石油和天然气开采产品部门,降幅分别为 37.33%、33.92%、32.64%;其次为金属矿采选产品、纺织服装鞋帽皮革羽绒及其制品、造纸印刷和文教体育用品、通用及专用设备制造业、金属冶炼和压延加工品。可以发现,下降快的都是初级产品产业和传统制造业。

表 3-32 38 部门产业结构:2012—2017 单位:%

	2012 年	2015 年	2017 年
农林牧渔产品和服务	9.75	9.25	7.95
煤炭采选产品	2.07	1.06	1.37
石油和天然气开采产品	1.40	0.67	0.94
金属矿采选产品	0.91	0.55	0.65
非金属矿和其他矿采选产品	0.52	0.39	0.49
食品和烟草	3.86	3.82	3.62
纺织品	1.29	1.15	0.81
纺织服装鞋帽皮革羽绒及其制品	1.18	1.48	0.88
木材加工品和家具	0.79	0.83	0.66
造纸印刷和文教体育用品	1.30	1.19	0.97
石油及炼焦产品和核燃料加工品	1.39	1.21	1.16
化学产品	4.32	4.07	4.20
非金属矿物制品	2.19	1.92	2.26
金属冶炼和压延加工品	3.70	2.27	2.86
金属制品	1.19	1.21	1.27
通用专用设备制造业	2.92	2.66	2.25
交通运输设备制造业	2.40	2.54	2.32
电气机械及器材制造业	1.55	1.77	1.40
通信设备和计算机及其他电子设备制造业	2.06	2.23	1.90
仪器仪表及文化办公用机械制造业	0.23	0.27	0.26
工艺品及其他制造业(含废品废料)	0.74	0.32	0.96
电力及热力的生产和供应业	2.34	1.95	2.17
燃气生产和供应业	0.13	0.16	0.17
水的生产和供应业	0.15	0.13	0.14
建筑业	6.86	6.84	6.72
批发和零售	9.28	9.73	9.36
交通运输及仓储和邮政	4.27	4.48	5.64
住宿和餐饮	1.78	1.79	1.67
信息传输及软件和信息技术服务	2.20	2.70	3.59
金融	6.56	8.51	6.56
房地产	5.82	6.13	7.09
租赁和商务服务	2.09	2.51	2.86

续表 3-32 单位:%

	2012 年	2015 年	2017 年
科学研究和技术服务	1.71	1.75	2.49
水利及环境和公共设施管理	0.48	0.57	0.48
居民服务及修理和其他服务	1.52	1.60	1.71
教育	3.01	7.39	3.18
公共服务	5.42	2.19	6.14
文化及体育和娱乐	0.66	0.72	0.86

在第三产业内部,从 2017 年的值看,增加值占比最高的部门是批发和零售,占比达 9.36%,其次为房地产、金融、公共服务、交通运输及仓储和邮政,占比分别为 7.09%、6.56%、6.14%、5.64%,均高于 5%。增加值占比较低的部门为文化及体育和娱乐、水利及环境和公共设施管理,均低于 1%。从变化趋势看,在 13 个部门中,有 12 个部门总体呈现增长,其中增速最快的的部门是信息传输及软件和信息技术服务,增幅达 63.19%,其次为科学研究和技术服务、租赁和商务服务、交通运输及仓储和邮政、文化及体育和娱乐部门,占比增幅分别达 45.39%、36.74%、32.09%、31.10%。与上一阶段相比,我国信息技术服务部门和科学技术研究部门都实现了快速增长[1],经济市场化水平提升。只有住宿和餐饮部门增加值占 GDP 比重有所下降,与恩格尔系数变化有关。

总体来看,三次产业结构顺序由 2012 年的二三一变为 2017 年的三二一。2015 年,第三产业比重为 50.1%,首次突破 50%。第三产业快速发展是经济生产力提高和社会进步的必然结果。2012 年,美国、法国、英国等发达国家的第三产业比重已经超过 70%,全球第三产业比重达 63.6%,所以我国的第三产业还有很大的发展空间。

3.5 两阶段发展特征比较

从前面分别对我国 2007—2012 年与 2012—2017 年两阶段的经济发展质量分析中可以看出,两阶段各种指标的变化特征不尽相同,而且两个阶段

---

[1] 科学研究和技术服务的比重在 2017 年大幅上升与 GDP 核算口径变化有关。在新核算体制下,企业内部研发部门的产出从中间使用转移到最终使用,提高了研发产业的产出。

各是我国社会经济发展的一个特殊时期,因此,从各指标的两阶段特征比较可以揭示我国经济发展质的变化。

1. 投入系数之中间投入率

总体来看,第一产业的中间投入率最低,其次是第三产业,再次是第二产业。在第一阶段,三大部门的中间投入率基本不变,第二、三产业出现小幅下降,降幅为0.4%、0.1%,第二阶段的三次产业总体都出现下降趋势,下降幅度为0.8%、1.6%、0.1%。第一产业中间投入率较低,原因是第一产业的劳动密集度最大,劳动报酬占了较大的比重。随着经济与科技的进一步发展和农业工业化的加深,第一产业中间投入率应该趋于增大。在两阶段,第二产业中中间投入率较大的部门主要是采掘工业,为劳动密集型产业,并且采掘业的中间投入率都出现下降的趋势,其原因有可能是工资率的提高或税率的增大(经计算,从2007到2017年,大多数部门的总产出生产税率都是下降的,而四大矿采业的总产出生产税率都大幅提高1倍左右;大多数部门的总产出劳动报酬率都是上升的,10年总上升平均近40%,四大矿采业2个下降,2个上升)。建筑业的中间投入率呈现出下降的趋势。第三产业在两个阶段基本维持不变,中间投入率较低的主要是零售和批发、教育、房地产等3个部门,可以解释为劳动密集型的特点,但教育部门的劳动密集型体现为以高级劳动为特征,工资率高,而其余二部门则是传统的劳动密集型部门。

2. 分配系数之中间需求率

从三大部门来看,两阶段三次产业中间需求率都呈现出相同的趋势:第一产业和第三产业总体上升,第二产业总体下降。与第一阶段相比,在第二阶段,第一产业中间需求率上升幅度增大,第三产业上升幅度减小,第二产业下降幅度增大。第一产业中间需求率的上升幅度增大说明,第一产业产品作为生产资料的属性增强。第二产业中,煤、石油、天然气、金属矿以及非金属矿产品的中间需求率都较大,不同的是,第一阶段的煤、石油、天然气的中间需求量显著增大,而在第二阶段却有明显的下降,说明我国正在加大资源开发力度,努力减少对外能源依赖。两阶段的第三产业中间需求率都有所上升,说明我国的生产性服务业发展加快。

3. 影响力系数

第一产业的影响力系数在两阶段都有所增大,但仍小于1,说明农林牧渔产品和服务部门对经济总体的拉动作用低于社会平均水平,但在不断增强。

第二产业有 2/3 部门的影响力系数大于 1,且影响力系数较大的部门大多为制造业部门。在两阶段,制造业部门对经济总体的拉动作用较大且高于社会平均水平。采掘业对经济的拉动作用低于社会平均水平且在持续减弱,因为这些部门的产业基础性,所以,从最终使用考察的影响力系数就会较小。

在第三产业中,除租赁和商务服务的影响力系数大于 1 外,其他部门的影响力系数均小于 1。虽然第三产业部门的拉动作用目前还较弱,但是,租赁和商务服务、科学研究和技术服务、水利及环境和公共设施管理、交通运输及仓储和邮政等生产性服务业的影响力系数较大。生产性服务业的较大需求也是我国经济质量提高的表现。

4. 感应度系数

第一产业即农林牧渔产品和服务部门的感应度系数一直大于 1,且总体有增大趋势。与第一阶段相比,第二阶段增幅有所下降,但 5 年间还是增大2.12%。这说明,第一产业在这一时期的基础性作用很强,且在不断增强。

第二产业中,化学产品、金属冶炼和压延加工品、电力及热力的生产和供应业部门的感应度系数高于 2,这些部门正是以工业为主导的国民经济的基础性产业部门,感应性最强。从变化情况看,感应度系数增大最快的 5 个工业部门,与第一阶段以采掘业为主的情况相比,第二阶段的部门发生了较大变化,变成感应度系数小于 1 的 5 个部门,在第二阶段,感应度系数下降的部门数也有所减少。

第三产业大多数部门的感应度系数低于 1。与第一阶段相比,第二阶段感应度系数增大的部门数有所上升,增加了批发和零售、商务服务部门。在感应度系数下降的服务部门中,第一阶段主要是教育部门,是知识密集度较高的部门,第二阶段主要是科学研究和技术服务,同样是知识密集度较高的部门。

5. 推动力系数

农林牧渔产品和服务部门对国民经济的推动作用较小,与第一阶段相比,第二阶段有小幅增大。在第二产业中,两阶段推动力较大的主要都是轻工业部门,且推动作用在不断加强,在第一阶段,重工业部门的推动力小,且在不断减弱,在第二阶段,资源型部门的推动力增强,制造业部门推动力下降。在第三产业中,推动力高于社会平均水平的部门以提供公共物品的部门为主,生产性服务业的推动作用较小且持续减小。

6. 居民消费支出结构

2012 年食物消费在居民消费中的比例是 29.3%,2017 年是 27.7%,整体下降 1.6%,说明我国的富裕程度在提高,如果再加上流通费用,则在 30% 至 40% 之间,根据联合国有关机构的标准已经达到富裕水平的上界,属于相对富裕水平。两阶段相比,居民在现代制造业上的消费比重有所下降,而对现代服务业消费的比重有所上升。在第二阶段,对租赁和商务服务的消费占比增长了 133.4%,对教育、交通运输及仓储和邮政的消费增长达到 40% 以上。在第一阶段,我国居民对服务的消费比重有所增大,但总体对服务的消费比例仍小于物质资料的消费比例,而在第二阶段,从 2015 年起,我国居民对服务的消费比例开始大于物质资料,这都反映着我国居民消费的转型升级,也是经济结构的转型升级。

7. 公共消费结构

公共服务是最大的公共消费,占比在 60% 左右,其次是教育,再次是科学研究和技术服务。从公共消费增加的部门来看,第一阶段,金融、科学研究和技术服务、水利及环境和公共设施管理 3 个部门有所增加,第二阶段,农林牧渔产品和服务、公共服务、文化及体育和娱乐 3 个部门是增长的。从公共消费支出减少的部门来看:第一阶段占比下降最快的是交通运输及仓储和邮政,下降了 41.49%,下降次快的是在农林牧渔产品和服务上的投入,下降幅度达 14.52%,另外,教育占比下降达 9.32%;第二阶段占比下降最快的是科学研究和技术服务,下降了 29.99%,下降次快的是在金融业上的投入,下降幅度达 27.29%。另外教育占比继第一阶段下降后,第二阶段继续下降,下降幅度达 19.14%,两阶段共下降了 26.67%。公共消费的产品部门结构变化反映公共财政资金支持重点和方向的变化。两个阶段的变化说明,新时代对农业的支持方向逆转,为全面建成小康社会贡献巨大;但总体对科学技术和教育的支持有所减弱,规模增长但比例下降。

8. 出口结构

出口比重较大的主要是一些制造业部门,纺织品、化学产品的比重也较高。第一阶段,农林牧渔产品和服务部门的比重在 5 年内下降了 0.13%,降速为 17.95%,第二阶段,农林牧渔产品和服务部门的比重在 5 年内增加了 0.16%,增速为 27.37%。这说明我国农业产业在第二阶段有了较大进步,在产量和品质上都有所提升,出口竞争优势增大。

在第二产业中,出口比重最大的是通信设备和计算机及其他电子设备制造业部门,这表明我国电子通信技术相关制造业发展迅速,有较强的国际竞争力。其次是电气机械及器材制造业、通用及专用设备制造业、纺织服装鞋帽皮革羽绒及其制品,均高于 7%,说明我国电气设备等制造业也有一定比较优势。从变化看,第一阶段增速最快的是造纸印刷和文教体育用品,达 72.62%,第二阶段增速最快的是工艺品及其他制造业(含废品废料),达 394.92%。两阶段降速最快的主要是一些金属矿产品、煤炭等自然资源以及采掘业,这是因为,我国虽然是资源大国,但是人均储量不高,各种金属矿、原油、天然气等需求目前主要依赖进口,中国采掘业的国际竞争力较弱。

第三产业中,出口比重较大的为批发和零售、交通运输及仓储和邮政、租赁和商务服务。从变化看,第一阶段增速较快的部门是金融、批发和零售、信息传输及软件和信息技术服务,分别达到 236.23%、105.37%、56.21%,这些说明,一方面随着中国制造能力越来越强,与此关联的批发和零售业附加出口也水涨船高,另一方面,随着经济发展和综合国力不断增强,对外投资迅速增长,相关的金融服务出口需求快速增长。第二阶段增速最快的部门是科学研究和技术服务,增幅高达 4 005.17%,其次是信息传输及软件和信息技术服务、公共服务,增速为 75.61%、56.90%。综合来看,我国科学技术、信息技术服务虽然出口比重还较低,但是在近 5 年内实现了快速发展,服务世界的能力持续增强。

9. 进口结构

农林牧渔产品和服务部门在第一阶段的比重在 5 年内上升了 1.05%,增速为 33.38%,在第二阶段下降了 0.16%,降速为 3.92%。结合两阶段的出口情况分析,后期我国的农业部门产能增加,国际竞争力增强,能够以更高的产量满足国内粮食需求,是农业部门发展向好的趋势表现。

在第二产业中,进口比重最大的是通信设备和计算机及其他电子设备制造业部门,一直高于 19%,其次是石油和天然气开采产品、化学产品、金属冶炼和压延加工品、通用及专用设备制造业、金属矿采选产品,均高于 5%。

从变化看,第一阶段进口增速最快的部门是煤炭采选产品,增幅达472.29%,第二阶段进口增速最快的部门是建筑业,增幅达108.81%。与第一阶段相比,第二阶段煤炭采选产品进口比重下降,减轻了对国外进口资源的依赖。

在第三产业中,进口比重高于1%的部门数增加了一倍。从变化看,第一阶段增速较快的部门是文化及体育和娱乐、金融;第二阶段有90%部门的进口是增加的,增速最快的部门是科学研究和技术服务,高达903.76%,表明我国在这一阶段对科技服务的需求快速增长,其次是公共服务、住宿和餐饮。在进口下降部门中,第二阶段只有租赁和商务服务,与第一阶段相比,少了科学研究和技术服务、居民服务及修理和其他服务两个部门。

10. 最终使用横向结构

各项最终使用占 GDP 比重由高到低排序一直是:固定资本形成、居民消费、出口、进口、公共消费、存货增加。从变化趋势看,第一阶段增长的有固定资本形成、公共消费、居民消费,其中固定资本形成增速最快,是公共消费的 3 倍多,下降的有出口、进口、存货增加。第二阶段增长的有公共消费、居民消费,增速分别为 10.27%、5.24%,下降的有存货增加、出口、进口、固定资本形成。两阶段相比,消费总量占比上升。从进出口看,我国的贸易顺差有所下降,经济增长对外部的依存度减小,无论是进出口总额比率还是净出口比例都减小。固定资本投资下降是经济增长速度下降的主因,是经济发展转型的需要,但我国面临一定时期中高速增长的情况,过度下降不利。

11. 部门劳动收入差异

在三次产业层次上,除 2015 年外,10 年间劳动收入水平最高的为第二产业,其次为第三产业,最低为第一产业。从增长速度看,与第一阶段相比,第二阶段三大产业部门劳动收入水平增速都明显放缓。劳动收入水平较高的部门从高到低依次是金融业、科学研究和技术服务业、信息传输及软件和信息技术服务业、采矿业。在第二阶段,文化及体育和娱乐业部门的收入也有所提高,跻身前五,而劳动收入最低的部门是批发和零售业。

从变化趋势看,第一阶段相对收入水平下降最快的是建筑业、电力热力燃气及水生产和供应业,第二阶段相对收入水平下降最快的是建筑业、住宿和餐饮业。从收入分配差距来看,三次产业劳均劳动收入的最大值与最小值之比在第一阶段下降,在第二阶段基本稳定,19 部门劳均劳动收入的最大值与最小值比重(即金融业与批发零售业的比重)不断增大,差异系数在第一阶段缩小,在第二阶段显著增大。

12. 两阶段产业结构特征比较

总体看,两阶段第一产业和第二产业增加值占 GDP 比重都在下降,第三产业占比不断上升。

在第二产业中,两阶段占比增长小于1%的部门由 2012 年的 7 个增加到 2017 年的 11 个,各部门占比大都有所下降,从而使第二产业整体比重下降。燃气部门比重持续增大,表明人民生活水平不断提高。煤炭及金属矿采选产品,石油和天然气开采产品比重下降,表明采掘业发展速度较慢。建筑业由高速增长出现小幅下降,表明国家在治理房地产泡沫上取得一定成效。

第三产业整体都有较快的发展,与第一阶段相比,批发和零售、金融、房地产租赁和商务服务、科学研究和技术服务、水利及环境和公共设施管理、教育、公共服务部门持续增长,但增速有所降低,居民服务及修理和其他服务、文化及体育和娱乐部门出现持续且更高速的增长,交通运输及仓储和邮政、信息传输及软件和信息技术服务部门的比重实现了由下降到上升的跨越,只有住宿和餐饮部门比重出现持续下降。我国经济市场化水平不断提高,科学研究以及信息技术服务持续发展,第三产业占比实现了历史性跨越。第三产业整体的增速与第一阶段相比,第二阶段有所下降,这与我国由高速增长转向高质量发展的现状相吻合。

3.6　中国经济发展质量判断

前面各节通过十二类指标对 2007 至 2017 年的中国经济发展质量分两个阶段进行了深入分析,综合分析结果,对 10 年间我国经济发展质量可得出以下结论。

1. 人民生活质量提高

发展经济的根本目的是提高人民的生活质量,所以人民生活的改善就是评价经济发展质量的最重要指标。在投入产出表信息中,除消费总量外,居民消费的产品结构变化集中体现了人民生活质量的改善情况。10 年间,居民对文化及体育和娱乐的消费支出占比增长 1.2 倍多,显示着人民精神生活质量的持续提高;燃气生产和供应部门的消费占比增长 1 倍以上,显示出能源生活消费的转型升级,有利于环境质量改善和可持续发展;房地产消费占比从约 7% 到 11%,虽然有房价增长带来的附加影响,但也是居民居住条件改善的表现;食物支出占居民消费支出的比重显著下降,是我国社会从小康迈向富裕的显性指标;居民服务、住宿和餐饮部门的内需不断增大,表明我国居民生活正在从封闭的居家生活走向开放的现代社会生活。在 2012 年开启的新时代中,居民对服务的消费逐渐超过对物质资料的消费,既体现了人们生活质量的提高,也促进了我国产业结构的转型升级。

2. 产业结构优化

在 2007 年至 2017 年的 10 年间,我国产业结构总体趋势不变,第一产业与第二产业增加值占 GDP 比重不断下降,第三产业增加值占 GDP 比重不断上升。2012 年,我国第三产业增加值比重超过第二产业;2015 年,第三产业增加值比重超过 50%。根据产业发展规律,这是经济结构重大转型升级的表现。

第一产业占比在第一阶段下降 1 个百分点,第二阶段下降 1.2 个百分点,未来还会继续下降。目前,主要发达国家的第一产业占比都在 1%~2%,我国 2017 年为 8%。假设我国的第一产业比重应该高一点,设为 3%~5%,这样中国大约会在 15~25 年内实现这个目标,因此中国经济可在 2032 年—2042 年赶上世界主要发达国家的水平,这与中央制定的两步走现代化目标相吻合。

第二产业的总体占比下降,内部结构不断进步优化。根据 127 部门层次观察,首先是以矿采业为代表的高耗能产业占比在第二阶段下降,其次是在大多数工业部门占比下降的形势下,电子元器件和仪器仪表部门总产出占比在第二阶段实现了显著增长,再次,医药制造业和汽车制造业在两个阶段都有所增长,最后就是建筑业和建筑材料制造业的占比持续增长,为我国中高速增长新常态提供了保证。

在第三产业占比的持续增长中,邮政、软件和信息技术服务、租赁、研究和实验发展、体育等 5 部门占比都出现了翻倍的增长,其他大多数都是增长的,只有个别传统服务业占比出现了一些下降。

根据产业结构演进判断,我国经济发展实实在在进入了高质量发展阶段,但是是初始阶段。

3. 经济技术进步

经济技术进步代表着社会生产力的进步,在投入产出表信息中,主要体现为中间投入结构和中间需求结构的变化。

第一产业中间投入率在第一阶段停滞以后在第二阶段有明显下降,减小1个百分点。虽然有目共睹,我国的农业产业化和机械化水平在提高,但同时农业劳动者的报酬水平也显著提高,二者相抵,农业的中间投入率基本不变。2014年,美国第一产业的中间投入率达到60%以上,增加值率小于40%;日本农业的中间投入率也达到50%。与之比较,我国农业的现代化还有较长的路要走,大约还需要10~20年。第一产业中间需求率持续提高,表明居民消费的农林牧渔产品的加工度在提高。

第二产业的整体中间投入率在第一阶段基本不变,在第二阶段有所下降。大多数部门中间投入率第二阶段的下降是由于劳动报酬率的提高,有些部门的生产税率提高比较多,包括通用及专用设备制造业、交通运输设备制造业、仪器仪表及文化办公用机械制造业、工艺品及其他制造业(含废品废料)、石油及炼焦产品和核燃料加工品、化学产品、煤炭采选产品、石油和天然气开采产品、金属矿采选产品等,有几个部门的生产税率提高一倍以上。

第三产业的中间投入率10年中基本维持不变。因为大多数部门的劳动报酬率是增大的,中间投入率维持不变的原因是第三产业的生产税率下降显著,这应该是如"营改增"等税收政策的成果。第三产业总产出劳动报酬率下降的只有科学研究和技术服务、水利及环境和公共设施管理两个部门,而生产税率提高的只有房地产一个部门。从以上情况可以推断,税收结构调整和补贴政策变化对我国经济转型升级起到了巨大的推动作用。

我国科学技术的进步可以从科学研究和技术服务部门的进出口情况得到反映。科学研究和技术服务部门的进口和出口占比在第一阶段都是下降的,第二阶段则是飞跃增长。科学技术部门进口占比增大,一方面说明我国经济对高端科学技术的需求日增,另一方面也要求我国不断提高科学技术投入,增强我国高端科学技术的自主创新能力。出口占比增大,表明在这一段时期内,我国科学技术成果有较快的发展,国际竞争力增强。

关于中间投入系数对经济增长的影响,将在下一章深入研究。

4. 国际经济竞争力增强

经济国际竞争力可以从进出口的变化上得到反映。

农林牧渔产品和服务部门出口比重增大,进口比重减小,表明第一产业产品在产量和品质上都有所提升,国际竞争力增强。租赁和商务服务部门进口比重下降,表明我国已形成了一些具有国际竞争力的服务品牌,逐步减轻对国外商务服务依赖。通信设备和计算机及其他电子设备制造业、电气机械及器材制造业、通用及专用设备制造业部门的出口比重也较大,说明我国通信与电气设备等制造业有一定优势。总体看,我国农业部门、通信及电气设备部门产品的国际竞争力都在增强,适应了加大对外开放、深化市场经济改革的形势。

5. 公共产品提供改善

公共消费即政府消费支持的部门,在38部门投入产出表中包括:农林牧渔产品和服务、交通运输及仓储和邮政、金融、租赁和商务服务、科学研究和技术服务、水利及环境和公共设施管理、教育、公共服务、文化及体育和娱乐等9个部门,主要体现了政府的服务水平。

在两个阶段中,政府消费在第一个阶段GDP的占比基本维持13%强的水平,在第二阶段则实现了近2个百分点的提升。从结构看,包含卫生和社会工作、公共管理、社会保障和社会组织的公共服务占比达到60%,其次是科学研究和技术服务、教育两类产品。公共服务占比在第一阶段下降,第二阶段显著上升,总体上升近3个百分点。科学研究和技术服务占比在第一个阶段上升5个百分点,在第二阶段则下降近3个百分点。根据增大和减小特点,第一个阶段支持加强的部门是金融、科学研究和技术服务、水利及环境和公共设施管理3个部门,第二阶段支持加强的部门是农林牧渔产品和服务、公共服务、文化及体育和娱乐3个部门。

政府消费对农林牧渔产品和服务的支持比例较小,约1%,其中在第一阶段下降了0.14个百分点,第二阶段上升了0.17个百分点。从比例看,支持力度似乎不足。

政府消费对教育的支持力度出现了持续减小的现象,10年间共减少5.6个百分点,下降超过1/4。这是一个需要深入研究的问题。

综上所述,近10年来,我国经济发展质量不断提升,具体表现在人民生活质量提高、产业结构优化、经济技术进步、国际竞争力增强、公共服务改善等方面。经济发展质量包含的内容多、涉及的范围广,利用投入产出技术对经济发展质量难以作出全面的评价,所以,尽管本章已经从 12 种指标对经济发展质量进行分析,但仍非常不完整,例如尚未包含生态环境质量改善,但希望能为经济发展质量评价提供一个新视角。

第4章 最终使用结构变化对中国经济增长的影响分析

4.1 引言

当前时期,我国经济结构重定型,从高速增长向高质量增长转型。在这样的时期,经济增长动力特别是三驾马车拉动力结构的转型一直是人们研究的重点。但是,经济的各个部分包括最终使用的内部都是紧密关联的,在分析最终使用结构的变化对经济增长的影响时,必须考虑各个因素的关联影响。

关于消费、投资、净出口对经济增长的带动作用研究中,一些文献将这些部分各自占 GDP 的比例或其增长占 GDP 增长的比例当作其对 GDP 的拉动作用。显然,这是不严谨的观点,不能反映出各最终使用项在系统关联下对 GDP 的拉动作用。Walker 与 Vatter(1999)[1]对"二战"后美国经济发展的研究发现,最终需求是解释美国20世纪60年代后经济衰退的主要因素。刘遵义、陈锡康、杨翠红等(2007)[2]构建了一种反映中国加工贸易特点的非竞争(进口)型投入占用产出模型,测算并分析了中美两国出口对各自国内增加值和就业的影响。李善同、吴三忙[3](2012)在沈利生(2009)[4]所建立的

---

① Walker,John F,Harold G Vatter. Demand:The Neglected Participant in the Long Run U. S. Productivity Record [J]. The American Economist,1999,43(2):73-80.

② Lawrence J. Lau (刘遵义),陈锡康,杨翠红,等. 非竞争型投入占用产出模型及其应用:中美贸易顺差透视[J]. 中国社会科学,2007(5):91-103.

③ 李善同,吴三忙. 中国地区经济增长中"四驾马车"拉动作用测度:基于分省投入产出表的实证分析[C]. 资源型地区可持续发展与政策国际会议暨国际区域科学学会第三次年会,2012.

④ 沈利生."三驾马车"的拉动作用评估[J]. 数量经济技术经济研究,2009(4):139-151.

"三驾马车"模型基础上,将进口和出口分别进一步细分为国内和国外两个部分,测算出"四驾马车"对经济增长的贡献率。张启迪(2019)[①]认为,基于净出口视角的测算方法高估了内需对经济增长的贡献,而低估了外需的贡献,并提出了一种新的测算框架以测算外需对我国经济增长的贡献,结果显示:外需对经济增长的贡献率和占比大幅高于传统框架。李卫华(2019)[②]认为,三大需求具有波动性和互补性的特征,从而形成经济增长波动;稳定拉动经济增长,需要合理协调三大需求。

为了追踪最终使用结构的变化影响经济增长的背后机理,本章提出一种新的经济增长因素影响测度的方法,即在局部闭模型下,应用多因素多阶影响分析技术分解各因素对经济增长的影响,还研究了各因素对分部门总产出增长的作用效果。

4.2　分析方法

本节介绍基本研究方法和模型。

4.2.1　基本投入产出模型

基本的投入产出表结构是

$$\begin{pmatrix} X & Y & Q \\ Z' & & \\ Q' & & \end{pmatrix} \tag{4-1}$$

其中,X 表示中间流量矩阵,Y 表示最终使用矩阵,Z' 表示最初投入矩阵,Q 表示总产出列向量。A 表示直接消耗矩阵,$\widetilde{B}$ 表示列昂惕夫逆矩阵,则投入产出基本模型是

$$Q = (1-A)^{-1}Y = \widetilde{B}Y, \widetilde{B} = (1-A)^{-1}$$

将居民消费列和劳动报酬行纳入内生流量矩阵,构成局部闭模型,则相应的中间流量矩阵扩展为

① 张启迪.外需对中国经济增长的贡献:基于新框架的测算分析与启示[J].南方金融,2019(11):44-52.

② 李卫华.我国消费、投资和出口的变动及其对经济增长的贡献[J].经济地理,2019,39(9):31-38.

$$\overline{X}^* = \begin{pmatrix} \overline{X} & \overline{C} \\ \overline{N} & 0 \end{pmatrix}_{n+1}$$

其中，N 表示劳动报酬行向量。因为经济增长要基于不变价格经济量，所以，本章的所有分析都是基于 36 部门不变价投入产出表。在相应符号上加一横表示不变价量。

基本投入产出局部闭模型是

$$\overline{Q}^* = (1-\overline{A}^*)^{-1}\overline{Y}^* , \overline{B}^* = (1-\overline{A}^*)^{-1}$$

其中，$\overline{A}^*$ 表示新模型中的直接消耗系数矩阵，$\overline{B}^*$ 表示新模型中的列昂惕夫逆矩阵，$\overline{Y}^*$ 表示新模型中的最终使用部分。

在局部闭模型中有：

$$\overline{G}_{n+1} = \begin{pmatrix} \overline{G}_n \\ 0 \end{pmatrix}, \overline{F}_{n+1} = \begin{pmatrix} \overline{F}_n \\ 0 \end{pmatrix}, \overline{NX}_{n+1} = \begin{pmatrix} \overline{NX}_n \\ 0 \end{pmatrix}$$

其中，$\overline{G}_{n+1}$、$\overline{F}_{n+1}$ 和 $\overline{NX}_{n+1}$ 分别表示新模型中的政府消费列向量，资本形成列向量和净出口列向量，其中第 $n+1$ 维均是 **0**。

为了分析最终使用结构变化对 GDP 的影响，将 $\overline{G}_n$、$\overline{F}_n$、$\overline{NX}_n$、$\overline{G}_{n+1}$、$\overline{F}_{n+1}$ 和 $\overline{NX}_{n+1}$ 分为结构因素和总量因素，则

$$\overline{G}_n = \overline{c}_{g_n}\overline{\overline{G}}_n, \overline{F}_n = \overline{f}_n\overline{\overline{F}}_n, \overline{NX}_n = \overline{nx}_n\overline{\overline{NX}}_n$$

$$\overline{G}_{n+1} = \overline{c}_{g_{n+1}}\overline{\overline{G}}_{n+1}, \overline{F}_{n+1} = \overline{f}_{n+1}\overline{\overline{F}}_{n+1}, \overline{NX}_{n+1} = \overline{nx}_{n+1}\overline{\overline{NX}}_{n+1}$$

其中，$\overline{\overline{G}}_n$、$\overline{\overline{F}}_n$ 和 $\overline{\overline{NX}}_n$ 分别表示原投入产出表中政府消费总额、资本形成总额和净出口总额，$\overline{\overline{G}}_{n+1}$、$\overline{\overline{F}}_{n+1}$ 和 $\overline{\overline{NX}}_{n+1}$ 分别表示扩展投入产出表中的政府消费总额、资本形成总额和净出口总额。因为劳动报酬行在最终使用部分的值都假定为 0，所以，前后两个对应项目的总额值是相等的。

4.2.2　总产出变化因素影响分析模型

在局部闭模型下，总产出向量 **Q** 的计算公式如下：

$$\begin{aligned}
\overline{Q}_{n+1} &= (1-\overline{A}^*)^{-1}\overline{Y}_{n+1} \\
&= (1-\overline{A}^*)^{-1}(\overline{G}_{n+1}+\overline{F}_{n+1}+\overline{NX}_{n+1}) \\
&= (1-\overline{A}^*)^{-1}(\overline{c}_{g_{n+1}}\overline{\overline{G}}_{n+1}+\overline{f}_{n+1}\overline{\overline{F}}_{n+1}+\overline{nx}_{n+1}\overline{\overline{NX}}_{n+1})
\end{aligned} \quad (4\text{-}2)$$

上式显示,影响 Q 的共有 7 种因素,又假定政府消费、资本形成和净出口的变化相互独立,根据 MMIA,Q 变动的因素影响模型可以扩展为

$$\Delta \overline{Q} = \Delta \overline{Q^{\overline{A^*}}} + \Delta \overline{Q^{\overline{c_g}}} + \Delta \overline{Q^{\overline{\overline{G}}}} + \Delta \overline{Q^{\overline{f}}} + \Delta \overline{Q^{\overline{\overline{F}}}} + \Delta \overline{Q^{\overline{nx}}} + \Delta \overline{Q^{\overline{\overline{NX}}}} + \Delta \overline{Q^{\overline{c_g}\overline{\overline{G}}}}$$
$$+ \Delta \overline{Q^{\overline{f}\overline{\overline{F}}}} + \Delta \overline{Q^{\overline{nx}\overline{\overline{NX}}}} + \Delta \overline{Q^{\overline{A^*}\overline{c_g}}} + \Delta \overline{Q^{\overline{A^*}\overline{\overline{G}}}} + \Delta \overline{Q^{\overline{A^*}\overline{f}}} + \Delta \overline{Q^{\overline{A^*}\overline{\overline{F}}}} + \Delta \overline{Q^{\overline{A^*}\overline{nx}}}$$
$$+ \Delta \overline{Q^{\overline{A^*}\overline{\overline{NX}}}} + \Delta \overline{Q^{\overline{A^*}\overline{c_g}\overline{\overline{G}}}} + \Delta \overline{Q^{\overline{A^*}\overline{f}\overline{\overline{F}}}} + \Delta \overline{Q^{\overline{A^*}\overline{nx}\overline{\overline{NX}}}}$$

$$(4\text{-}3)$$

其中,$\Delta \overline{Q^{\overline{A^*}}}$、$\Delta \overline{Q^{\overline{\overline{G}}}}$、$\Delta \overline{Q^{\overline{\overline{F}}}}$ 和 $\Delta \overline{Q^{\overline{\overline{NX}}}}$ 分别表示中间投入系数 $\overline{A^*}$、政府消费总量 $\overline{\overline{G}}$、资本形成总量 $\overline{\overline{F}}$ 及净出口总量 $\overline{\overline{NX}}$ 变化对 Q 的一阶纯影响,$\Delta \overline{Q^{\overline{A^*}\overline{\overline{G}}}}$、$\Delta \overline{Q^{\overline{A^*}\overline{\overline{F}}}}$ 和 $\Delta \overline{Q^{\overline{A^*}\overline{\overline{NX}}}}$ 分别表示中间投入系数 $\overline{A^*}$ 分别与政府消费总量 $\overline{\overline{G}}$、资本形成总量 $\overline{\overline{F}}$ 及净出口总量 $\overline{\overline{NX}}$ 的联合作用对 Q 的二阶纯影响,$\Delta \overline{Q^{\overline{A^*}\overline{c_g}}}$、$\Delta \overline{Q^{\overline{A^*}\overline{f}}}$ 及 $\Delta \overline{Q^{\overline{A^*}\overline{nx}}}$ 分别表示中间投入系数 $\overline{A^*}$ 分别与政府消费结构 $\overline{c_g}$、资本形成结构 $\overline{f}$ 和净出口结构 $\overline{nx}$ 的联合作用对 Q 的二阶纯影响,$\Delta \overline{Q^{\overline{A^*}\overline{c_g}\overline{\overline{G}}}}$、$\Delta \overline{Q^{\overline{A^*}\overline{f}\overline{\overline{F}}}}$ 及 $\Delta \overline{Q^{\overline{A^*}\overline{nx}\overline{\overline{NX}}}}$ 分别表示中间投入系数 $\overline{A^*}$ 分别与政府消费结构和总量、资本形成结构和总量及净出口结构和总量的联合作用对 GDP 的三阶纯影响。

下面具体给出联动作用计算的表达式,其中带有上角标"t"的表示为报告期的值,带有"0"的表示基期的值。

1. 一阶因素作用

$$\Delta \overline{Q^{\overline{A^*}}} = (1 - \overline{A}^{*t})^{-1}(\overline{G}_{n+1}^0 + \overline{F}_{n+1}^0 + \overline{NX}_{n+1}^0) - (1 - \overline{A}^{*0})^{-1}(\overline{G}_{n+1}^0 + \overline{F}_{n+1}^0 + \overline{NX}_{n+1}^0)$$

$$\Delta \overline{Q^{\overline{c_g}}} = (1 - \overline{A}^{*0})^{-1}(\overline{c}_{g_{n+1}}^t \overline{\overline{G}}_{n+1}^0) - (1 - \overline{A}^{*0})^{-1}(\overline{c}_{g_{n+1}}^0 \overline{\overline{G}}_{n+1}^0)$$

$$\Delta \overline{Q^{\overline{\overline{G}}}} = (1 - \overline{A}^{*0})^{-1}(\overline{c}_{g_{n+1}}^0 \overline{\overline{G}}_{n+1}^t) - (1 - \overline{A}^{*0})^{-1}(\overline{c}_{g_{n+1}}^0 \overline{\overline{G}}_{n+1}^0)$$

$$\Delta \overline{Q^{\overline{f}}} = (1 - \overline{A}^0)^{-1}(\overline{f}_{n+1}^t \overline{\overline{F}}_{n+1}^0) - (1 - \overline{A}^{*0})^{-1}(\overline{f}_{n+1}^0 \overline{\overline{F}}_{n+1}^0) \qquad (4\text{-}4)$$

$$\Delta \overline{Q^{\overline{\overline{F}}}} = (1 - \overline{A}^{*0})^{-1}(\overline{f}_{n+1}^0 \overline{\overline{F}}_{n+1}^t) - (1 - \overline{A}^{*0})^{-1}(\overline{f}_{n+1}^0 \overline{\overline{F}}_{n+1}^0)$$

$$\Delta \overline{Q^{\overline{nx}}} = (1 - \overline{A}^{*0})^{-1}(\overline{nx}_{n+1}^t \overline{\overline{NX}}_{n+1}^0) - (1 - \overline{A}^{*0})^{-1}(\overline{nx}_{n+1}^0 \overline{\overline{NX}}_{n+1}^0)$$

$$\Delta \overline{Q^{\overline{\overline{NX}}}} = (1 - \overline{A}^{*0})^{-1}(\overline{nx}_{n+1}^0 \overline{\overline{NX}}_{n+1}^t) - (1 - \overline{A}^{*0})^{-1}(\overline{nx}_{n+1}^0 \overline{\overline{NX}}_{n+1}^0)$$

2. 二阶总联动作用

$$\Delta \overline{Q}_{(\overline{A}^* \overline{c}_g)} = (1 - \overline{A}^{*t})^{-1}(\overline{c}^t_{g_{n+1}} \overline{\overline{G}}^0_{n+1}) - (1 - \overline{A}^{*0})^{-1}(\overline{c}^0_{g_{n+1}} \overline{\overline{G}}^0_{n+1})$$

$$\Delta \overline{Q}_{(\overline{A}^* \overline{\overline{G}})} = (1 - \overline{A}^{*t})^{-1}(\overline{c}^0_{g_{n+1}} \overline{\overline{G}}^t_{n+1}) - (1 - \overline{A}^{*0})^{-1}(\overline{c}^0_{g_{n+1}} \overline{\overline{G}}^0_{n+1})$$

$$\Delta \overline{Q}_{(\overline{c}_g \overline{\overline{G}})} = (1 - \overline{A}^{*0})^{-1}(\overline{c}^t_{g_{n+1}} \overline{\overline{G}}^t_{n+1}) - (1 - \overline{A}^{*0})^{-1}(\overline{c}^0_{g_{n+1}} \overline{\overline{G}}^0_{n+1})$$

$$\Delta \overline{Q}_{(\overline{A}^* \overline{f})} = (1 - \overline{A}^t)^{-1}(\overline{f}^t_{n+1} \overline{\overline{F}}^0_{n+1}) - (1 - \overline{A}^{*0})^{-1}(\overline{f}^0_{n+1} \overline{\overline{F}}^0_{n+1})$$

$$\Delta \overline{Q}_{(\overline{A}^* \overline{\overline{F}})} = (1 - \overline{A}^t)^{-1}(\overline{f}^0_{n+1} \overline{\overline{F}}^t_{n+1}) - (1 - \overline{A}^{*0})^{-1}(\overline{f}^0_{n+1} \overline{\overline{F}}^0_{n+1})$$

$$\Delta \overline{Q}_{(\overline{f}\overline{\overline{F}})} = (1 - \overline{A}^0)^{-1}(\overline{f}^t_{n+1} \overline{\overline{F}}^t_{n+1}) - (1 - \overline{A}^{*0})^{-1}(\overline{f}^0_{n+1} \overline{\overline{F}}^0_{n+1})$$

$$\Delta \overline{Q}_{(\overline{A}^* \overline{nx})} = (1 - \overline{A}^{*t})^{-1}(\overline{nx}^t_{n+1} \overline{\overline{NX}}^0_{n+1}) - (1 - \overline{A}^{*0})^{-1}(\overline{nx}^0_{n+1} \overline{\overline{NX}}^0_{n+1})$$

$$\Delta \overline{Q}_{(\overline{A}^* \overline{\overline{NX}})} = (1 - \overline{A}^{*t})^{-1}(\overline{nx}^0_{n+1} \overline{\overline{NX}}^t_{n+1}) - (1 - \overline{A}^{*0})^{-1}(\overline{nx}^0_{n+1} \overline{\overline{NX}}^0_{n+1})$$

$$\Delta \overline{Q}_{(\overline{nx}\overline{\overline{NX}})} = (1 - \overline{A}^{*0})^{-1}(\overline{nx}^t_{n+1} \overline{\overline{NX}}^t_{n+1}) - (1 - \overline{A}^{*0})^{-1}(\overline{nx}^0_{n+1} \overline{\overline{NX}}^0_{n+1})$$

(4-5)

3. 二阶纯联动作用

$$\Delta \overline{Q}^{\overline{A}^* \overline{c}_g} = \Delta \overline{Q}_{(\overline{A}^* \overline{c}_g)} - \Delta \overline{Q}^{\overline{A}^*} - \Delta \overline{Q}^{\overline{c}_g}$$

$$\Delta \overline{Q}^{\overline{A}^* \overline{\overline{G}}} = \Delta \overline{Q}_{(\overline{A}^* \overline{\overline{G}})} - \Delta \overline{Q}^{\overline{A}^*} - \Delta \overline{Q}^{\overline{\overline{G}}}$$

$$\Delta \overline{Q}^{\overline{c}_g \overline{\overline{G}}} = \Delta \overline{Q}_{(\overline{c}_g \overline{\overline{G}})} - \Delta \overline{Q}^{\overline{c}_g} - \Delta \overline{Q}^{\overline{\overline{G}}}$$

$$\Delta \overline{Q}^{\overline{A}^* \overline{f}} = \Delta \overline{Q}_{(\overline{A}^* \overline{f})} - \Delta \overline{Q}^{\overline{A}^*} - \Delta \overline{Q}^{\overline{f}}$$

$$\Delta \overline{Q}^{\overline{A}^* \overline{\overline{F}}} = \Delta \overline{Q}_{(\overline{A}^* \overline{\overline{F}})} - \Delta \overline{Q}^{\overline{A}^*} - \Delta \overline{Q}^{\overline{\overline{F}}}$$

$$\Delta \overline{Q}^{\overline{f}\overline{\overline{F}}} = \Delta \overline{Q}_{(\overline{f}\overline{\overline{F}})} - \Delta \overline{Q}^{\overline{f}} - \Delta \overline{Q}^{\overline{\overline{F}}}$$

$$\Delta \overline{Q}^{\overline{A}^* \overline{nx}} = \Delta \overline{Q}_{(\overline{A}^* \overline{nx})} - \Delta \overline{Q}^{\overline{A}^*} - \Delta \overline{Q}^{\overline{nx}}$$

$$\Delta \overline{Q}^{\overline{A}^* \overline{\overline{NX}}} = \Delta \overline{Q}_{(\overline{A}^* \overline{\overline{NX}})} - \Delta \overline{Q}^{\overline{A}^*} - \Delta \overline{Q}^{\overline{\overline{NX}}}$$

$$\Delta \overline{Q}^{\overline{nx}\overline{\overline{NX}}} = \Delta \overline{Q}_{(\overline{nx}\overline{\overline{NX}})} - \Delta \overline{Q}^{\overline{nx}} - \Delta \overline{Q}^{\overline{\overline{NX}}}$$

(4-6)

4. 三阶总联动作用

$$
\left.\begin{aligned}
\Delta \overline{Q}_{(\bar{A}^{*}\bar{c}_g\bar{\bar{G}})} &= \Delta \overline{Q}_{(\bar{A}^{*}\bar{G})} \\
\Delta \overline{Q}_{(\bar{A}^{*}\bar{f}\bar{F})} &= \Delta \overline{Q}_{(\bar{A}^{*}\bar{F})} \\
\Delta \overline{Q}_{(\bar{A}^{*}\overline{nx}\overline{NX})} &= \Delta \overline{Q}_{(\bar{A}^{*}\overline{NX})}
\end{aligned}\right\} \tag{4-7}
$$

5. 三阶纯联动作用

$$
\left.\begin{aligned}
\Delta \overline{Q}^{\bar{A}^{*}\bar{c}_g\bar{\bar{G}}} &= \Delta \overline{Q}_{(\bar{A}^{*}\bar{G})} - \Delta \overline{Q}^{\bar{A}^{*}} - \Delta \overline{Q}^{\bar{c}_g} - \Delta \overline{Q}^{\bar{\bar{G}}} - \Delta \overline{Q}^{\bar{A}^{*}\bar{c}_g} - \Delta \overline{Q}^{\bar{A}^{*}\bar{\bar{G}}} - \Delta \overline{Q}^{\bar{c}_g\bar{\bar{G}}} \\
\Delta \overline{Q}^{\bar{A}^{*}\bar{f}\bar{F}} &= \Delta \overline{Q}_{(\bar{A}^{*}\bar{F})} - \Delta \overline{Q}^{\bar{A}^{*}} - \Delta \overline{Q}^{\bar{f}} - \Delta \overline{Q}^{\bar{\bar{F}}} - \Delta \overline{Q}^{\bar{A}^{*}\bar{f}} - \Delta \overline{Q}^{\bar{A}^{*}\bar{\bar{F}}} - \Delta \overline{Q}^{\bar{f}\bar{\bar{F}}} \\
\Delta \overline{Q}^{\bar{A}^{*}\overline{nx}\overline{NX}} &= \Delta \overline{Q}_{(\bar{A}^{*}\overline{NX})} - \Delta \overline{Q}^{\bar{A}^{*}} - \Delta \overline{Q}^{\overline{nx}} - \Delta \overline{Q}^{\overline{NX}} - \Delta \overline{Q}^{\bar{A}^{*}\overline{nx}} - \Delta \overline{Q}^{\bar{A}^{*}\overline{NX}} - \Delta \overline{Q}^{\overline{nx}\overline{NX}}
\end{aligned}\right\}
$$

$$\tag{4-8}$$

此外,由于在局部闭模型中,将居民消费内生化了,对于居民消费列对 $\boldsymbol{Q}$ 的影响,只能计算居民消费结构 c 的影响,就相当于 $\bar{\boldsymbol{A}}^{*}$ 的 $N+1$ 列变化对 Q 的影响,记为 $\Delta \bar{\boldsymbol{Q}}^c$。

在局部闭模型中,有

$$
\bar{\boldsymbol{A}}^{*} = \begin{pmatrix} \boldsymbol{A} & \boldsymbol{c} \\ \boldsymbol{w} & \boldsymbol{0} \end{pmatrix}_{n+1}
$$

其中,$\boldsymbol{A}$ 表示原投入产出表的中间投入矩阵,$\boldsymbol{c}$ 表示居民消费结构列矩阵,$\boldsymbol{w}$ 表示劳动报酬行矩阵。为简化计算,$\boldsymbol{A}$ 和 $\boldsymbol{w}$ 总是同时变化,并简单以 $\boldsymbol{A}$ 为标识。

记

$$
\bar{\boldsymbol{A}}^{*t} = \begin{pmatrix} \boldsymbol{A}^{t} & \boldsymbol{c}^{t} \\ \boldsymbol{w}^{t} & \boldsymbol{0} \end{pmatrix}_{n+1} \quad \bar{\boldsymbol{A}}^{*tA} = \begin{pmatrix} \boldsymbol{A}^{t} & \boldsymbol{c} \\ \boldsymbol{w}^{t} & \boldsymbol{0} \end{pmatrix}_{n+1} \quad \bar{\boldsymbol{A}}^{*tc} = \begin{pmatrix} \boldsymbol{A}^{0} & \boldsymbol{c}^{t} \\ \boldsymbol{w}^{0} & \boldsymbol{0} \end{pmatrix}_{n+1}
$$

则

$$
\Delta \bar{\boldsymbol{A}}^{*} = \begin{pmatrix} \boldsymbol{A}^{t} & \boldsymbol{c}^{t} \\ \boldsymbol{w}^{t} & \boldsymbol{0} \end{pmatrix}_{n+1} - \begin{pmatrix} \boldsymbol{A}^{0} & \boldsymbol{c}^{0} \\ \boldsymbol{w}^{0} & \boldsymbol{0} \end{pmatrix}_{n+1} = \Delta \bar{\boldsymbol{A}}^{*A} + \Delta \bar{\boldsymbol{A}}^{*c} + \Delta \bar{\boldsymbol{A}}^{*Ac} \tag{4-9}
$$

其中,

$$
\Delta \bar{\boldsymbol{A}}^{*A} = \begin{pmatrix} \boldsymbol{A}^{t} & \boldsymbol{c}^{0} \\ \boldsymbol{w}^{t} & \boldsymbol{0} \end{pmatrix}_{n+1} - \begin{pmatrix} \boldsymbol{A}^{0} & \boldsymbol{c}^{0} \\ \boldsymbol{w}^{0} & \boldsymbol{0} \end{pmatrix}_{n+1} \tag{4-10}
$$

$$\Delta \overline{A}^{*c} = \begin{pmatrix} A^0 & c^t \\ w^0 & 0 \end{pmatrix}_{n+1} - \begin{pmatrix} A^0 & c^0 \\ w^0 & 0 \end{pmatrix}_{n+1} \tag{4-11}$$

$$\Delta \overline{A}^{*Ac} = \Delta \overline{A}^* - \Delta \overline{A}^{*A} - \Delta \overline{A}^{*c} \tag{4-12}$$

那么，$\Delta \overline{A}^*$ 对 Q 的影响可以分解为

$$\Delta \overline{Q}^{A^*} = (1 - \overline{A}^{*t})^{-1} (\overline{G}^0_{n+1} + \overline{F}^0_{n+1} + \overline{NX}^0_{n+1}) - (1 - \overline{A}^{*0})^{-1} (\overline{G}^0_{n+1} + \overline{F}^0_{n+1} + \overline{NX}^0_{n+1})$$

$$= \Delta \overline{Q}^A + \Delta \overline{Q}^c + \Delta \overline{Q}^{Ac} \tag{4-13}$$

其中，

$$\Delta \overline{Q}^A = (1 - \overline{A}^{*tA})^{-1} (\overline{G}^0_{n+1} + \overline{F}^0_{n+1} + \overline{NX}^0_{n+1}) - $$
$$(1 - \overline{A}^{*0})^{-1} (\overline{G}^0_{n+1} + \overline{F}^0_{n+1} + \overline{NX}^0_{n+1}) \tag{4-14}$$

$$\Delta \overline{Q}^c = (1 - \overline{A}^{*tc})^{-1} (\overline{G}^0_{n+1} + \overline{F}^0_{n+1} + \overline{NX}^0_{n+1}) - $$
$$(1 - \overline{A}^{*0})^{-1} (\overline{G}^0_{n+1} + \overline{F}^0_{n+1} + \overline{NX}^0_{n+1}) \tag{4-15}$$

$$\Delta \overline{Q}^{Ac} = \Delta \overline{Q}^{A^*} - \Delta \overline{Q}^A - \Delta \overline{Q}^c \tag{4-16}$$

式中，$\Delta \overline{Q}^A$、$\Delta \overline{Q}^c$、$\Delta \overline{Q}^{Ac}$ 分别表示原中间投入系数 A、居民消费结构 c 以及二者的联合变动对 Q 的影响，于是

$$\Delta \overline{Q} = \Delta \overline{Q}^A + \Delta \overline{Q}^c + \Delta \overline{Q}^{c_g} + \Delta \overline{Q}^{\overline{G}} + \Delta \overline{Q}^f + \Delta \overline{Q}^{\overline{F}} + \Delta \overline{Q}^{nx} + \Delta \overline{Q}^{\overline{NX}} + $$
$$\Delta \overline{Q}^{c_g \overline{G}} + \Delta \overline{Q}^{f \overline{F}} + \Delta \overline{Q}^{nx \overline{NX}} + \Delta \overline{Q}^{Ac} + \Delta \overline{Q}^{A^* c_g} + \Delta \overline{Q}^{A^* \overline{G}} + \Delta \overline{Q}^{A^* f} + $$
$$\Delta \overline{Q}^{A^* \overline{F}} + \Delta \overline{Q}^{A^* nx} + \Delta \overline{Q}^{A^* \overline{NX}} + \Delta \overline{Q}^{A^* c_g \overline{G}} + \Delta \overline{Q}^{A^* f \overline{F}} + \Delta \overline{Q}^{A^* nx \overline{NX}} \tag{4-17}$$

记

$$\Delta \overline{Q}^1 = \Delta \overline{Q}^A + \Delta \overline{Q}^c + \Delta \overline{Q}^{c_g} + \Delta \overline{Q}^{\overline{G}} + \Delta \overline{Q}^f + \Delta \overline{Q}^{\overline{F}} + \Delta \overline{Q}^{nx} + \Delta \overline{Q}^{\overline{NX}}$$

$$\Delta \overline{Q}^{(2)} = \Delta \overline{Q}^{c_g \overline{G}} + \Delta \overline{Q}^{f \overline{F}} + \Delta \overline{Q}^{nx \overline{NX}} + \Delta \overline{Q}^{Ac} + \Delta \overline{Q}^{A^* c_g} + \Delta \overline{Q}^{A^* \overline{G}} + \Delta \overline{Q}^{A^* f} + $$
$$\Delta \overline{Q}^{A^* \overline{F}} + \Delta \overline{Q}^{A^* nx} + \Delta \overline{Q}^{A^* \overline{NX}}$$

$$\Delta \overline{Q}^{(3)} = \Delta \overline{Q}^{A^* c_g \overline{G}} + \Delta \overline{Q}^{A^* f \overline{F}} + \Delta \overline{Q}^{A^* nx \overline{NX}}$$

可以看出，$\Delta \overline{Q}$ 分解为 8 个一阶纯影响、10 个二阶纯影响和 3 个三阶纯影响之和。

4.2.3 GDP 增长因素影响分析模型

在局部闭模型下，GDP 的计算公式可以写成：

$$\overline{GDP} = e_n(\overline{C} + \overline{G} + \overline{F} + \overline{NX})$$

$$= e_{n+1}(\overline{A}^* \overset{\wedge}{\overline{Q}^*})_{n+1} + e_n(\overline{G}_n + \overline{F}_n + \overline{NX}_n)$$

$$= e_{n+1}[\overline{A}^* * \text{diag}[(1 - \overline{A}^*)^{-1}(\overline{G}_{n+1} + \overline{F}_{n+1} + \overline{NX}_{n+1})]]_{n+1} + e_n(\overline{G}_n + \overline{F}_n + \overline{NX}_n)$$

$$= e_{n+1}[\overline{A}^* * \text{diag}[(1 - \overline{A}^*)^{-1}(\overline{c}_{gn+1}\overline{\overline{G}}_{n+1} + \overline{f}_{n+1}\overline{\overline{F}}_{n+1} + \overline{nx}_{n+1}\overline{\overline{NX}}_{n+1})]]_{n+1}$$

$$e_n(\overline{c}_{gn}\overline{\overline{G}}_n + \overline{f}_n\overline{\overline{F}}_n + \overline{nx}_n\overline{\overline{NX}}_n) \tag{4-18}$$

其中，$(\overline{A}^* \overset{\wedge}{\overline{Q}^*})_{n+1}$ 表示矩阵的第 $n+1$ 列，e_n、e_{n+1} 分别表示元素都为 1 的 n 维和 $n+1$ 维行向量。

上式显示，影响 GDP 的共有 7 种因素，又假定政府消费、资本形成和净出口的变化相互独立，根据 MMIA，GDP 变动的因素影响模型可以表示为

$$\Delta\overline{GDP} = \Delta\overline{GDP}^{\overline{A}^*} + \Delta\overline{GDP}^{\overline{c}_g} + \Delta\overline{GDP}^{\overline{\overline{C}}} + \Delta\overline{GDP}^{\overline{f}} + \Delta\overline{GDP}^{\overline{\overline{F}}} + \Delta\overline{GDP}^{\overline{nx}} + \Delta\overline{GDP}^{\overline{\overline{NX}}} +$$

$$\Delta\overline{GDP}^{\overline{c}_g\overline{\overline{C}}} + \Delta\overline{GDP}^{\overline{f\overline{F}}} + \Delta\overline{GDP}^{\overline{nx\overline{NX}}} + \Delta\overline{GDP}^{\overline{A}^*\overline{c}_g} + \Delta\overline{GDP}^{\overline{A}^*\overline{\overline{C}}} + \Delta\overline{GDP}^{\overline{A}^*\overline{f}} +$$

$$\Delta\overline{GDP}^{\overline{A}^*\overline{\overline{F}}} + \Delta\overline{GDP}^{\overline{A}^*\overline{nx}} + \Delta\overline{GDP}^{\overline{A}^*\overline{\overline{NX}}} + \Delta\overline{GDP}^{\overline{A}^*\overline{c}_g\overline{\overline{C}}} + \Delta\overline{GDP}^{\overline{A}^*\overline{f\overline{F}}} + \Delta\overline{GDP}^{\overline{A}^*\overline{nx\overline{NX}}}$$

$$\tag{4-19}$$

其中，$\Delta\overline{GDP}^{\overline{A}^*}$、$\Delta\overline{GDP}^{\overline{\overline{G}}}$、$\Delta\overline{GDP}^{\overline{\overline{F}}}$ 和 $\Delta\overline{GDP}^{\overline{\overline{NX}}}$ 分别表示中间投入系数 $\overline{A}^*$、政府消费总量 $\overline{\overline{G}}$、资本形成总量 $\overline{\overline{F}}$ 及净出口总量 $\overline{\overline{NX}}$ 变化对 GDP 的一阶纯影响，$\Delta\overline{GDP}^{\overline{A}^*\overline{\overline{C}}}$、$\Delta\overline{GDP}^{\overline{A}^*\overline{\overline{F}}}$ 和 $\Delta\overline{GDP}^{\overline{A}^*\overline{\overline{NX}}}$ 分别表示中间投入系数 $\overline{A}^*$ 分别与政府消费总量 $\overline{\overline{G}}$、资本形成总量 $\overline{\overline{F}}$ 及净出口总量 $\overline{\overline{NX}}$ 的联合作用对 GDP 的二阶纯影响，$\Delta\overline{GDP}^{\overline{A}^*\overline{c}_g}$、$\Delta\overline{GDP}^{\overline{A}^*\overline{f}}$ 及 $\Delta\overline{GDP}^{\overline{A}^*\overline{nx}}$ 分别表示中间投入系数 $\overline{A}^*$ 分别与政府消费结构 $\overline{c}_g$、资本形成结构 $\overline{f}$ 和净出口结构 $\overline{nx}$ 的联合作用对 GDP 的二阶纯影响，$\Delta\overline{GDP}^{\overline{A}^*\overline{c}_g\overline{\overline{G}}}$、$\Delta\overline{GDP}^{\overline{A}^*\overline{f\overline{F}}}$ 及 $\Delta\overline{GDP}^{\overline{A}^*\overline{nx\overline{NX}}}$ 分别表示中间投入系数 $\overline{A}^*$ 分别与政府消费结构和总量、资本形成结构和总量及净出口结构和总量的联合作用对 GDP 的三阶纯影响。

下面具体给出联动作用的计算表达式，其中带有上角标"t"的表示报告期的值，带有"0"的表示基期的值。

1. 一阶因素作用

$$\Delta\overline{GDP}^{\overline{A}^*} = e_{n+1}[\overline{A}^{*t} * \text{diag}[(1 - \overline{A}^{*t})^{-1}(\overline{G}_{n+1}^0 + \overline{F}_{n+1}^0 + \overline{NX}_{n+1}^0)]] -$$

$$e_{n+1}[\overline{A}^{*0} * \mathrm{diag}[(1 - \overline{A}^{*0})^{-1}(\overline{G}_{n+1}^0 + \overline{F}_{n+1}^0 + \overline{NX}_{n+1}^0)]]$$

$$\Delta\overline{\mathrm{GDP}}^{\overline{c}_g} = e_{n+1}[\overline{A}^{*0} * \mathrm{diag}[(1 - \overline{A}^{*0})^{-1}(\overline{c}_{gn+1}^t \; \overline{\overline{G}}_{n+1}^0)]] + e_n(\overline{c}_{gn+1}^t \; \overline{\overline{G}}_n^0) -$$
$$e_{n+1}[\overline{A}^{*0} * \mathrm{diag}[(1 - \overline{A}^{*0})^{-1}(\overline{c}_{gn+1}^0 \; \overline{\overline{G}}_{n+1}^0)]] - e_n(\overline{c}_{gn+1}^0 \; \overline{\overline{G}}_n^0)$$

$$\Delta\overline{\mathrm{GDP}}^{\overline{\overline{G}}} = e_{n+1}[\overline{A}^{*0} * \mathrm{diag}[(1 - \overline{A}^{*0})^{-1}(\overline{c}_{gn+1}^0 \; \overline{\overline{G}}_{n+1}^t)]] + e_n(\overline{c}_{gn+1}^0 \; \overline{\overline{G}}_n^t) -$$
$$e_{n+1}[\overline{A}^{*0} * \mathrm{diag}[(1 - \overline{A}^{*0})^{-1}(\overline{c}_{gn+1}^0 \; \overline{\overline{G}}_{n+1}^0)]] - e_n(\overline{c}_{gn+1}^0 \; \overline{\overline{G}}_n^0)$$

$$\Delta\overline{\mathrm{GDP}}^f = e_{n+1}[\overline{A}^{*0} * \mathrm{diag}[(1 - \overline{A}^{*0})^{-1}(\overline{f}_{n+1}^t \; \overline{\overline{F}}_{n+1}^0)]] + e_n(\overline{f}_{n+1}^t \; \overline{\overline{F}}_n^0) -$$
$$e_{n+1}[\overline{A}^{*0} * \mathrm{diag}[(1 - \overline{A}^{*0})^{-1}(\overline{f}_{n+1}^0 \; \overline{\overline{F}}_{n+1}^0)]] - e_n(\overline{f}_{n+1}^0 \; \overline{\overline{F}}_n^0) \quad (4\text{-}20)$$

$$\Delta\overline{\mathrm{GDP}}^{\overline{\overline{F}}} = e_{n+1}[\overline{A}^{*0} * \mathrm{diag}[(1 - \overline{A}^{*0})^{-1}(\overline{f}_{n+1}^0 \; \overline{\overline{F}}_{n+1}^t)]] + e_n(\overline{f}_{n+1}^0 \; \overline{\overline{F}}_n^t) -$$
$$e_{n+1}[\overline{A}^{*0} * \mathrm{diag}[(1 - \overline{A}^{*0})^{-1}(\overline{f}_{n+1}^0 \; \overline{\overline{F}}_{n+1}^0)]] - e_n(\overline{f}_{n+1}^0 \; \overline{\overline{F}}_n^0)$$

$$\Delta\overline{\mathrm{GDP}}^{nx} = e_{n+1}[\overline{A}^{*0} * \mathrm{diag}[(1 - \overline{A}^{*0})^{-1}(\overline{nx}_{n+1}^t \; \overline{\overline{NX}}_{n+1}^0)]] + e_n(\overline{nx}_{n+1}^t \; \overline{\overline{NX}}_n^0) -$$
$$e_{n+1}[\overline{A}^{*0} * \mathrm{diag}[(1 - \overline{A}^{*0})^{-1}(\overline{nx}_{n+1}^0 \; \overline{\overline{NX}}_{n+1}^0)]] - e_n(\overline{nx}_{n+1}^0 \; \overline{\overline{NX}}_n^0)$$

$$\Delta\overline{\mathrm{GDP}}^{\overline{\overline{NX}}} = e_{n+1}[\overline{A}^{*0} * \mathrm{diag}[(1 - \overline{A}^{*0})^{-1}(\overline{nx}_{n+1}^0 \; \overline{\overline{NX}}_{n+1}^t)]] + e_n(\overline{nx}_{n+1}^0 \; \overline{\overline{NX}}_n^t) -$$
$$e_{n+1}[\overline{A}^{*0} * \mathrm{diag}[(1 - \overline{A}^{*0})^{-1}(\overline{nx}_{n+1}^0 \; \overline{\overline{NX}}_{n+1}^0)]] - e_n(\overline{nx}_{n+1}^0 \; \overline{\overline{NX}}_n^0)$$

2. 二阶总联动作用

$$\Delta\overline{\mathrm{GDP}}_{\overline{A}^* \overline{c}_g} = e_{n+1}[\overline{A}^{*t} * \mathrm{diag}[(1 - \overline{A}^{*t})^{-1}(\overline{c}_{gn+1}^t \; \overline{\overline{G}}_{n+1}^0)]] -$$
$$e_{n+1}[\overline{A}^{*0} * \mathrm{diag}[(1 - \overline{A}^{*0})^{-1}(\overline{c}_{gn+1}^0 \; \overline{\overline{G}}_{n+1}^0)]] + e_n(\overline{c}_{gn+1}^t \; \overline{\overline{G}}_n^0) -$$
$$e_n(\overline{c}_{gn+1}^0 \; \overline{\overline{G}}_n^0)$$

$$\Delta\overline{\mathrm{GDP}}_{(\overline{A}^* \overline{\overline{G}})} = e_{n+1}[\overline{A}^{*t} * \mathrm{diag}[(1 - \overline{A}^{*t})^{-1}(\overline{c}_{gn+1}^0 \; \overline{\overline{G}}_{n+1}^t)]] -$$
$$e_{n+1}[\overline{A}^{*0} * \mathrm{diag}[(1 - \overline{A}^{*0})^{-1}(\overline{c}_{gn+1}^0 \; \overline{\overline{G}}_{n+1}^0)]] + e_n(\overline{c}_{gn+1}^0 \; \overline{\overline{G}}_n^t) -$$
$$e_n(\overline{c}_{gn+1}^0 \; \overline{\overline{G}}_n^0)$$

$$\Delta\overline{\mathrm{GDP}}_{(\overline{c}_g \overline{\overline{G}})} = e_{n+1}[\overline{A}^{*0} * \mathrm{diag}[(1 - \overline{A}^{*0})^{-1}(\overline{c}_{gn+1}^t \; \overline{\overline{G}}_{n+1}^t)]] -$$
$$e_{n+1}[\overline{A}^{*0} * \mathrm{diag}[(1 - \overline{A}^{*0})^{-1}(\overline{c}_{gn+1}^0 \; \overline{\overline{G}}_{n+1}^0)]] + e_n(\overline{c}_{gn+1}^t \; \overline{\overline{G}}_n^t) -$$
$$e_n(\overline{c}_{gn+1}^0 \; \overline{\overline{G}}_n^0)$$

$$\Delta\overline{\mathrm{GDP}}_{(\overline{A}^* \overline{f})} = e_{n+1}[\overline{A}^{*t} * \mathrm{diag}[(1 - \overline{A}^{*t})^{-1}(\overline{f}_{n+1}^t \; \overline{\overline{F}}_{n+1}^0)]] -$$

$$e_{n+1}\left[\overline{A}^{*0}*\text{diag}\left[(1-\overline{A}^{*0})^{-1}(\overline{f}^{0}_{n+1}\overline{\overline{F}}^{0}_{n+1})\right]\right]+e_{n}(\overline{f}^{0}_{n+1}\overline{\overline{F}}^{0}_{n})-$$

$$e_{n}(\overline{f}^{0}_{n+1}\overline{\overline{F}}^{0}_{n})$$

$$\Delta\overline{\text{GDP}}_{(\overline{A}^{*}\overline{\overline{F}})}=e_{n+1}\left[\overline{A}^{*t}*\text{diag}\left[(1-\overline{A}^{*t})^{-1}(\overline{f}^{0}_{n+1}\overline{\overline{F}}^{t}_{n+1})\right]\right]-$$

$$e_{n+1}\left[\overline{A}^{*0}*\text{diag}\left[(1-\overline{A}^{*0})^{-1}(\overline{f}^{0}_{n+1}\overline{\overline{F}}^{0}_{n+1})\right]\right]+e_{n}(\overline{f}^{0}_{n+1}\overline{\overline{F}}^{t}_{n})-$$

$$e_{n}(\overline{f}^{0}_{n+1}\overline{\overline{F}}^{0}_{n})$$

$$\Delta\overline{\text{GDP}}_{(\overline{f}\overline{\overline{F}})}=e_{n+1}\left[\overline{A}^{*0}*\text{diag}\left[(1-\overline{A}^{*0})^{-1}(\overline{f}^{t}_{n+1}\overline{\overline{F}}^{t}_{n+1})\right]\right]-$$

$$e_{n+1}\left[\overline{A}^{*0}*\text{diag}\left[(1-\overline{A}^{*0})^{-1}(\overline{f}^{0}_{n+1}\overline{\overline{F}}^{0}_{n+1})\right]\right]+$$

$$e_{n}(\overline{f}^{t}_{n+1}\overline{\overline{F}}^{t}_{n})-e_{n}(\overline{f}^{0}_{n+1}\overline{\overline{F}}^{0}_{n})$$

$$\Delta\overline{\text{GDP}}_{(\overline{A}^{*}\overline{nx})}=e_{n+1}\left[\overline{A}^{*t}*\text{diag}\left[(1-\overline{A}^{*t})^{-1}(\overline{nx}^{t}_{n+1}\overline{\overline{NX}}^{0}_{n+1})\right]\right]-$$

$$e_{n+1}\left[\overline{A}^{*0}*\text{diag}\left[(1-\overline{A}^{*0})^{-1}(\overline{nx}^{0}_{n+1}\overline{\overline{NX}}^{0}_{n+1})\right]\right]+$$

$$e_{n}(\overline{nx}^{t}_{n+1}\overline{\overline{NX}}^{0}_{n})-e_{n}(\overline{nx}^{0}_{n+1}\overline{\overline{NX}}^{0}_{n})$$

$$\Delta\overline{\text{GDP}}_{(\overline{A}^{*}\overline{\overline{NX}})}=e_{n+1}\left[\overline{A}^{*t}*\text{diag}\left[(1-\overline{A}^{*t})^{-1}(\overline{nx}^{0}_{n+1}\overline{\overline{NX}}^{t}_{n+1})\right]\right]-$$

$$e_{n+1}\left[\overline{A}^{*0}*\text{diag}\left[(1-\overline{A}^{*0})^{-1}(\overline{nx}^{0}_{n+1}\overline{\overline{NX}}^{0}_{n+1})\right]\right]+$$

$$e_{n}(\overline{nx}^{0}_{n+1}\overline{\overline{NX}}^{t}_{n})-e_{n}(\overline{nx}^{0}_{n+1}\overline{\overline{NX}}^{0}_{n})$$

$$\Delta\overline{\text{GDP}}_{(nx\overline{\overline{NX}})}=e_{n+1}\left[\overline{A}^{*0}*\text{diag}\left[(1-\overline{A}^{*0})^{-1}(\overline{nx}^{t}_{n+1}\overline{\overline{NX}}^{t}_{n+1})\right]\right]-$$

$$e_{n+1}\left[\overline{A}^{*0}*\text{diag}\left[(1-\overline{A}^{*0})^{-1}(\overline{nx}^{0}_{n+1}\overline{\overline{NX}}^{0}_{n+1})\right]\right]+$$

$$e_{n}(\overline{nx}^{t}_{n+1}\overline{\overline{NX}}^{t}_{n})-e_{n}(\overline{nx}^{0}_{n+1}\overline{\overline{NX}}^{0}_{n}) \tag{4-21}$$

3. 二阶纯联动作用

$$\Delta\overline{GDP}^{\overline{A^* \bar{c}_g}} = \Delta\overline{GDP}_{(\bar{A}^* \bar{c}_g)} - \Delta\overline{GDP}^{\bar{A}^*} - \Delta\overline{GDP}^{\bar{c}_g}$$

$$\Delta\overline{GDP}^{\overline{A^* \bar{G}}} = \Delta\overline{GDP}_{(\bar{A}^* \bar{G})} - \Delta\overline{GDP}^{\bar{A}^*} - \Delta\overline{GDP}^{\bar{\bar{G}}}$$

$$\Delta\overline{GDP}^{\overline{\bar{c}_g \bar{G}}} = \Delta\overline{GDP}_{(\bar{c}_g \bar{G})} - \Delta\overline{GDP}^{\bar{c}_g} - \Delta\overline{GDP}^{\bar{\bar{G}}}$$

$$\Delta\overline{GDP}^{\overline{A^* f}} = \Delta\overline{GDP}_{(\bar{A}^* f)} - \Delta\overline{GDP}^{\bar{A}^*} - \Delta\overline{GDP}^{f}$$

$$\Delta\overline{GDP}^{\overline{A^* \bar{F}}} = \Delta\overline{GDP}_{(\bar{A}^* \bar{F})} - \Delta\overline{GDP}^{\bar{A}^*} - \Delta\overline{GDP}^{\bar{\bar{F}}} \quad\quad (4\text{-}22)$$

$$\Delta\overline{GDP}^{\overline{f\bar{F}}} = \Delta\overline{GDP}_{(f\bar{F})} - \Delta\overline{GDP}^{f} - \Delta\overline{GDP}^{\bar{F}}$$

$$\Delta\overline{GDP}^{\overline{A^* nx}} = \Delta\overline{GDP}_{(\bar{A}^* \overline{nx})} - \Delta\overline{GDP}^{\bar{A}^*} - \Delta\overline{GDP}^{\overline{nx}}$$

$$\Delta\overline{GDP}^{\overline{A^* \overline{NX}}} = \Delta\overline{GDP}_{(\bar{A}^* \overline{NX})} - \Delta\overline{GDP}^{\bar{A}^*} - \Delta\overline{GDP}^{\overline{NX}}$$

$$\Delta\overline{GDP}^{\overline{nx\overline{NX}}} = \Delta\overline{GDP}_{(nx\overline{NX})} - \Delta\overline{GDP}^{\overline{nx}} - \Delta\overline{GDP}^{\overline{NX}}$$

4. 三阶总联动作用

$$\Delta\overline{GDP}_{(\bar{A}^* \bar{c}_g \bar{G})} = \Delta\overline{GDP}_{(\bar{A}^* \bar{G})}$$

$$\Delta\overline{GDP}_{(\bar{A}^* f\bar{F})} = \Delta\overline{GDP}_{(\bar{A}^* \bar{F})} \quad\quad (4\text{-}23)$$

$$\Delta\overline{GDP}_{(\bar{A}^* nx\overline{NX})} = \Delta\overline{GDP}_{(\bar{A}^* \overline{NX})}$$

5. 三阶纯联动作用

$$\Delta\overline{GDP}^{\overline{A^* \bar{c}_g \bar{G}}} = \Delta\overline{GDP}_{(\bar{A}^* \bar{G})} - \Delta\overline{GDP}^{\bar{A}^*} - \Delta\overline{GDP}^{\bar{c}_g} - \Delta\overline{GDP}^{\bar{\bar{G}}} -$$
$$\Delta\overline{GDP}^{\overline{A^* \bar{c}_g}} - \Delta\overline{GDP}^{\overline{A^* \bar{G}}} - \Delta\overline{GDP}^{\overline{\bar{c}_g \bar{G}}}$$

$$\Delta\overline{GDP}^{\overline{A^* f\bar{F}}} = \Delta\overline{GDP}_{(\bar{A}^* \bar{F})} - \Delta\overline{GDP}^{\bar{A}^*} - \Delta\overline{GDP}^{f} - \Delta\overline{GDP}^{\bar{F}} -$$
$$\Delta\overline{GDP}^{\overline{A^* f}} - \Delta\overline{GDP}^{\overline{A^* \bar{F}}} - \Delta\overline{GDP}^{\overline{f\bar{F}}}$$

$$\Delta\overline{GDP}^{\overline{A^* nx\overline{NX}}} = \Delta\overline{GDP}_{(\bar{A}^* \overline{NX})} - \Delta\overline{GDP}^{\bar{A}^*} - \Delta\overline{GDP}^{\overline{nx}} - \Delta\overline{GDP}^{\overline{NX}} -$$
$$\Delta\overline{GDP}^{\overline{A^* nx}} - \Delta\overline{GDP}^{\overline{A^* \overline{NX}}} - \Delta\overline{GDP}^{\overline{nx\overline{NX}}}$$

$$(4\text{-}24)$$

此外,由于在局部闭模型中,将居民消费内生化了,对于居民消费列对

GDP 的影响,只能计算居民消费结构 c 的影响,就相当于 $\overline{A}^*$ 的 $n+1$ 列变化对 GDP 的影响,记为 $\Delta\overline{GDP^c}$。

那么 $\Delta\overline{A}^*$ 对 GDP 的影响可以分解为

$$\Delta\overline{GDP^{A^*}} = e_{n+1}\left[\overline{A}^{*t} * \text{diag}\left[(1-\overline{A}^{*t})^{-1}(\overline{G}_{n+1}^0 + \overline{F}_{n+1}^0 + \overline{NX}_{n+1}^0)\right]\right] -$$
$$e_{n+1}\left[\overline{A}^{*0} * \text{diag}\left[(1-\overline{A}^{*0})^{-1}(\overline{G}_{n+1}^0 + \overline{F}_{n+1}^0 + \overline{NX^0}_{n+1})\right]\right]$$
$$= \Delta\overline{GDP^A} + \Delta\overline{GDP^c} + \Delta\overline{GDP^{Ac}} \qquad (4\text{-}25)$$

其中

$$\Delta\overline{GDP^A} = e_{n+1}\left[\overline{A}^{*tA} * \text{diag}\left[(1-\overline{A}^{*tA})^{-1}(\overline{G}_{n+1}^0 + \overline{F}_{n+1}^0 + \overline{NX}_{n+1}^0)\right]\right] -$$
$$e_{n+1}\left[\overline{A}^{*0} * \text{diag}\left[(1-\overline{A}^{*0})^{-1}(\overline{G}_{n+1}^0 + \overline{F}_{n+1}^0 + \overline{NX}_{n+1}^0)\right]\right] \qquad (4\text{-}26)$$

$$\Delta\overline{GDP^c} = e_{n+1}\left[\overline{A}^{*tc} * \text{diag}\left[(1-\overline{A}^{*tc})^{-1}(\overline{G}_{n+1}^0 + \overline{F}_{n+1}^0 + \overline{NX}_{n+1}^0)\right]\right] -$$
$$e_{n+1}\left[\overline{A}^{*0} * \text{diag}\left[(1-\overline{A}^{*0})^{-1}(\overline{G}_{n+1}^0 + \overline{F}_{n+1}^0 + \overline{NX}_{n+1}^0)\right]\right] \qquad (4\text{-}27)$$

$$\Delta\overline{GDP^{Ac}} = \Delta\overline{GDP^{A^*}} - \Delta\overline{GDP^A} - \Delta\overline{GDP^c} \qquad (4\text{-}28)$$

式中,$\Delta\overline{GDP^A}$、$\Delta\overline{GDP^c}$、$\Delta\overline{GDP^{Ac}}$ 分别表示原中间投入系数 A、居民消费结构 c 以及二者的联合变动对 GDP 的影响。则

$$\Delta\overline{GDP} = \Delta\overline{GDP^A} + \Delta\overline{GDP^c} + \Delta\overline{GDP^{\overline{c}_g}} + \Delta\overline{GDP^{\overline{G}}} + \Delta\overline{GDP^f} + \Delta\overline{GDP^{\overline{F}}} +$$
$$\Delta\overline{GDP^{nx}} + \Delta\overline{GDP^{\overline{NX}}} + \Delta\overline{GDP^{Ac}} + \Delta\overline{GDP^{\overline{c}_g\overline{G}}} + \Delta\overline{GDP^{f\overline{F}}} + \Delta\overline{GDP^{nx\overline{NX}}} +$$
$$\Delta\overline{GDP^{\overline{A}^*\overline{c}_g}} + \Delta\overline{GDP^{\overline{A}^*\overline{G}}} + \Delta\overline{GDP^{\overline{A}^*f}} + \Delta\overline{GDP^{\overline{A}^*\overline{F}}} + \Delta\overline{GDP^{\overline{A}^*nx}} +$$
$$\Delta\overline{GDP^{\overline{A}^*\overline{NX}}} + \Delta\overline{GDP^{\overline{A}^*\overline{c}_g\overline{G}}} + \Delta\overline{GDP^{\overline{A}^*f\overline{F}}} + \Delta\overline{GDP^{\overline{A}^*nx\overline{NX}}} \qquad (4\text{-}29)$$

记

$$\Delta\overline{GDP}^{(1)} = \Delta\overline{GDP^A} + \Delta\overline{GDP^c} + \Delta\overline{GDP^{\overline{c}_g}} + \Delta\overline{GDP^{\overline{G}}} + \Delta\overline{GDP^f} + \Delta\overline{GDP^{\overline{F}}} +$$
$$\Delta\overline{GDP^{nx}} + \Delta\overline{GDP^{\overline{NX}}}$$

$$\Delta\overline{GDP}^{(2)} = \Delta\overline{GDP^{\overline{c}_g\overline{G}}} + \Delta\overline{GDP^{f\overline{F}}} + \Delta\overline{GDP^{nx\overline{NX}}} + \Delta\overline{GDP^{Ac}} + \Delta\overline{GDP^{\overline{A}^*\overline{c}_g}} +$$
$$\Delta\overline{GDP^{\overline{A}^*\overline{G}}} + \Delta\overline{GDP^{\overline{A}^*f}} + \Delta\overline{GDP^{\overline{A}^*\overline{F}}} + \Delta\overline{GDP^{\overline{A}^*nx}} + \Delta\overline{GDP^{\overline{A}^*\overline{NX}}}$$

$$\Delta\overline{GDP}^{(3)} = \Delta\overline{GDP^{\overline{A}^*\overline{c}_g\overline{G}}} + \Delta\overline{GDP^{\overline{A}^*f\overline{F}}} + \Delta\overline{GDP^{\overline{A}^*nx\overline{NX}}}$$

可知,$\Delta\overline{GDP}$ 可以分解为 8 个一阶纯影响、10 个二阶纯影响和 3 个三阶

纯影响之和。

4.3 最终使用结构对 GDP 增长的影响:2007—2012

从 2007 到 2012 年,我国及世界经济经历了一次巨大震荡,引起了经济结构的显著变化,尤其我国经济增长的动力由外向开始转向内需。本节在投入产出表局部闭模型下,应用 MMIA 模型,基于相应投入产出表数据,分析各种最终使用因素对 2007 到 2012 年中国经济增长的影响作用。

4.3.1 最终使用横向结构分析

横向结构分析即分析各个最终使用项目在 GDP 上的占比及变化。我国 2007 和 2012 年的最终使用结构如表 4-1 所示①。

从 2007 到 2012 年,我国的三驾或四驾马车结构发生了较大变化。由表 4-1 知,政府消费的占比没有发生大的变化,有微弱下降;居民消费占比有显著变化,下降幅度为 4.51%;净出口占比下降剧烈,幅度达 49.44%;资本形成占比是唯一上升的,提升了 4.46 个百分点,幅度达 10.62%。这一阶段,我国经济维持了高速增长,但是对外部经济的依赖度出现了大幅度下降,为了维持经济增长,提高了资本形成占比。

表 4-1　各最终使用项占 GDP 的比例:2007—2012　　　　单位:%

最终使用项	2007 年	2012 年	变化幅度
居民消费	39.00	37.24	-4.51
政府消费	13.67	13.62	-0.37
资本形成	41.99	46.45	10.62
净出口	5.34	2.70	-49.44
合计	100	100	

4.3.2 GDP 增长的因素影响分析

基于 2007 和 2012 年投入产出表数据,应用 MMIA 技术,通过式(4-18)~(4-28)计算出各类因素变化对 GDP 增长的贡献,如表 4-2 所示。

---

① 在 GDP 核算上,通常的三种国民经济核算方法结果并不一致,与投入产出表的数据也有差异,本章分析都是基于不变价投入产出表,实际 GDP 也是直接从投入产出表计算出来的。

表 4-2 各因素变动对 GDP 增长贡献:2007—2012 单位:%

GDP 总增长率:62.68%

因素	对 GDP 增长贡献	因素	对 GDP 增长贡献
$\Delta\overline{GDP}^{A}$	24.31	$\Delta\overline{GDP}^{Ac}$	−10.33
$\Delta\overline{GDP}^{c}$	−17.57	$\Delta\overline{GDP}^{\bar{A}*\tilde{c}g}$	−0.03
$\Delta\overline{GDP}^{\tilde{c}g}$	0.07	$\Delta\overline{GDP}^{\bar{A}*\tilde{f}}$	−0.38
$\Delta\overline{GDP}^{\tilde{f}}$	0.22	$\Delta\overline{GDP}^{\bar{A}*nx}$	−0.67
$\Delta\overline{GDP}^{nx}$	0.48	$\Delta\overline{GDP}^{\bar{A}*\bar{G}}$	−0.69
$\Delta\overline{GDP}^{\bar{G}}$	24.43	$\Delta\overline{GDP}^{\bar{A}*\bar{F}}$	−1.08
$\Delta\overline{GDP}^{\bar{F}}$	83.83	$\Delta\overline{GDP}^{\bar{A}*\overline{NX}}$	0.20
$\Delta\overline{GDP}^{\overline{NX}}$	−2.73	$\Delta\overline{GDP}^{\bar{A}*\tilde{c}g\bar{G}}$	−0.02
$\Delta\overline{GDP}^{\tilde{c}g\bar{G}}$	0.04	$\Delta\overline{GDP}^{\bar{A}*\tilde{f}\bar{F}}$	−0.31
$\Delta\overline{GDP}^{\tilde{f}\bar{F}}$	0.18	$\Delta\overline{GDP}^{\bar{A}*nx\overline{NX}}$	0.12
$\Delta\overline{GDP}^{nx\overline{NX}}$	−0.09		

　　如果某项贡献率为正,则表明该因素对经济增长是有利的,会促进 GDP 增长;如果贡献率为负,说明该因素对经济增长是不利的,会抑制 GDP 增长。

　　从 2007 到 2012 年,GDP 五年增长 62.68%,年均增长 10.2%。在此阶段,资本形成总量 $\bar{F}$ 对 GDP 的一阶贡献率为 83.83%,是最大的,具有决定性影响;其次是直接消耗系数矩阵和政府消费总量 $\bar{G}$,对 GDP 增长的贡献率分别为 24.31% 和 24.43%,影响非常显著。以上三者变化对 GDP 的增长都具有促进作用。另外,居民消费结构变化对 GDP 增长作用也十分显著,但是作用是负的,幅度达 −17.57%。这些数据说明,在此阶段,投资规模依然是经济增长的主导因素,起绝对重要作用;以直接消耗系数为代表的经济技术的变化有利于 GDP 增长,以政府消费变化为代表的财政政策有效促进了经济增长。消费结构虽然对 GDP 增长起了抑制作用,但是,从第 3 章的分析知道,居民消费结构的变化体现了人们生活质量的改善,所以,消费结构对 GDP 增长的作用不以促进或抑制论英雄。比如,最近我国开展抵制餐桌浪费现象,这虽然对 GDP 增长不利,但是,是经济社会进步的表现。

　　下面再深入分析一些最终使用结构变化对经济增长的影响。

（1）$\overline{c_g}$、$\overline{f}$ 和 $\overline{nx}$ 的一阶贡献率分别为 0.07%、0.22% 和 0.48%，因此，各最终使用项的结构影响都是正向的，表明各项结构变化对 GDP 的增长有促进作用。从影响大小来看，贡献率都小于 1 个百分点，其中 $\overline{nx}$ 的影响相对较大。结果说明，2007 年到 2012 年的净出口结构变动确实促进了经济增长，资本形成结构的变化也是有利的，政府消费由于结构稳定而对 GDP 增长影响微弱。

（2）$\overline{G}$、$\overline{F}$ 和 $\overline{NX}$ 的一阶贡献率分别为 24.43%、83.83% 和 −2.73%。结果表明，从 2007 到 2012 年，增加政府消费和投资是经济增长的主要动力，净出口变动不利于经济增长是我国经济增长拉动力由外向内转型的结果，也是世界经济危机的后果。

（3）$\overline{c_g}\overline{\overline{G}}$、$\overline{f}\overline{\overline{F}}$ 和 $\overline{nx}\overline{\overline{NX}}$ 的二阶贡献率分别为 0.04%、0.18% 和 −0.09%，其中 $\overline{c_g}\overline{\overline{G}}$ 和 $\overline{f}\overline{\overline{F}}$ 对 GDP 的增长有促进作用，而 $\overline{nx}\overline{\overline{NX}}$ 对 GDP 增长不利。这 3 个二阶作用都很小，各最终使用项的结构和总量的二阶纯联动影响并没有改变各最终使用项总量对 GDP 的一阶纯影响方向。

（4）$\overline{A}^*\overline{c_g}$、$\overline{A}^*\overline{f}$ 和 $\overline{A}^*\overline{nx}$ 的二阶贡献率分别为 −0.03%、−0.38% 和 −0.67%，可以看出，中间消耗系数 $\overline{A}^*$ 与各最终使用项结构的二阶纯联动影响均是负值，三者对 GDP 的增长都是不利的，特别是直接消耗系数与净出口结构的联合变动强化了净出口总额的不利影响。这个结果表明，虽然各分因素对 GDP 的影响是促进的，但是，联合起来产生了 1+1<2 的效果。

（5）$\overline{A}^*\overline{\overline{G}}$、$\overline{A}^*\overline{\overline{F}}$ 和 $\overline{A}^*\overline{\overline{NX}}$ 的二阶贡献率分别为 −0.69%、−1.08% 和 0.20%。与各最终使用因素的一阶影响方向不同，$\overline{A}^*\overline{\overline{G}}$ 和 $\overline{A}^*\overline{\overline{F}}$ 的贡献率都是负向的，即抑制 GDP 的增长，且影响程度从经济增长指数水平来说也是显著的；$\overline{A}^*\overline{\overline{NX}}$ 的二阶纯影响是正向的，对 GDP 增长有促进作用，影响相对较小。结果说明，与 $\overline{A}^*$ 的联动机制削弱了政府消费和资本形成对 GDP 增长的作用，也减弱了净出口对 GDP 增长的不利影响。

（6）$\overline{A}^*\overline{c_g}\overline{\overline{G}}$、$\overline{A}^*\overline{f}\overline{\overline{F}}$ 和 $\overline{A}^*\overline{nx}\overline{\overline{NX}}$ 的三阶纯影响分别为 −0.02%、−0.31% 和 0.12%。整体来看，三阶作用对 GDP 增长影响作用不显著，方向上与前一类二阶作用相同。

（7）居民消费结构 c 对 GDP 的贡献率为 -17.57%，且 Ac 的二阶贡献率为 -10.33%。这二者对经济增长是不利的，且影响较大。这个结果表明，居民生活质量的提高对 GDP 的增长在数量上是不利的。

4.4　最终使用结构对 GDP 增长的影响：2012—2017

2012 年后，中国经济社会发展开启了新时代，从高速度为主发展向高质量为主转型。本节运用 MMIA 模型，基于 2012 和 2017 年投入产出表分析最终使用变化影响 GDP 的作用特征，希望能对发展转型提供定量说明。

4.4.1　横向总量结构分析

基于不变价投入产出表，2012 和 2017 年的最终使用总量横向结构如表 4-3 所示。

从 2012 到 2017 年，4 项最终使用中，政府消费、资本形成和净出口 3 项的占比下降，唯有居民消费的占比上升。居民消费占比 5 年间增大 2.54 个百分点，提升幅度 6.82%，回到了 2007 年的水平；净出口占比继续减小 1.87 个百分点，下降幅度为 69.26%；资本形成占 GDP 的份额仍是最大的，但下降 1.38%；政府消费占比大致维持不变。这一阶段四驾马车的结构变化表明，我国经济增长对外部经济的依赖度持续大幅下降，由内需驱动的特征开始显现。

表 4-3　各最终使用项占 GDP 的比例：2012—2017　　　　　单位：%

最终使用项	2012 年	2017 年	变化幅度
居民消费	37.24	39.78	6.82
政府消费	13.62	13.58	−0.29
资本形成	46.45	45.81	−1.38
净出口	2.70	0.83	−69.26
合计	100	100	

4.4.2　GDP 增长的因素影响分析

应用 MMIA 技术，基于 2012 和 2017 年投入产出表数据，通过式（4-18）～（4-28）计算出各类因素变化对 GDP 增长的贡献，结果如表 4-4 所示。

表 4-4　各因素变动对 GDP 增长贡献:2012—2017　　　　单位:%

GDP 总增长率:38.99%

因素	对 GDP 增长贡献	因素	对 GDP 增长贡献
$\Delta\overline{GDP}^{A}$	7.27	$\Delta\overline{GDP}^{Ac}$	-0.45
$\Delta\overline{GDP}^{c}$	3.48	$\Delta\overline{GDP}^{\bar{A}*\bar{c}_{g}}$	0.13
$\Delta\overline{GDP}^{\bar{c}_{g}}$	-0.20	$\Delta\overline{GDP}^{\bar{A}*\bar{f}}$	0.94
$\Delta\overline{GDP}^{f}$	0.27	$\Delta\overline{GDP}^{\bar{A}*\overline{nx}}$	4.77
$\Delta\overline{GDP}^{nx}$	-0.60	$\Delta\overline{GDP}^{\bar{A}*\overline{\overline{C}}}$	1.52
$\Delta\overline{GDP}^{\overline{\overline{G}}}$	23.70	$\Delta\overline{GDP}^{\bar{A}*\overline{\overline{F}}}$	1.24
$\Delta\overline{GDP}^{\overline{\overline{F}}}$	68.15	$\Delta\overline{GDP}^{\bar{A}*\overline{\overline{NX}}}$	-1.74
$\Delta\overline{GDP}^{\overline{\overline{NX}}}$	-6.52	$\Delta\overline{GDP}^{\bar{A}*\bar{c}_{g}\overline{\overline{G}}}$	0.05
$\Delta\overline{GDP}^{\bar{c}_{g}\overline{\overline{G}}}$	-0.08	$\Delta\overline{GDP}^{\bar{A}*\overline{f\overline{F}}}$	0.35
$\Delta\overline{GDP}^{\overline{f\overline{F}}}$	0.10	$\Delta\overline{GDP}^{\bar{A}*\overline{nx\overline{NX}}}$	-2.74
$\Delta\overline{GDP}^{\overline{nx\overline{NX}}}$	0.34		

从 2012 到 2017 年,GDP5 年实现了 38.99% 的增长,年均增长 6.8%,显示中高速特征。在这个阶段,资本形成总量 $\overline{\overline{F}}$ 对 GDP 的一阶贡献率为 68.15%,是最大的,弱于前一阶段;其次是政府消费总量 $\overline{\overline{G}}$,对 GDP 增长的贡献率为 23.70%。这二者变化对 GDP 的增长都具有促进作用。另外,直接消耗系数矩阵和净出口总额变化对 GDP 的增长作用也比较显著,但净出口总额变化的作用是负的,幅度为 -6.52%,净出口结构的作用也是负的。这些数据说明,在此阶段,投资规模依然是经济增长的主导因素,起绝对重要作用;经济技术的变化很好地加强了 GDP 增长,以政府消费变化为代表的财政政策也有效促进了经济增长。净出口总额和结构虽然对 GDP 增长起了抑制作用,但是,从第 3 章的分析知道,净出口的变化体现了我国经济增长对外部经济依赖度大幅降低,向内需驱动转换的特征开始显现。所以,净出口结构对 GDP 增长的作用不以促进或抑制论利害,实际上,人们都认为,我国的进出口结构一直在改善,体现了我国经济社会的进步。

下面对一些最终使用结构变化对此阶段经济增长的影响给予更深入分析。

（1）$\bar{c}_g$、$\bar{f}$ 和 $\overline{nx}$ 三个因素的一阶贡献率分别为 -0.20%、0.27% 和 -0.60%，其中 $\bar{c}_g$ 和 $\overline{nx}$ 对 GDP 增长有抑制作用，而 $\bar{f}$ 对经济增长有利。从影响大小来看，贡献率都小于 1 个百分点，$\overline{nx}$ 的影响相对较大。结果表明，2012 年到 2017 年的净出口结构变动确实抑制了 GDP 增长，政府消费结构的变化也是不利的，而资本形成结构的变化对 GDP 增长有利。

（2）$\overline{\overline{G}}$、$\overline{\overline{F}}$ 和 $\overline{\overline{NX}}$ 的一阶贡献率分别为 23.70%、68.15% 和 -6.52%，表明：从 2012 到 2017 年，增加政府消费和投资是经济增长的主要动力，净出口变动不利于经济增长，是我国经济增长拉动力由外向内转型的结果。

（3）$\bar{c}_g\overline{\overline{G}}$、$\bar{f}\overline{\overline{F}}$ 和 $\overline{nx}\,\overline{\overline{NX}}$ 的二阶贡献率分别为 -0.08%、0.10% 和 0.34%，这 3 个二阶作用都很小，其中 $\bar{f}\overline{\overline{F}}$ 和 $\overline{nx}\,\overline{\overline{NX}}$ 对 GDP 的增长有促进作用，而 $\bar{c}_g\overline{\overline{G}}$ 对 GDP 增长不利。政府消费和净出口的结构和总量的纯联动影响分别改变了政府消费总量和净出口总量对 GDP 的一阶纯影响方向，资本形成结构与资本形成总额的纯联动影响加强了资本形成总量的一阶正作用。

（4）$\bar{A}^*\bar{c}_g$、$\bar{A}^*\bar{f}$ 和 $\bar{A}^*\overline{nx}$ 的二阶贡献率分别为 0.13%、0.94% 和 4.77%，显示：消耗系数 $\bar{A}^*$ 与各最终使用项结构的二阶纯联动影响均是正值，三者对 GDP 增长都是有利的，特别是直接消耗系数与净出口结构的联合显著削弱了净出口总额的不利影响。这个结果表明，虽然政府消费结构和净出口结构对 GDP 的影响是抑制的，但是，与直接消耗系数联合起来产生了 1+1 > 2 的效果。

（5）$\bar{A}^*\overline{\overline{G}}$、$\bar{A}^*\overline{\overline{F}}$ 和 $\bar{A}^*\overline{\overline{NX}}$ 3 个的二阶贡献率分别为 1.52%、1.24% 和 -1.74%，与各最终使用因素的一阶影响方向相同，起加强作用，但相对较小。结果说明，与 $\bar{A}^*$ 的联动机制没有改变各最终使用因素的一阶纯影响方向。

（6）$\bar{A}^*\bar{c}_g\overline{\overline{G}}$、$\bar{A}^*\bar{f}\overline{\overline{F}}$ 和 $\bar{A}^*\overline{nx}\,\overline{\overline{NX}}$ 的三阶纯影响分别为 0.05%、0.35% 和 -2.74%。可以看出，$\bar{A}^*$ 与政府消费和资本形成的结构和总量形成的三阶纯作用对 GDP 增长作用微弱，与净出口的结构和总量的三阶纯作用比较强，加强了净出口的一阶抑制作用。

（7）这里特别关注一下居民消费结构的作用。居民消费结构 c 对 GDP

的一阶贡献率为3.48%,与2007—2012阶段相比,实现了反转,且Ac的二阶贡献率为-0.45%,抑制作用也显著减弱。可以看出,与直接消耗系数矩阵的联动机制削弱了居民消费结构对GDP增长的作用,但影响很小了。这个结果表明,居民生活质量的提高对GDP的增长在数量上可以是有利的。

4.5 最终使用结构对部门总产出增长的影响分析: 2007—2012

经济增长除了以通常的GDP增长率表现外,总产出增长也是一个分析指标。本节基于投入产出表局部闭模型和相应投入产出表数据,应用MMIA模型分析各种最终使用因素对2007到2012年各部门总产出的影响作用。

4.5.1 基于总产出份额的产业结构比较分析

用各部门在总产出中所占的份额即比例来反映产业结构,则2007—2012年我国的产业结构变动如图4-1所示。

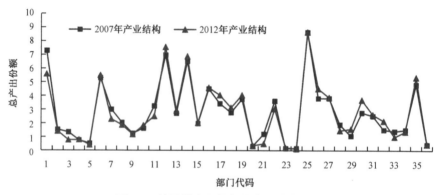

图4-1 基于总产出份额的产业结构比较

首先考察一下2007—2012年的主导产业部门,以前八大部门代表,见表4-5。可以看出,2007年和2012年的前八大部门中,三次产业均有,以第二产业为主,而且在两个年份的主导产业中,主要产业部门没有发生大的变化,只是农林牧渔产品和服务占比从第二降到了第四,2012年的批发和零售业取代了2007年交通运输及仓储和邮政业成为前八的部门。整体来看,第三产业所占比例较低。

表 4-5　2007—2012 年基于总产出结构的前八大部门

2007 年			2012 年		
部门	代码	所占比例（%）	部门	代码	所占比例（%）
建筑业	25	8.65	建筑业	25	8.65
农林牧渔产品和服务	01	7.29	化学产品	12	7.56
化学产品	12	6.98	金属冶炼和压延加工品	14	6.88
金属冶炼和压延加工品	14	6.52	农林牧渔产品和服务	01	5.58
食品和烟草	06	5.29	食品和烟草	06	5.49
科学技术及水利环境和公共服务	35	4.81	科学技术及水利环境和公共服务	35	5.34
通用及专用设备制造业	16	4.50	通用及专用设备制造业	16	4.58
交通运输及仓储和邮政	27	3.82	批发和零售	26	4.51

4.5.2　产业结构变动度分析:2007—2012

为了对产业结构变动幅度有一个直观的概念,这里用一个量化指标——结构变动指数[①](SDI)度量变化幅度。对于每一个部门,结构变动越大,部门份额变动的绝对差值就越大。这里用部门份额绝对差值的 100 倍作为结构变动幅度的指数,即结构变动指数(SDI)。用 s_1 表示 2007 年的比例份额,s_2 表示 2017 年的比例份额,则结构变动指数公式如下:

$$SDI = 100 \, |s_2 - s_1|$$

根据以上公式可以得出基于总产出比例份额的结构变动指数(QSDI)公式:

$$QSDI = 100 \, |q_2 - q_1|$$

图 4-2 给出了 2007—2012 年 36 部门基于总产出份额的结构变动指数。从图中可以看出,总产出结构变动较大的前八大部门分别是农林牧渔产品和服务、纺织品、石油及炼焦产品和核燃料加工品、化学产品、交通运输设备制造业、工艺品及其他制造业(含废品废料)、批发和零售及租赁和商务服务;结构变动较小的 5 个部门分别是金属矿采选产品、仪器仪表及文化办公用机械制造业、水的生产和供应业、建筑业、文化及体育和娱乐。

---

① 刘新建,张强.基于多因素多阶影响分析的中美产业结构差异分析[J].燕山大学学报(哲学社会科学版),2017,18(1):60-71.

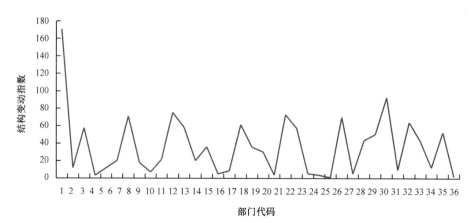

图 4-2　2007—2012 年 36 部门的 QSDI

通过计算发现:(1)2012 年的总产出产业结构比 2007 年要稍微集中些,2007 和 2012 年前八大部门的总产出份额合计分别为 47.86% 和 48.59%。(2)2007—2012 年比例变动较大的部门一、二、三产业均有分布,相对均匀;而比例变动较小的部门主要分布在第二产业部门。由此也说明了我国工业化尚在进程中。下面将具体对这些变化特征突出的部门进行更深入的影响因素分析。其中 2007—2012 年前八大主导部门以及总产出结构变动较大的部门主要包括农林牧渔产品和服务、食品和烟草、纺织品、石油及炼焦产品和核燃料加工品、化学产品、金属冶炼和压延加工品、通用和专用设备制造业、交通运输设备制造业、工艺品及其他制造业(含废品废料)、建筑业、批发和零售、交通运输及仓储和邮政、租赁和商务服务、科学技术及水利环境和公共服务共 14 个部门;总产出结构变动较小的 5 个部门主要包括金属矿采选产品、仪器仪表及文化办公用机械制造业、水的生产和供应业、建筑业和文化及体育和娱乐。

4.5.3　总产出增长的因素影响分析

利用式(4-2)～(4-16)计算的结果如表 4-6 所示。下面的分析内容分为两部分:第一部分主要分析 2007—2012 年的主导产业部门以及总产出结构变动较大的部门,第二部分主要分析总产出结构变动较小的部门。

表 4-6 中的变化贡献率是根据总产出变化模型计算出来的,如果贡献率为正,则说明该因素有助于总产出变化的方向;如果贡献率为负,则说明该因素对总产出的增长是抑制的,即不利于总产出的增长。

4.5.3.1　主要部门因素影响分析

对 2007—2012 年我国经济的前八大主导部门以及总产出结构变动较大的共 14 个部门作为主要部门进行深入分析。

1. 关于部门 01——农林牧渔产品和服务

这个部门 Q 的总变化率为 25.46%，年均增长 4.64%。在对该部门的一阶影响因素中，$\overline{F}$ 的贡献率最大，为 189.91%，表明资本形成总量的变动对 Q 的增长起主导作用，其次是居民消费结构 c，其贡献率为 -94.91%，对 Q 的增长是不利的，且影响较大，而 A 和 $\overline{G}$ 的贡献率相当，分别为 59% 和 60.62%。二阶影响的作用相对于一阶影响较小，Ac 和 $\overline{A}^* \overline{F}$ 的变化贡献率较大，为 -41.11% 和 -32.79%，其余因素影响效果相对较小。三阶贡献率的影响作用相对二阶更小，说明中间消耗系数 $\overline{A}^*$ 分别与各最终使用项的结构变化以及总量变化的联合影响对该部门总产出的增长影响作用有限。对该部门，$\overline{F}$、$\overline{G}$、c 及 A 对 Q 的影响较大，说明在此阶段农业总产出的增长，主要依赖增加投资和政府消费，同时居民消费结构以及中间消耗系数的独立变动，也会显著影响农业的发展。

2. 关于部门 06——食品和烟草

这个部门 Q 的总变化率为 70.07%，年均增长 11.21%。据表 4-6，$\overline{F}$ 和 A 对该部门总产出影响相当，分别为 68.49% 和 55.72%，是主导因素，c 次之，为 -25.41%。其余的影响因素中，一阶和二阶贡献率均较小，其中 $\overline{G}$ 和 Ac 的影响相对较大，分别为 22.98% 和 -19.99%，说明增加政府消费即增加财政对农业公共产品的支持、协调 A 和 c 的联合作用机制都对该部门总产出的增长有促进作用。以上结果表明，资本形成和中间投入系数 A 对食品和烟草业的拉动作用较强，主导了该部门总产出的增长。

3. 关于部门 07——纺织品

这个部门 Q 的总变化率为 25.00%，年均增长 4.56%。据表 4-6，$\overline{F}$ 和 A 对该部门 Q 的影响较大，分别为 86.28% 和 57.56%，$\overline{G}$ 次之，为 27.58%，说明投资总量以及中间消耗系数的变动对该部门 Q 的增长有较大的促进作用。$\overline{NX}$ 和 c 的变化贡献率分别为 -44.15% 和 -26.65%，净出口总量和居民消费结构的变动较大地抑制了该部门 Q 的增长。在影响该部门总产出的其他因素中,$\overline{nx}$ 和 Ac 的影响相对较大,但是二者的作用方向相反。以上结果表明,纺织品业作为劳动密集型产业,中间消耗系数以及投资总量的变动对该部门 Q 增长影响显著,而净出口总额的增长和居民消费结构的变动对该部门总产出的增长有较大的抑制作用。

4. 关于部门 11——石油及炼焦产品和核燃料加工品

这个部门 Q 的总变化率为 25.88%,年均增长 4.71%。据表 4-6,在一阶影响因素中,$\overline{F}$ 的贡献率最大,为 229.60%,说明投资总量的增加对该部门 Q 的增长有极大的作用效果,其次是 A 和 $\overline{G}$,分别为 −76.27% 和 52.21%。二阶因素中,只有 $\overline{A}^{*}\overline{F}$ 和 $\overline{A}^{*}\overline{G}$ 的贡献率相对较大,但均为负值,说明与 $\overline{A}^{*}$ 的联合作用改变了 $\overline{F}$ 和 $\overline{G}$ 的作用方向。三阶影响因素均较小。以上结果表明,该部门总产出实现较大的增长主要是由于资本形成总额,其次是政府消费总额,但中间消耗系数 A 的独立影响以及中间消耗系数和资本形成总额的协同作用对该部门却有较大的不利影响。

5. 关于部门 12——化学产品

这个部门 Q 的总变化率为 77.44%,年均增长 12.15%。据表 4-6,该部门一阶影响因素中,$\overline{F}$ 的贡献率最大,为 66.96%,是 $\overline{G}$ 的 3 倍多,$\overline{NX}$ 的 30 多倍,其次是 A,贡献率为 25.16%,而 c 的贡献率为 −9.18%,表明居民消费结构的变动不利于该部门总产出的增长。二阶影响因素中,Ac 和 $\overline{A}^{*}\overline{F}$ 的贡献率相当,分别为 −8.14% 和 7.03%,但是作用方向相反。影响该部门总产出的其他因素作用效果均较小。以上结果表明,化学产品部门属于资本密集型部门,增加投资和政府消费、中间消耗系数的变动对该部门总产出的增加带动作用较大,而居民消费结构的变动则不利于该部门的增长,此外各因素之间的协同作用也较显著。

单位:%

表 4-6　各因素对 Q 的变化贡献(2007—2012)

代码	Q 总变化	$\Delta\bar{Q}^A$	$\Delta\bar{Q}^c$	$\Delta\bar{Q}^{c\,g}$	$\Delta\bar{Q}^{i}$	$\Delta\bar{Q}^{nx}$	$\Delta\bar{Q}^{C}$	$\Delta\bar{Q}^{F}$	$\Delta\bar{Q}^{NX}$	$\Delta\bar{Q}^{c\,g\,G}$	$\Delta\bar{Q}^{F}$	$\Delta\bar{Q}^{nxNX}$	ΔQ^{Ac}
1	25.46	59.00	-94.91	-0.95	0.97	-17.02	60.62	189.91	-10.24	-0.59	0.78	3.03	-41.11
2	51.22	14.98	-11.86	-0.05	0.32	-31.23	21.84	117.27	-2.38	-0.03	0.26	5.57	-8.07
3	-6.36	510.70	131.52	9.35	-29.42	1168.92	-337.81	-1485.22	-148.04	5.80	-23.53	-208.34	47.77
4	70.90	28.09	-8.24	-0.01	-2.42	-127.57	14.56	160.81	14.89	-0.01	-1.93	22.74	-5.86
5	26.34	-64.96	-15.79	0.18	-25.03	7.48	27.51	262.29	-1.30	0.11	-20.01	-1.33	-10.15
6	70.07	55.72	-25.41	0.10	-0.40	-3.49	22.98	68.49	-3.57	0.06	-0.32	0.62	-19.99
7	25.00	57.56	-26.65	0.20	-1.09	12.84	27.58	86.28	-44.15	0.13	-0.87	-2.29	-15.12
8	49.56	19.29	-25.02	0.12	0.12	74.45	21.06	63.09	-15.85	0.08	0.10	-13.27	-12.60
9	54.51	5.98	-5.61	0.27	-8.87	39.49	16.69	80.76	-9.90	0.16	-7.09	-7.04	-0.30
10	85.56	4.62	-4.76	0.34	4.75	44.50	19.19	46.44	-4.97	0.21	3.79	-7.93	-3.84
11	25.88	-76.27	-21.70	-1.84	3.88	-6.87	52.21	229.60	-2.69	-1.14	3.10	1.22	-8.23
12	77.44	25.16	-9.18	0.14	-0.87	5.98	19.93	66.96	-2.36	0.09	-0.70	-1.07	-8.14
13	75.96	13.79	-3.68	0.04	-9.45	9.83	5.05	91.65	-1.58	0.02	-7.56	-1.75	-2.01
14	72.84	13.09	-4.59	-0.01	0.07	-6.94	7.96	91.73	-1.74	-0.01	0.06	1.24	-2.90
15	68.00	7.95	-6.73	0.03	4.24	18.51	9.47	78.02	-6.10	0.02	3.39	-3.30	-3.23
16	66.93	-18.10	-3.64	-0.04	9.64	10.72	8.33	106.35	-0.53	-0.02	7.71	-1.91	-1.13
17	93.12	-1.66	-0.37	-0.14	19.59	-2.97	7.67	68.34	-1.70	-0.08	15.67	0.53	-1.28
18	84.88	11.34	-4.93	0.04	1.94	27.76	8.08	65.48	-4.08	0.02	1.55	-4.95	-3.67

续表 4-6　单位:%

代码	Q 总变化	变化贡献率											
		$\Delta \bar{Q}^A$	$\Delta \bar{Q}^c$	$\Delta \bar{Q}^g$	$\Delta \bar{Q}$	$\Delta \bar{Q}^{ax}$	$\Delta \bar{Q}^{\bar{c}}$	$\Delta \bar{Q}^F$	$\Delta \bar{Q}^{\overline{NX}}$	$\Delta \bar{Q}^{\bar{g}}$	$\Delta \bar{Q}^{\bar{F}}$	$\Delta \bar{Q}^{\overline{axNX}}$	$\Delta \bar{Q}^{Ac}$
19	76.99	18.44	-3.83	0.07	-0.72	24.47	9.14	59.27	-7.31	0.04	-0.58	-4.36	-4.73
20	83.36	-18.13	-9.67	0.33	-7.46	12.31	24.85	116.25	11.67	0.20	-5.96	-2.19	-3.07
21	-35.00	58.70	51.54	-0.16	24.22	43.42	-26.83	-171.06	5.08	-0.10	19.37	-7.74	14.78
22	37.95	-21.33	-16.35	0.11	0.22	-7.10	32.10	154.48	-3.31	0.07	0.18	1.27	-6.94
23	125.14	22.65	7.07	0.03	1.98	-1.17	11.59	43.60	-1.19	0.02	1.58	0.21	-1.88
24	22.66	-74.75	-27.34	0.66	3.52	10.15	70.81	221.54	-8.93	0.41	2.81	-1.81	-9.99
25	63.98	6.64	-2.69	0.02	-15.63	0.84	1.45	122.30	-0.18	0.01	-12.50	-0.15	-1.58
26	93.95	40.01	-16.70	0.05	1.94	28.28	11.65	49.88	-4.50	0.03	1.55	-5.04	-12.93
27	66.04	20.93	-7.87	-2.75	2.57	3.12	19.88	73.02	-5.00	-1.70	2.06	-0.56	-6.59
28	26.32	12.18	-62.48	0.77	2.12	-11.89	70.60	175.51	-8.32	0.48	1.70	2.12	-27.07
29	141.09	17.24	-6.38	0.07	20.92	3.14	9.47	38.74	-1.28	0.05	16.73	-0.56	-5.40
30	118.72	48.36	-11.74	0.49	0.36	2.99	13.06	41.84	-1.94	0.30	0.28	-0.53	-10.85
31	69.91	42.55	-22.87	0.15	-1.89	3.97	18.45	79.43	-2.49	0.09	-1.51	-0.71	-16.61
32	133.27	52.07	-11.45	0.05	1.25	8.79	12.25	32.20	-2.68	0.03	1.00	-1.57	-11.97
33	14.76	54.82	-188.16	0.26	4.68	1.07	119.64	319.91	-15.06	0.16	3.75	-0.19	-67.31
34	50.57	18.81	-25.26	4.16	0.46	-0.28	87.70	38.49	-1.46	2.58	0.37	0.05	-12.41
35	81.68	18.08	-4.75	1.00	0.89	1.45	57.91	21.79	-0.32	0.62	0.71	-0.26	-3.50
36	70.70	9.88	8.61	2.13	0.78	-28.21	43.37	47.80	-2.09	1.32	0.63	5.03	-0.07

续表 4-6　单位:%

代码	Q 总变化	$\Delta\overline{Q}^A * \overline{c}_g$	$\Delta\overline{Q}^A * \overline{f}$	$\Delta\overline{Q}^A * \overline{nx}$	$\Delta\overline{Q}^A * \overline{G}$	$\Delta\overline{Q}^A \overline{F}$	$\Delta\overline{Q}^A * \overline{NX}$	$\Delta\overline{Q}^A * \overline{c}_g\overline{G}$	$\Delta\overline{Q}^A \overline{F} \overline{F}$	$\Delta\overline{Q}^A \overline{nx}\overline{NX}$
						变化贡献率				
1	25.46	-0.21	-1.31	-5.02	-12.66	-32.79	2.78	-0.13	-1.05	0.90
2	51.22	-0.07	-1.61	-5.67	-1.67	1.90	0.83	-0.04	-1.29	1.01
3	-6.36	-1.56	5.83	19.56	69.84	382.16	-17.73	-0.96	4.66	-3.49
4	70.90	-0.05	-3.80	-8.16	-0.25	17.49	1.33	-0.03	-3.04	1.46
5	26.34	-0.67	6.95	-83.99	2.92	-17.48	13.14	-0.42	5.56	14.97
6	70.07	-0.08	-0.78	-2.91	1.97	6.88	0.26	-0.05	-0.62	0.52
7	25.00	0.01	-0.49	0.20	2.60	4.69	-1.02	0.00	-0.39	-0.04
8	49.56	-0.02	-0.99	-4.15	-1.78	-5.97	1.43	-0.01	-0.79	0.74
9	54.51	-0.24	-3.56	0.90	-8.68	10.40	-0.19	-0.15	-2.85	-0.16
10	85.56	-0.14	-0.18	-3.22	-2.53	2.78	0.60	-0.08	-0.14	0.57
11	25.88	0.51	-1.39	-3.87	-10.85	-58.38	2.80	0.32	-1.11	0.69
12	77.44	-0.06	-1.15	-3.01	1.17	7.03	0.51	-0.04	-0.92	0.54
13	75.96	-0.03	-1.18	0.33	-0.90	8.32	0.15	-0.02	-0.94	-0.06
14	72.84	-0.02	-1.88	-1.17	-0.45	6.55	0.33	-0.02	-1.50	0.21
15	68.00	-0.02	-1.41	-2.23	-0.12	1.59	0.68	-0.01	-1.13	0.40
16	66.93	-0.03	-1.15	-0.84	-2.61	-12.49	0.54	-0.02	-0.92	0.15
17	93.12	-0.07	-0.43	-0.75	0.36	-2.56	0.12	-0.04	-0.35	0.13
18	84.88	-0.02	-0.82	0.51	0.12	2.32	0.06	-0.01	-0.66	-0.09

续表 4-6　单位:%

代码	Q总变化	变化贡献率								
		$\Delta\bar{Q}^{A*}_{c}\,_g$	$\Delta\bar{Q}^{A*}\,_j$	$\Delta\bar{Q}^{A*}\,_{nx}$	$\Delta\bar{Q}^{A*}\,_C$	$\Delta\bar{Q}^{A*}\,_F$	$\Delta\bar{Q}^{A*}\,_{NX}$	$\Delta\bar{Q}^{A*}_{c}\,_G$	$\Delta\bar{Q}^{A*}\,_F$	$\Delta\bar{Q}^{A*}\,_{nxNX}$
19	76.99	0.00	1.13	-1.62	2.73	6.24	0.42	0.00	0.90	0.29
20	83.36	-0.10	-1.33	-2.02	-1.73	-14.87	1.69	-0.06	-1.07	0.36
21	-35.00	0.16	1.11	8.82	14.65	67.62	-3.00	0.10	0.89	-1.57
22	37.95	-0.17	-2.64	-0.98	-7.47	-21.17	1.09	-0.11	-2.11	0.18
23	125.14	-0.47	0.17	1.01	6.18	9.94	-0.97	-0.29	0.13	-0.18
24	22.66	-0.37	-7.24	-12.55	-19.12	-47.83	3.82	-0.23	-5.79	2.24
25	63.98	-0.01	-0.30	0.00	-0.41	2.44	0.00	-0.01	-0.24	0.00
26	93.95	-0.03	-0.23	0.90	1.59	4.35	-0.42	-0.02	-0.18	-0.16
27	66.04	-0.24	0.97	-2.16	3.69	-0.24	-0.15	-0.15	0.77	0.38
28	26.32	-0.42	-2.36	-6.60	-16.14	-31.39	2.16	-0.26	-1.89	1.18
29	141.09	0.01	1.82	-0.77	1.84	2.62	0.14	0.00	1.46	0.14
30	118.72	-0.09	-0.59	-1.61	2.99	16.90	0.03	-0.06	-0.47	0.29
31	69.91	-0.02	-0.81	-1.12	0.59	2.97	0.29	-0.01	-0.64	0.20
32	133.27	-0.06	-0.22	0.26	2.93	17.69	-0.32	-0.03	-0.18	-0.05
33	14.76	-0.21	-4.29	-6.80	-35.98	-89.43	5.49	-0.13	-3.43	1.21
34	50.57	-0.08	-0.61	-0.93	-4.67	-7.00	0.46	-0.05	-0.49	0.16
35	81.68	0.02	-0.68	-0.31	1.81	5.94	0.09	0.01	-0.55	0.06
36	70.70	-0.10	-0.83	-2.13	1.77	12.45	0.00	-0.06	-0.66	0.38

6. 关于部门 14——金属冶炼和压延加工品

这个部门 Q 的总变化率为 72.84%,年均增长 11.57%。据表 4-6,一阶影响因素中,$\overline{\overline{F}}$ 的变化贡献率最大,为 91.73%,其次是 A 和 $\overline{\overline{G}}$,贡献率分别为 13.09% 和 7.96%,c 和 $\overline{nx}$ 的贡献率较大,分别为 -4.59% 和 -6.94%,但为负值,表明居民消费结构以及净出口结构的变动不利于该部门 Q 的增长。二阶影响因素中,其贡献率正负交替,只有 $\overline{A}^{*}\overline{F}$ 的贡献率较大,为 6.55%,其他因素对 Q 的影响均较小。三阶影响因素对该部门 Q 的影响很小,只有 $\overline{A}^{*}$、$\overline{nx}$、$\overline{NX}$ 的贡献率是正值,三者联合变动对该部门 Q 的增长是有利的。以上结果表明,该部门总产出增长主要得益于资本形成总量 $\overline{\overline{F}}$,中间投入系数 A 和政府消费总量 $\overline{\overline{G}}$ 作用也比较显著,中间消耗系数 $\overline{A}^{*}$ 与资本形成总量 $\overline{\overline{F}}$ 的联合变动对该部门 Q 的增长影响也较大。

7. 关于部门 16——通用和专用设备制造业

这个部门 Q 的总变化率为 66.93%,年均增长 10.79%。整体看,$\overline{\overline{F}}$ 的贡献率仍然是最大的,为 106.35%;与上述分析各部门不同的是,在该部门中资本形成结构 f 以及 $\overline{fF}$ 的贡献率较大,且对 Q 的增长表现出促进作用,分别为 9.64% 和 7.71%;$\overline{nx}$ 和 $\overline{\overline{G}}$ 的贡献率相当,分别为 10.72% 和 8.33%;A 和 $\overline{A}^{*}\overline{\overline{F}}$ 对该部门 Q 的变化贡献率表现为负值,分别为 -18.10% 和 -12.49%,说明 A 的独立影响以及 $\overline{A}^{*}$ 和 $\overline{F}$ 的协同作用不利于该部门总产出的增长。以上结果表明,通用及专用设备制造业作为资本密集型产业,对投资表现出较强的依赖性,此外,净出口结构以及政府消费也对该部门 Q 表现出相当的促进效果。中间投入系数变化不利于该部门的增长,其原因可能是有些部门在降低生产中对大型设备的使用或提高了使用效率。

8. 关于部门 17——交通运输设备制造业

这个部门 Q 的总变化率为 93.12%,年均增长 14.07%。据表 4-6,对该部门总产出 Q 产生影响最大的因素也是 $\overline{\overline{F}}$,贡献率为 68.34%;f 和 $\overline{fF}$ 的贡献率相当,分别为 19.59% 和 15.67%;$\overline{\overline{G}}$ 的贡献率相对较小,为 7.67%。与前述分析部门不同的是,A 和 $\overline{A}^{*}\overline{\overline{F}}$ 的贡献率较小,且均为负值,说明中间消

耗系数 A 的独立变动以及 $\bar{A}^*$ 和 $\bar{\bar{F}}$ 的联合作用对该部门 Q 的增长有不利影响。整体看,资本形成总额对交通运输设备制造业部门的促进作用最大,资本形成的产品构成也有较大的正作用,而其他相关因素的影响较小。

9. 关于部门 21——工艺品及其他制造业(含废品废料)

这个部门 Q 的总变化率为 -35.00%,表明在 2007—2012 年,该部门总产出有显著下降,年均下降幅度为 -6.19%。这个部门包含"其他部门",且规模相对较小,占比在 1% 左右,所以,其相关数据容易受统计误差的影响。虽然其变动幅度较大,但重要性较弱,所以,这里不作进一步分析。

10. 关于部门 25——建筑业

这个部门 Q 的总变化率为 63.98%,年均增长 10.40%。据表4-6,在影响该部门总产出的各因素中,$\bar{\bar{F}}$ 的贡献率最大,为 122.30%,表明资本形成总量的变动对建筑业部门有较强的带动作用;f 和 $\bar{f\bar{F}}$ 的贡献率相当,但均为负值,分别为 -15.63% 和 -12.50%,f 和 $\bar{\bar{F}}$ 的协同变动减弱了 $\bar{\bar{F}}$ 对 Q 的影响;A 的贡献率相对较小,为 6.64%;其他因素对该部门 Q 的作用效果均很小。以上结果表明,建筑业部门对资本形成总量有非常强的依赖性,而 f 和 f $\bar{\bar{F}}$ 对 $\bar{\bar{F}}$ 的作用效果有较大的抵消作用。

11. 关于部门 26——批发和零售

这个部门 Q 的总变化率为 93.95%,年均增长 14.17%。据表4-6,$\bar{\bar{F}}$ 和 A 的贡献率较大,分别为 49.88% 和 40.01%,表明资本形成总量以及中间消耗系数的变动对该部门总产出 Q 有很强的带动作用;$\bar{nx}$ 次之,为 28.28%;c、$\bar{\bar{G}}$ 和 Ac 的贡献率相当,分别为 -16.70%、11.65% 和 -12.93%,这表明居民消费结构的独立变动以及中间消耗系数与居民消费结构的协同作用对 Q 的增长有较大的抑制作用,而政府消费总量的变动则有利于该部门的总产出增长;$\overline{\overline{NX}}$ 和 $nx\overline{\overline{NX}}$ 的贡献率均是负值,分别为 -4.50% 和 -5.04%,即 nx 和 $\overline{\overline{NX}}$ 的联合作用减弱了 $\bar{nx}$ 对 Q 的作用。三阶因素纯联合作用对该部门 Q 的贡献率均是负值,且作用效果很小。以上结果表明,该部门总产出的增长主要得益于资本形成总量和中间消耗系数,净出口结构的变动影响也是很有利的。

12. 关于部门 27——交通运输及仓储和邮政

这个部门 Q 的总变化率为 66.04%,年均增长 10.67%。据表 4-6,$\overline{\overline{F}}$ 的贡献率最大,为 73.02%,表明资本形成总量的变动对该部门总产出有很强的拉动作用;A 和 $\overline{\overline{G}}$ 的贡献率相当,分别为 20.93% 和 19.88%,说明中间投入系数及政府消费总量变动对该部门 Q 有较强的带动作用;c、$\overline{\overline{NX}}$ 和 Ac 的贡献率相当,但均为负值,分别为 -7.87%、-5.00% 和 -6.59%,可以看出,Ac 的二阶协同变动减弱了 A 的影响效果。以上结果表明,对交通运输及仓储和邮政业部门总产出的增长有较强带动作用的是资本形成总量,中间消耗系数及政府消费总量变动的影响作用也较大,而居民消费结构、净出口总量的独立作用以及 Ac 的二阶协同变化不利于 Q 的增长。

13. 关于部门 32——租赁和商务服务

这个部门 Q 的总变化率为 133.27%,年均增长 18.46%。据表 4-6,与前述分析大多数部门不同的是,A 的贡献率最大,为 52.07%,表明中间消耗系数的变动对该部门 Q 的带动作用较强,$\overline{\overline{F}}$ 次之,为 32.20%;$\overline{\overline{G}}$、$\overline{A^*\overline{F}}$ 和 $\overline{nx}$ 的贡献率相当,均为正值,分别为 12.25%、17.69% 和 8.79%;c 和 Ac 的贡献率均为负值,分别为 -11.45% 和 -11.97%,由此知,A 和 c 的联合作用减弱了 A 对该部门 Q 的正作用效果,三阶影响因素均对 Q 表现出较小的抑制作用。以上结果表明,该部门总产出的增长主要是中间消耗系数和资本形成总量作用的效果,其次政府消费总量、净出口结构的独立作用以及 $\overline{A^*\overline{F}}$ 的二阶联合变动也有利于 Q 的增长。

14. 关于部门 35——科学技术及水利环境和公共服务

这个部门 Q 的总变化率为 81.68%,年均增长 12.68%。作为具有较强公共产品属性的部门,政府消费总量 $\overline{\overline{G}}$ 对其总产出增长的贡献率最大,为 57.91%;A 和 $\overline{\overline{F}}$ 次之,贡献率分别为 18.08% 和 21.79%;c、Ac 和 $\overline{A^*\overline{F}}$ 的贡献率相当,分别为 -4.75%、-3.50% 和 5.94%,c 和 Ac 的贡献率均是负值,且 Ac 的二阶协同变动减弱了 A 对该部门 Q 的正效果。以上结果表明,该部门总产出的增长主要得益于政府消费总量,其次是资本形成总量以及中间消耗系数的变动。

4.5.3.2 总产出结构变动较小部门的因素影响分析

根据结构变动指数可以找出总产出结构变动较小的部门,下面对结构变动指数最小的 5 个部门进行分析,其中建筑业前面已经分析过,这里不予赘述。

1. 关于部门 04——金属矿采选产品

这个部门 Q 的总变化率为 70.90%,年均增长 11.31%。对该部门:$\overline{\overline{F}}$ 的贡献率最大,为 160.81%,表明资本形成总量的变动对该部门总产出 Q 有很强的带动作用;$\overline{nx}$ 次之,为 -127.57%,表明净出口结构的变动对 Q 的增长表现出较强的抑制作用;A 和 $\overline{nx}\,\overline{NX}$ 的贡献率也较大,分别为 28.09% 和 2.74%;$\overline{\overline{G}}$、$\overline{NX}$ 和 $\overline{A}^*\overline{F}$ 的贡献率相当,分别为 14.56%、14.89% 和 17.49%;而 c、Ac 和 $\overline{A}^*\overline{nx}$ 的贡献率也相当,但均为负值,分别为 -8.24%、-5.68% 和 -8.16%,Ac 和 $\overline{A}^*\overline{nx}$ 的二阶协同作用均减弱了 A 对该部门总产出的正作用,但也强化了 c 和 $\overline{nx}$ 对 Q 的抑制作用。

2. 关于部门 20——仪器仪表及文化办公用机械制造业

这个部门 Q 的总变化率为 83.36%,年均增长 12.89%。对该部门:$\overline{\overline{F}}$ 的贡献率最大,为 116.25%,表明资本形成总量的变动对该部门总产出的增长有很强的拉动效应;A 和 $\overline{\overline{G}}$ 的贡献率较大,分别为 18.13% 和 24.85%;$\overline{nx}$、$\overline{\overline{NX}}$ 和 $\overline{A}^*\overline{F}$ 的贡献率相当,分别为 12.31%、11.67% 和 -14.87%,$\overline{A}^*\overline{F}$ 的二阶协同变动不利于该部门 Q 的增长;c、$\overline{f}$ 和 $\overline{f}\overline{F}$ 的贡献率相当,但均为负值,分别为 -9.67%、-7.46% 和 -5.96%,表明 $\overline{f}$ 与 $\overline{\overline{F}}$ 的二阶联合作用减弱了 $\overline{\overline{F}}$ 对该部门总产出的促进作用,同时也增强了 $\overline{f}$ 对该部门总产出的抑制作用;其他各因素对总产出的影响作用均较小。以上结果表明,资本形成总量的变动对该部门总产出的增长有很强的拉动效应,其他各因素的影响效果均相对较小,但仍不可忽视。

3. 关于部门 24——水的生产和供应业

这个部门 Q 的总变化率为 22.66%,年均增长 4.17%。对该部门:$\overline{\overline{F}}$ 的贡献率最大,为 221.54%,表明资本形成总量的变动对该部门总产出的增长有很强的带动作用;其次是 A 和 $\overline{G}$,贡献率分别为 -74.25% 和 70.81%,与政府消费总量不同,中间消耗系数的变动对该部门总产出的增长有较强的抑制效应;$\overline{A}^*\overline{\overline{F}}$ 的贡献率为 -47.83%,表明 $\overline{A}^*\overline{\overline{F}}$ 的二阶联合变动减弱了 $\overline{\overline{F}}$ 对该部门总产出的促进作用;c 和 $\overline{A}^*\overline{\overline{G}}$ 的贡献率相当,但均为负值,分别为 -27.34% 和 -19.12%;$\overline{nx}$、$\overline{\overline{NX}}$、Ac 和 $\overline{A}^*\overline{\overline{NX}}$ 的贡献率相当,分别为 10.15%、-8.93%、-9.99% 和 -12.55%;三阶影响 $\overline{A}^*\overline{f\overline{F}}$ 的贡献率为 -5.79%,影响效应相对较大,但也是不利作用。

4. 关于部门 36——文化及体育和娱乐

这个部门 Q 的总变化率为 70.70%,年均增长 11.29%。对该部门:$\overline{\overline{F}}$ 和 $\overline{G}$ 的贡献率较大,分别为 47.80% 和 43.37%,表明资本形成总量和政府消费总量共同成为该部门增长的主要因素;其次是 $\overline{nx}$,贡献率是负值,为 -28.21%,说明净出口结构的变动不利于此部门总产出的增长;A、c 和 $\overline{A}^*\overline{\overline{F}}$ 的贡献率相当,分别为 9.88%、8.61% 和 12.45%,对总产出均表现出一定的促进作用。以上结果表明,文化及体育和娱乐部门总产出的增长主要得益于资本形成总量以及政府消费总量的变动,其他各因素对该部门 Q 的增长也有显著影响效果。

4.6　最终使用结构对部门总产出增长的影响分析:2012—2017

本节基于投入产出表局部闭模型和相应投入产出表数据,应用 MMIA 模型分析各种最终使用因素对 2012—2017 年各部门总产出的影响作用。

4.6.1　基于总产出份额的产业结构:2012—2017

用各部门在总产出中所占的份额即比例来反映产业结构,我国 2012 年和 2017 年的产业结构表现如图 4-3 所示。

首先考察一下 2012—2017 年的主导产业部门,参见表 4-7。可以看出,2012 年和 2017 年的前八大部门中,三次产业均有,以第二产业为主,而且在两个年份的主导产业中,主要产业部门没有发生大的变化,只是金属冶炼和压延加工品占比从第三降到了第五,农林牧渔产品和服务占比从第四降到了第七,食品和烟草占比从第五升到了第三,科学技术及水利环境和公共服务占比从第六升到了第四、批发和零售占比从第八升到了第六,2017 年的通信设备及计算机和其他电子设备制造业取代了 2012 年通用及专用设备制造业成为产业份额排名前八的部门。

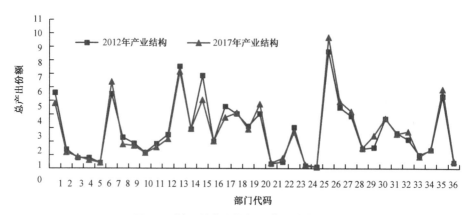

图 4-3　基于总产出份额的产业结构比较

表 4-7　2012—2017 年基于总产出结构的前八大部门

2012 年			2017 年		
部门	代码	所占比例（%）	部门	代码	所占比例（%）
建筑业	25	8.65	建筑业	25	9.69
化学产品	12	7.56	化学产品	12	7.17
金属冶炼和压延加工品	14	6.88	食品和烟草	06	6.40
农林牧渔产品和服务	01	5.58	科学技术及水利环境和公共服务	35	5.85
食品和烟草	06	5.49	金属冶炼和压延加工品	14	5.06
科学技术及水利环境和公共服务	35	5.34	批发和零售	26	4.95
通用及专用设备制造业	16	4.58	农林牧渔产品和服务	01	4.80
批发和零售	26	4.51	通信设备及计算机和其他电子设备制造业	19	4.76

图 4-4 是 2012—2017 年 36 部门的总产出结构变动指数。从图中可以看出:总产出结构变化较大的前 8 个部门分别是农林牧渔产品和服务、食品和烟草、金属冶炼和压延加工品、通用及专用设备制造业、通信设备及计算机和其他电子设备制造业、建筑业、信息传输及软件和信息技术服务、租赁和商务服务;总产出结构变化较小的 5 个部门分别是非金属矿和其他矿采

选产品、木材加工品和家具、金属制品、水的生产和供应业、金融。

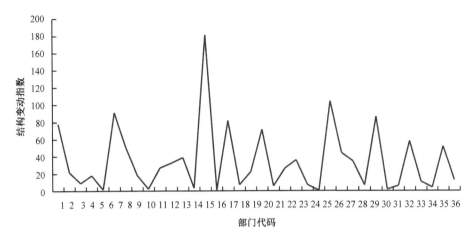

图 4-4 2012—2017 年 36 部门 QSDI

根据总产出比例及结构变动指数发现:(1)2017 年的产业结构集中度比 2012 年略高但基本不变。2012 和 2017 年前八大部门的总产出份额合计分别为 48.59% 和 48.68%。(2)2012—2017 年总产出结构变动前 8 个部门中一、二、三产业均有,相对均匀;而总产出结构变动较小的部门主要在第二产业部门。下面具体对这些变化特征突出的部门进行更深入的影响因素分析。2012—2017 年前八大主导部门以及总产出结构变动较大的部门包括农林牧渔产品和服务、食品和烟草、化学产品、金属冶炼和压延加工品、通用及专用设备制造业、通信设备及计算机和其他电子设备制造业、建筑业、批发和零售、信息传输及软件和信息技术服务、租赁和商务服务、科学技术及水利环境和公共服务共 11 个部门;总产出结构变动较小的 5 个部门包括非金属矿和其他矿采选产品、木材加工品和家具、金属制品、水的生产和供应业、金融。

4.6.2 总产出增长的因素影响分析

利用式(4-2)～(4-16)可以计算出表 4-8 中的数据。下面的内容主要分为两部分:第一部分主要分析 2012—2017 年的主导产业部门以及总产出结构变动较大的部门,第二部分主要分析结构变动较小的部门。

4.6.2.1 主要部门因素影响分析

对 2012—2017 年的前八大主导部门以及总产出结构变动较大的部门共 11 个部门作为主要部门深入分析造成其总产出变化的基本因素。

表4-8　各因素对 Q 的变化贡献(2012—2017)

单位:%

代码	Q 总变化	$\Delta\bar{Q}^A$	$\Delta\bar{Q}^c$	$\Delta\bar{Q}^g$	$\Delta\bar{Q}$	$\Delta\bar{Q}^{nx}$	变化贡献率 $\Delta\bar{\bar{Q}}^G$	$\Delta\bar{\bar{Q}}^F$	$\Delta\bar{\bar{Q}}^{NX}$	$\Delta\bar{\bar{Q}}^{\bar{\tau}\cdot G}_g$	$\Delta\bar{\bar{Q}}^{\bar{F}}$	$\Delta\bar{\bar{Q}}^{nx/NX}$	$\Delta\bar{Q}^{Ac}$
1	16.62	-27.38	5.16	1.61	-41.49	-44.59	58.20	159.87	-11.43	0.62	-15.39	25.60	-9.64
2	14.87	-127.34	4.08	0.61	-0.29	-80.51	46.18	224.59	30.26	0.24	-0.11	46.21	-4.69
3	51.47	4.89	11.29	0.36	-1.32	-499.65	35.05	123.65	131.94	0.14	-0.49	286.79	-3.38
4	4.45	-789.80	28.01	2.00	-90.05	-2 950.80	134.13	1 347.47	996.16	0.77	-33.40	1 693.70	-10.79
5	40.22	-11.60	3.62	0.24	17.07	-154.79	15.76	99.68	34.96	0.09	6.33	88.84	-1.64
6	58.02	15.26	24.26	-0.01	-2.50	-20.04	17.89	44.11	-4.07	-0.01	-0.93	11.50	-0.31
7	5.18	-168.73	-57.61	2.53	-28.39	1 171.74	117.97	288.83	-484.82	0.98	-10.53	-672.56	-8.22
8	22.27	32.72	-25.96	0.48	0.37	234.84	29.03	70.07	-106.14	0.18	0.14	-134.79	-3.34
9	32.96	-11.53	5.66	0.18	14.13	130.62	8.67	72.57	-48.98	0.07	5.24	-74.98	-0.15
10	15.86	-1.47	-6.08	1.03	-9.62	92.12	49.24	128.30	-90.20	0.40	-3.57	-52.88	-3.57
11	18.08	-98.56	16.91	0.49	2.72	-29.19	46.52	164.45	6.10	0.19	1.01	16.76	-5.73
12	28.65	-12.05	3.52	0.94	1.11	-16.38	32.51	92.03	-9.63	0.36	0.41	9.40	-3.21
13	37.03	-18.13	0.15	0.08	23.39	24.08	4.88	89.02	-10.00	0.03	8.68	-13.82	-0.37
14	-0.15	19 002.28	-462.08	-28.02	1 496.45	-5 312.49	-2 076.76	-2 2231.78	-29.95	-10.82	555.01	3 049.27	193.79
15	36.05	10.42	1.04	0.19	-9.99	80.52	10.59	76.72	-24.74	0.07	-3.71	-46.22	-0.67
16	11.45	10.47	5.79	0.37	-177.24	64.99	20.06	294.18	-16.22	0.14	-65.74	-37.30	-1.69
17	37.91	19.15	12.63	0.01	-18.76	-22.49	10.14	86.11	-3.09	0.00	-6.96	12.91	0.64
18	25.96	10.38	-4.91	0.15	-26.95	145.17	14.66	101.41	-42.39	0.06	-9.99	-83.33	-1.41

续表 4-8　单位:%

代码	Q 总变化	变化贡献率											
		$\Delta\bar{Q}^{A}$	$\Delta\bar{Q}^{c}$	$\Delta\bar{Q}^{g}_{g}$	$\Delta\bar{Q}^{i}$	$\Delta\bar{Q}^{nx}$	$\Delta\bar{Q}^{C}$	$\Delta\bar{Q}^{F}$	$\Delta\bar{Q}^{NX}$	$\Delta\bar{Q}^{c}\bar{g}^{C}$	$\Delta\bar{Q}^{F}$	$\Delta\bar{Q}^{xxNX}$	$\Delta\bar{Q}^{Ac}$
19	59.48	26.54	4.83	0.10	0.03	73.89	8.80	40.20	-21.23	0.04	0.01	-42.41	-0.02
20	57.28	40.86	2.57	-0.09	-16.97	-96.59	18.62	62.50	24.21	-0.04	-6.29	55.44	-1.34
21	109.38	2.55	11.99	0.12	-0.46	66.32	6.05	34.18	9.42	0.05	-0.17	-38.07	0.55
22	19.65	-58.09	-0.10	0.42	0.50	-18.09	34.73	153.49	-2.89	0.16	0.19	10.38	-3.06
23	83.64	47.66	0.43	-0.13	-1.45	0.36	11.73	30.65	-3.76	-0.05	-0.54	-0.21	-0.32
24	31.78	11.90	-20.22	-0.34	6.41	-0.68	30.42	82.84	-7.21	-0.13	2.38	0.39	-3.11
25	51.84	-2.91	0.01	0.01	24.17	0.05	0.79	70.36	-0.66	0.00	8.96	-0.03	-0.04
26	48.86	31.91	-0.60	0.18	-0.75	59.20	13.26	46.01	-26.57	0.07	-0.28	-33.98	-0.91
27	47.63	11.82	14.25	0.03	1.94	10.92	18.29	52.70	-11.74	0.01	0.72	-6.27	-1.21
28	41.60	41.24	-9.67	-0.11	2.39	-71.94	27.63	60.17	-3.80	-0.04	0.89	41.29	-1.72
29	110.01	26.13	-0.61	-0.06	23.68	2.02	6.10	26.44	-2.19	-0.02	8.78	-1.16	-0.16
30	36.17	-6.68	14.77	-1.27	0.66	0.28	24.68	73.34	-8.53	-0.49	0.25	-0.16	-0.80
31	32.52	49.93	-22.32	-0.41	-28.16	5.90	24.40	84.74	-9.08	-0.16	-10.45	-3.39	-2.76
32	72.06	36.40	7.21	-0.56	0.19	9.70	12.14	33.56	-9.67	-0.22	0.07	-5.57	0.02
33	21.01	-11.09	-29.92	-0.14	4.51	-8.30	51.70	117.95	-13.85	-0.06	1.67	4.76	-6.26
34	39.31	3.14	30.33	-29.06	0.68	-5.92	73.75	22.37	-1.78	-11.22	0.25	3.40	1.35
35	48.68	2.21	-5.70	3.84	18.60	-9.95	56.23	21.50	-1.06	1.48	6.90	5.71	-1.06
36	73.54	6.81	15.07	21.91	1.26	-54.53	26.36	28.31	4.94	8.46	0.47	31.30	0.91

续表 4-8　单位:%

代码	Q 总变化	变化贡献率								
		$\Delta\bar{Q}^{A*}_{\tilde{g}}$	$\Delta\bar{Q}^{A}*\tilde{f}$	$\Delta\bar{Q}^{A}*\widetilde{nx}$	$\Delta\bar{Q}^{A}*\bar{G}$	$\Delta\bar{Q}^{A}*\bar{F}$	$\Delta\bar{Q}^{A}*\overline{NX}$	$\Delta\bar{Q}^{A*}_{g}\bar{G}_{g}$	$\Delta\bar{Q}^{A}*\tilde{F}$	$\Delta\bar{Q}^{A}*\widetilde{nNX}$
1	16.62	0.48	5.22	19.33	0.11	-14.03	-3.27	0.18	1.94	-11.10
2	14.87	0.06	7.08	26.07	-5.32	-47.24	-7.56	0.02	2.63	-14.97
3	51.47	0.18	4.47	18.87	2.34	-0.84	-5.18	0.07	1.66	-10.83
4	4.45	0.15	33.83	160.06	-19.32	-289.52	-33.33	0.06	12.55	-91.87
5	40.22	0.00	3.30	30.33	-1.84	-6.66	-7.52	0.00	1.23	-17.41
6	58.02	0.10	1.92	7.34	5.32	7.15	-3.54	0.04	0.71	-4.22
7	5.18	0.04	8.03	-0.55	-11.87	-65.61	15.46	0.01	2.98	0.32
8	22.27	0.35	1.59	14.15	2.09	-3.74	-4.64	0.13	0.59	-8.12
9	32.96	-0.04	0.82	-0.70	1.42	-3.63	-0.05	-0.02	0.30	0.40
10	15.86	-0.52	3.38	8.88	2.77	-9.68	-4.48	-0.20	1.25	-5.10
11	18.08	0.05	5.63	23.60	-6.56	-28.79	-4.16	0.02	2.09	-13.55
12	28.65	0.31	4.11	6.27	3.18	-8.79	-2.14	0.12	1.52	-3.60
13	37.03	-0.05	-0.81	2.00	-0.72	-6.43	-0.49	-0.02	-0.30	-1.15
14	-0.15	1.24	-666.27	-296.87	488.29	6489.32	15.63	0.48	-247.11	170.40
15	36.05	0.01	2.08	4.10	0.13	2.76	-1.73	0.00	0.77	-2.35
16	11.45	0.16	-1.01	25.69	2.51	-2.15	-7.95	0.06	-0.38	-14.75
17	37.91	0.01	-0.26	5.67	3.05	7.33	-2.74	0.00	-0.10	-3.25
18	25.96	0.13	-2.65	8.47	0.22	-0.48	-2.75	0.05	-0.98	-4.86

续表 4-8　单位:%

变化贡献率

代码	Q总变化	$\Delta\bar{Q}^{\bar{A}*\bar{c}_g}$	$\Delta\bar{Q}^{\bar{A}*\bar{f}}$	$\Delta\bar{Q}^{\bar{A}*\overline{nx}}$	$\Delta\bar{Q}^{\bar{A}*\bar{G}}$	$\Delta\bar{Q}^{\bar{A}*\bar{F}}$	$\Delta\bar{Q}^{\bar{A}*\overline{NX}}$	$\Delta\bar{Q}^{\bar{A}*\bar{c}_g\bar{G}}$	$\Delta\bar{Q}^{\bar{A}*\bar{f}\bar{F}}$	$\Delta\bar{Q}^{\bar{A}*\overline{nxNX}}$
19	59.48	0.14	-0.94	8.51	2.98	6.79	-3.07	0.05	-0.35	-4.89
20	57.28	0.29	1.69	12.95	8.92	4.27	-4.30	0.11	0.62	-7.43
21	109.38	0.08	1.58	4.54	3.31	1.45	-1.51	0.03	0.59	-2.60
22	19.65	0.17	4.00	31.21	-1.36	-26.86	-8.43	0.07	1.48	-17.92
23	83.64	0.16	0.87	6.53	5.27	10.10	-3.95	0.06	0.32	-3.75
24	31.78	0.54	2.92	8.16	0.38	-7.22	-4.04	0.21	1.08	-4.68
25	51.84	-0.01	0.19	-0.03	-0.32	-0.72	0.11	0.00	0.07	0.02
26	48.86	0.08	1.52	6.19	2.17	7.73	-2.26	0.03	0.56	-3.55
27	47.63	0.02	1.40	10.17	3.89	2.69	-4.33	0.01	0.52	-5.84
28	41.60	0.35	3.23	8.97	5.26	3.53	-3.85	0.13	1.20	-5.15
29	110.01	0.10	2.00	4.23	2.98	5.30	-1.92	0.04	0.74	-2.43
30	36.17	0.13	2.18	7.16	2.14	-1.34	-3.07	0.05	0.81	-4.11
31	32.52	0.13	3.50	8.93	4.11	2.75	-3.89	0.05	1.30	-5.13
32	72.06	0.18	2.07	4.63	5.16	9.38	-2.87	0.07	0.77	-2.66
33	21.01	0.40	4.07	14.27	-2.76	-17.06	-3.37	0.15	1.51	-8.19
34	39.31	0.14	1.13	5.35	4.15	7.20	-2.67	0.06	0.42	-3.07
35	48.68	0.10	1.91	1.72	-0.51	-1.39	-0.30	0.04	0.71	-0.98
36	73.54	0.39	1.08	3.83	3.60	3.62	-2.13	0.15	0.40	-2.20

1. 关于部门 01——农林牧渔产品和服务

这个部门 Q 的总变化率为 16.62%，年均增长 3.12%。据表 4-8，$\overline{\overline{F}}$ 的贡献率最大，为 159.87%，表明资本形成总量的变动是影响 Q 的主要因素，其次是政府消费总量 $\overline{\overline{G}}$，其贡献率为 58.20%；此外 $\overline{f}$ 和 $\overline{nx}$ 的贡献率相当，但均为负，分别为 -41.49% 和 -44.59%，表明资本形成结构和净出口结构的变动对 Q 增长不利影响较大；A、$\overline{A^*nx}$ 和 $\overline{nx}\,\overline{\overline{NX}}$ 的贡献率相当，分别为 -27.38%、19.33% 和 25.60%，可以看出与 $\overline{A^*}$ 的联合变动减弱了 $\overline{nx}$ 对 Q 的不利影响，二阶联合变动 $\overline{nx}\,\overline{\overline{NX}}$ 也削弱了 $\overline{nx}$ 和 $\overline{\overline{NX}}$ 对 Q 的不利作用；$\overline{\overline{NX}}\sqrt{f}\overline{\overline{F}}$、$\overline{A^*}\,\overline{\overline{F}}$ 和 $\overline{A^*nx}\,\overline{\overline{NX}}$ 的贡献率相对较大，分别为 -11.43%、-15.39%、-14.03% 和 -11.10%，但四者均为负值，对 Q 的增长均不利。以上结果表明，增加投资和政府消费对该部门 Q 的增长起主要作用，此外资本形成结构以及净出口结构变动也有较大的负作用。

2. 关于部门 06——食品和烟草

这个部门 Q 的总变化率为 58.02%，年均增长 9.58%。该部门一阶影响因素中：$\overline{\overline{F}}$ 的贡献率最大，为 44.11%；c 次之，为 24.26%；A、$\overline{nx}$ 和 $\overline{\overline{G}}$ 的贡献率相当，分别为 15.26%、-20.04% 和 17.89%。可以看出，中间消耗系数和政府消费总量的变动对 Q 的增长有利，而净出口结构作用不利。二阶影响因素中：$\overline{nx}\,\overline{\overline{NX}}$ 的贡献率较大，为 11.50%，说明二阶联合变动减弱了 $\overline{nx}$ 和 $\overline{\overline{NX}}$ 分别对 Q 的抑制作用；$\overline{A^*nx}$ 和 $\overline{A^*}\,\overline{\overline{F}}$ 的贡献率相当，分别为 7.34% 和 7.15%，所以，与 $\overline{A^*}$ 的联合作用减弱了 $\overline{nx}$ 对 Q 增长的不利影响，而加强了 $\overline{\overline{F}}$ 对 Q 增长的促进作用。三阶因素中，只有 $\overline{A^*nx}\,\overline{\overline{NX}}$ 的贡献率是负的，且影响有一定显著性，为 -4.22%。以上结果表明，对食品和烟草业，资本形成和居民消费结构的拉动作用较强，主导了该部门总产出的增长，而进出口结构变化对该部门增长不利。

3. 关于部门 12——化学产品

这个部门 Q 的总变化率为 28.65%，年均增长 5.17%。据表 4-8，一阶影响因素中：$\overline{\overline{F}}$ 的贡献率最大，为 92.03%，是 $\overline{\overline{G}}$ 的 3 倍多、$\overline{\overline{NX}}$ 的 10 倍多；其次

是 $\overline{nx}$,贡献率为 -16.38%,表明净出口结构的变动不利于该部门总产出增长。二阶影响因素中:$\overline{nx}\,\overline{NX}$、$\overline{A^*}\,\overline{nx}$ 和 $\overline{A^*}\,\overline{F}$ 的贡献率相当,分别为 9.40%、6.27% 和 -8.79%;影响该部门总产出的其他因素作用效果相对较小。以上结果表明,因为化学产品部门属于资本密集型部门,投资的作用最大,政府消费、净出口结构对该部门总产出的增长带动作用也较大,此外各因素之间的联合作用也明显。

4. 关于部门 14——金属冶炼和压延加工品

这个部门 Q 的总变化率为 -0.15%,表明该部门在 2012—2017 年,总产出不升反降,年均下降幅度为 -0.03%。从表 4-8 中看出,与前述分析各部门不同,一阶影响因素中:各最终使用项总量的变动对 Q 的增长均不利,其中 $\overline{F}$ 的贡献率最大,为 $-22\,231.78\%$,表明资本形成总量的变动极大抑制了该部门总产出的下降,是 $\overline{G}$ 的 10 倍多,是 $\overline{NX}$ 的 742 倍多;其次是 A,贡献率为 $19\,002.28\%$,说明中间消耗系数的变动是 Q 下降的主要因素;而资本形成结构和净出口结构的变动对 Q 的影响也较大,分别为 $1\,496.45\%$ 和 $-5\,312.49\%$。二阶因素中,$\overline{A^*}\,\overline{F}$ 的贡献率最大,为 $6\,489.32\%$;其次是 $\overline{nx}$ $\overline{NX}$,为 $3\,049.27\%$;$\overline{fF}$、$\overline{A^*}\,\overline{f}$ 和 $\overline{A^*}\,\overline{G}$ 贡献率相当,分别为 555.01%、-666.27% 和 488.29%。三阶影响因素中:$\overline{A^*}\,\overline{fF}$ 和 $\overline{A^*}\,\overline{nx}\,\overline{NX}$ 的贡献率较大,但前者为负,即 $\overline{A^*}\,\overline{fF}$ 的变动抑制 Q 的下降。以上结果表明,影响该部门总产出增长的各因素贡献率均较大,主导因素是资本形成和中间消耗系数。这个部门变化最能体现"三去一降一补"调控的"去"的效果。这个部门的最大特点是 Q 增长率很小,从而导致各因素贡献率百分数绝对值异常大。

5. 关于部门 16——通用及专用设备制造业

这个部门 Q 的总变化率为 11.45%,年均增长 2.19%,增长较弱。整体上:对该部门,$\overline{F}$ 的贡献率仍然是最大的,为 294.18%,带动作用很强;其次是 $\overline{f}$,为 -177.24%,其变动不利于 Q 的增长;$\overline{nx}$ 和 $\overline{fF}$ 的贡献率相当,分别为 64.99% 和 -65.74%。可以看出,二阶协同变动 $\overline{fF}$ 强化了 $\overline{f}$ 对 Q 的不利影响,也削弱了 $\overline{F}$ 对 Q 的有利影响。$\overline{nx}\,\overline{NX}$ 和 $\overline{A^*}\,\overline{nx}$ 的贡献率相当,分别为

-37.30% 和 25.69%；A、$\overline{\overline{G}}$、$\overline{NX}$ 和 $\overline{A^* nx\, NX}$ 贡献率相当，分别为 10.47%、20.06%、-16.22% 和 -14.75%，表明 A 和 $\overline{\overline{G}}$ 对 Q 增长是有利的，而 $\overline{NX}$ 和 $\overline{A^* nx\, NX}$ 不利。以上结果表明，通用及专用设备制造业作为资本密集型产业，对投资表现出较强的依赖性，但这个阶段资本形成总量虽然主导了该部门总产出的增长，可是其结构严重阻碍了增长，由此造成该部门的弱增长。此外净出口结构也对该部门 Q 的增长表现出相当的促进作用。资本形成结构和总量的联合作用不利于该部门 Q 的增长，其原因可能是有些部门在生产中对大型机器设备的使用效率得到了提升，减少了需求。

6. 关于部门 19——通信设备及计算机和其他电子设备制造业

这个部门 Q 的总变化率为 59.48%，年均增长 9.78%。对该部门：与上述各部门分析不同的是，$\overline{nx}$ 的贡献率最大，为 73.89%，表明净出口结构的变动对该部门 Q 的增长非常有利，$\overline{nx\, NX}$ 作用的绝对值第二大，但是是负的，为 -42.41%，说明二阶联合变动削弱了 $\overline{nx}$ 对 Q 增长的有利影响；此外 $\overline{F}$ 的贡献率为 40.20%，也较大，对 Q 的增长有利；A 和 $\overline{\overline{NX}}$ 的贡献率相当，分别为 26.54% 和 -21.23%，但是作用方向不同。以上结果表明，该部门总产出增长主要得益于净出口结构以及资本形成总量的变动，而净出口结构和总量的二阶联合作用却对 Q 的增长有较强的抑制作用，并且进出口总形势也不利于该部门的增长[①]。

7. 关于部门 25——建筑业

这个部门 Q 的总变化率为 51.84%，年均增长 8.71%。据表 4-8，整体来看，在各因素中：$\overline{F}$ 的贡献率最大，为 70.36%，表明资本形成总量的变动对建筑业有较强的带动作用；$\overline{f}$ 次之，为 24.17%；$\overline{fF}$ 的贡献率相对较大，为 8.96%。可以看出，二阶协同变动加强了 $\overline{f}$ 和 $\overline{F}$ 分别对 Q 的一阶纯影响作用；其他相关因素影响作用较小。以上结果表明，资本形成是建筑业增长的决定因素，与前一时期不同，$\overline{f}$ 和 $\overline{fF}$ 对 $\overline{F}$ 的作用效果是强化的，都促进建筑业总产出的增长。

---

① 从这里的二阶作用和一阶作用比较可以充分体现 MMIA 比 SDA 更有意义。

8. 关于部门 26——批发和零售

这个部门 Q 的总变化率为 48.86%，年均增长 8.28%。据表 4-8，nx 的贡献率最大，为 59.20%，说明净出口结构变动对该部门 Q 的增长有较强的促进作用；$\overline{F}$ 次之，为 46.01；此外 A、$\overline{NX}$ 和 $nx\,\overline{NX}$ 的贡献率相当，分别为 31.91%、−26.57% 和 −33.98%。可以看出，二阶联合变动 $nx\,\overline{NX}$ 削弱了 nx 对 Q 的促进作用，强化了 $\overline{NX}$ 对 Q 的抑制作用；直接消耗系数的变动对 Q 的增长促进作用显著。$\overline{G}$ 和 $\overline{A}^*\overline{F}$ 的贡献率相对显著，分别为 13.26% 和 7.73%，对 Q 的增长都是有利的。以上结果表明，该部门总产出的增长主要得益于净出口结构、资本形成总量及原中间消耗系数的变动，而净出口总量、净出口结构与总量的联合作用却对 Q 表现出一定的抑制作用，是进出口总形势不利的反映。实际上，批发和零售不是一个独立的经济部门，与货物部门紧密相关。

9. 关于部门 29——信息传输及软件和信息技术服务

这个部门 5 年间实现了 1.10 倍的增长，年均增长 16.00%。据表 4-8，A 和 $\overline{F}$ 的贡献率较大，分别为 26.13% 和 26.44%，说明经济技术变化和增加投资对 Q 的增长是有利的；f 次之，为 23.68%；此外 $\overline{G}$、$f\overline{F}$、$\overline{A}^*nx$ 和 $\overline{A}^*\overline{F}$ 的贡献率相当，分别为 6.10%、8.78%、4.23% 和 5.30%，都是正的，对 Q 的增长均是有利；其他因素影响作用较小。以上结果表明，中间消耗系数、资本形成结构及资本形成总量的变动是该部门总产出增长的主要因素，但其他各因素之间的相互作用也是显著的。

10. 关于部门 32——租赁和商务服务

这个部门 Q 的总变化率为 72.06%，年均增长 11.46%。据表 4-8，A 的贡献率最大，为 36.40%；$\overline{F}$ 次之，为 33.56%，说明中间投入结构的变动和增加投资总额对该部门 Q 的增长都有较强的促进作用；c、$\overline{nx}$、$\overline{G}$、$\overline{NX}$ 和 $\overline{A}^*\overline{F}$ 的贡献率相当，分别为 7.21%、9.70%、12.14%、−9.67% 和 9.38%，只有净出口总量对 Q 是不利的，其他 4 项均对 Q 有利。以上结果表明，除资本形成依然是增长的主要因素外，因为市场化和生产组织方式变化引起的中间消耗系数变化也对租赁和商务服务部门的增长起了主要作用。此外政府消费总量、净出口结构等的变动对该部门 Q 的增长促进作用也较大。

11. 关于部门 35——科学技术及水利环境和公共服务

这个部门 Q 的总变化率为 48.68%，年均增长 8.26%。在该部门中：$\overline{G}$ 的贡献率最大，为 56.23%，表明政府消费总量的变动对该部门 Q 的增长有很强的带动作用；$\overline{f}$ 和 $\overline{F}$ 次之，其贡献率分别为 18.60% 和 21.50%；此外，$\overline{c}$ 和 $\overline{nx}$ 对该部门 Q 增长不利，贡献率分别为 −5.70%、−9.95%；二阶联合作用 $\overline{\overline{fF}}$ 的贡献率为 6.90%，加强了 $\overline{f}$ 和 $\overline{F}$ 的作用。以上结果表明，该部门总产出的增长主要得益于政府消费总量、资本形成总量以及资本形成结构的变动，而居民消费结构和净出口结构的变动则表现出一定的抑制作用。

4.6.2.2 总产出结构变动较小部门的影响因素分析

结构变动较小部门的分析对于制定经济决策或分析经济史也是有意义的。对于应当稳定而保持稳定的，可以继续对应的经济政策，对于应当改变而没有改变的结构比例则可以揭示影响因素。

1. 关于部门 05——非金属矿和其他矿采选产品

这个部门 Q 的总变化率为 40.22%，年均增长 7.00%。与一般部门不同，在该部门中：$\overline{nx}$ 的贡献率最大，且是负的，为 −154.79%，表明净出口结构的变动对 Q 的增长有较强的抑制作用；$\overline{F}$ 和 $\overline{nx}\,\overline{NX}$ 的贡献率也比较显著，但促进 Q 的增长，分别为 99.68% 和 88.84%；$\overline{NX}$ 和 $\overline{A^*}\,\overline{nx}$ 的贡献率也比较大，分别为 34.96% 和 30.33%，可知，$\overline{nx}$ 与 $\overline{A^*}$ 的联合作用削弱了 $\overline{nx}$ 对 Q 的一阶不利影响；A、$\overline{f}$、$\overline{\overline{G}}$ 和 $\overline{A^*}\,\overline{nx}\,\overline{NX}$ 的贡献率相当，分别为 −11.60%、17.07%、15.76% 和 −17.41%，但 $\overline{f}$ 和 $\overline{\overline{G}}$ 变动对 Q 增长有利，而 A 和 $\overline{A^*}\,\overline{nx}\,\overline{NX}$ 变动对 Q 增长不利。以上结果表明，净出口结构的变动对 Q 的增长抑制作用很强，而净出口结构和总量的联合变动以及投资和净出口总量的独立作用对该部门 Q 的增长促进作用比较显著。

2. 关于部门 09——木材加工品和家具

这个部门 Q 的总变化率为 32.96%，年均增长 5.86%。在该部门中：$\overline{nx}$ 的贡献率最大，为 130.62%，表明净出口结构的变动对该部门 Q 的增长促进作用显著；$\overline{nx}\,\overline{NX}$ 和 $\overline{F}$ 次之，分别为 −74.98% 和 72.57%，但 $\overline{F}$ 对 Q 有利，$\overline{nx}$

$\overline{NX}$ 则不利，$nx\,\overline{NX}$ 的二阶协同变动也削弱了 $\overline{nx}$ 对 Q 的有利影响，$\overline{NX}$ 的贡献率相对较大，为-48.98%，对 Q 增长不利；此外 A、$\hat{f}$ 和 $\overline{\overline{G}}$ 的贡献率相当，分别为-11.53%、14.13% 和 8.67%，说明中间消耗系数的变动不利于该部门 Q 的增长。以上结果表明，该部门总产出的增长主要是净出口结构和资本形成总量作用的效果，而净出口总量和中间投入系数则表现出相当的抑制作用。

3. 关于部门15——金属制品

这个部门 Q 的总变化率为 36.05%，年均增长 6.35%。在该部门中：$\overline{nx}$ 的贡献率最大，为 80.52%，表明净出口结构的变动对 Q 的增长有显著促进作用；$\hat{f}$ 次之，为 76.72%；$\overline{NX}$ 和 $\overline{nx}\,\overline{NX}$ 的贡献率对 Q 增长影响较显著，但均为负值，分别为-24.74% 和-46.22%，二阶协同变动 $\overline{nx}\,\overline{NX}$ 削弱了 $\overline{nx}$ 对 Q 的有利影响；A、$\hat{f}$ 和 $\overline{\overline{G}}$ 的贡献率相当，分别为 10.42%、-9.99% 和 10.59%，直接消耗系数和政府消费总量的变动对 Q 的增长是有利的，而资本形成结构不利。以上结果表明，该部门总产出的增长主要是净出口结构和资本形成总量作用的结果，但净出口总量的独立作用以及净出口结构和总量的联合作用却表现出相当不利影响。

4. 关于部门24——水的生产和供应业

这个部门 Q 的总变化率为 31.78%，年均增长 5.67%。对该部门：$\overline{\overline{F}}$ 的贡献率最大，为 82.84%，表明资本形成总量的变动对该部门总产出的增长有很强的促进作用；其次是 $\overline{\overline{G}}$，贡献率为 30.42%；而 c 的贡献率为-20.22%，表明居民消费结构的变动不利于 Q 的增长，且影响较大；A 和 $\overline{A}{}^*\,\overline{nx}$ 的贡献率相当，分别为 11.90% 和 8.16%，都是正的，有利于 Q 的增长；$\overline{NX}$ 和 $\overline{A}{}^*\,\overline{\overline{F}}$ 则对 Q 的增长不利。三阶影响因素中，$\overline{A}{}^*\,\overline{nx}\,\overline{NX}$ 的贡献率相对较大，但为负值，即不利于该部门总产出的增长。

5. 关于部门30——金融

这个部门 Q 的总变化率为 36.17%，年均增长 6.37%。对该部门：$\overline{\overline{F}}$ 的贡献率最大，为 73.34%，表明资本形成总量的变动对该部门 Q 的增长有较强的促进作用;$\overline{G}$ 次之,为 24.68%;c 的贡献率相对显著,为 14.77%,说明居民消费结构的变动对 Q 的增长也有比较显著的促进作用;A、$\overline{NX}$ 和 $\overline{A^* nx}$ 的贡献率相当,分别为-6.68%、-8.53% 和 7.16%,$\overline{A^* nx}$ 变动对该部门 Q 的增长是有利的,而 A 和 $\overline{NX}$ 不利;其他相关因素对 Q 的增长作用均较小。以上结果表明,该部门总产出的增长主要是资本形成和政府消费总量作用的效果,而中间投入系数以及净出口总量的变动对该部门 Q 的增长表现出一定的抑制作用。居民消费结构变化有利于金融部门增长,说明金融服务在我国居民生活中的作用在增强。

4.7 最终使用结构变化对经济增长影响的基本结论

综合 2007—2012 和 2012—2017 年最终使用结构变化对我国经济增长影响的分析,主要结论如下:

从横向总量结构分析可以发现:(1)居民消费占比的变化比较特殊,在 2007—2012 年期间,变化为负,而在 2012—2017 年实现了反转,居民消费占比增幅达 6.82%;(2)政府消费占比从 2007—2017 年持续下降,但下降幅度比较缓慢,体现了政府消费对经济增长的作用比较稳定;(3)资本形成在 GDP 中所占比例一直稳居高位,但在 2012—2017 年有微弱的下调;(4)净出口占 GDP 比重最低,并持续大幅下降。以上变化说明我国经济增长的内需机制在不断完善,对外部经济的依赖度减弱,由内需驱动的特征开始显现。整体看,我国经济增长的拉动力主要以消费和投资为主,政府消费具有较强的稳定性。

从各因素对 GDP 增长贡献率的分析中可以发现:(1)从 2007—2012 年,我国经济仍处于高速增长阶段。在此阶段,资本形成总量对 GDP 的贡献率是最大的,具有决定性影响,直接消耗系数矩阵和政府消费总量对 GDP 增长的贡献率也很大。这三者变化对 GDP 增长都是有利的。需特别注意居民消费结构,其对 GDP 增长的贡献率是负值,幅度达-17.57%,其与直接消耗系数的联合纯作用也比较显著,效果同样为负。(2)从 2012—2017 年,GDP 年均增长 6.8%,显示中高速特征。在这个阶段,资本形成总量对 GDP 的一阶贡献率也是最大的,但弱于前一阶段,其次是政府消费总量,其对 GDP 增长的贡献率也比较显著。这二者变化对 GDP 的增长都具有促进作用。直接消耗系数矩阵和净出口总额变化对 GDP 的增长作用也比较显著,但净出口总额变化的作用是负的,净出口结构的作用也是负的。与第一阶段不同,居民消费结构在第二阶段对经济增长的贡献率虽然相对较小,但方向却是有利的。(3)综合两个阶段看,首先投资规模总是经济增长的主导因素,起绝对重要作用,其次直接消耗系数矩阵和政府消费总量对 GDP 增长的贡献率很显著,而居民消费结构在两个阶段表现出不同的特征。经济进入新常态以来,我国居民消费水平的提升和消费结构的改善对经济增长的重要性逐渐增加。此外,净出口总量、直接消耗系数与资本形成总量的联合作用等的贡献率大于 1%,对促进经济增长也是有一定意义的。

从各因素对各部门总产出增长的影响分析中可以发现:(1)在 2007—2012 年和 2012—2017 年两个阶段,都有 5.5% 的部门主要是由于中间消耗系数变动驱动总产出增长,5.5% 的部门总产出的增长主要是由于政府消费总量的变动,而在第一阶段有 88.9% 的部门主要是由资本形成总量推动总产出增长,第二阶段则有 61.1% 的部门主要是由于资本形成总量推动,还有 27.8% 的部门主要是由于净出口结构推动。因此,资本形成总量变动是拉动各部门总产出变化的主要因素。同一部门除了受主要因素影响之外,次要因素以及各因素间的协同作用也很显著。(2)从 2007—2017 年,总产出占比的前八大部门总体稳定,有微弱变化,其中 2012 年的批发和零售业取代了 2007 年交通运输及仓储和邮政业,2017 年的通信设备及计算机和其他电子设备制造业取代了 2012 年通用及专用设备制造业;第三产业的科学技术及水利环境和公共服务以及批发和零售业的占比在不断上升。可以看出,建筑业、化学产品、食品和烟草、金属冶炼和压延加工品、通信设备及计算机和其他电子设备制造业等第二产业部门依然是我国的主导产业。

整体体会:(1)在影响 GDP 的各个因素中,不同因素对 GDP 的影响方向和作用大小不一致,在分析影响经济增长的各个因素时,不能只考虑关键因素,次要因素以及因素间的协同作用也很重要。(2)在影响总产出 Q 的各因素中,一阶因素对各部门总产出的影响较大,特别是各最终使用项的总量变动对 Q 的影响较大,而结构影响的大小因部门而异;二阶因素对各部门总产出的影响除个别外相对较小,三阶因素的影响较二阶更小。(3)资本形成即投资始终是经济增长的最重要因素,净出口结构在 2007—2017 年的 10 年中,对我国经济总体和大多数部门的增长是主要的不利因素。

附录　逆向多因素多阶影响分析例示

对同一个函数表示的变量间关系，无论是正向分析还是逆向分析，相同因素的作用不应该有巨大的差别，虽然存在差别也是不可避免的。下面基于投入产出模型用逆向多因素多阶影响分析计算各种因素对 GDP 增长的影响，与4.3 和4.4节的结果相对照以观察二者的差异。

在变化分解的因素关系形式上，二者是相同的，参见 4.2.1 节和式（4-9）~（4-12）、式（4-18）~（4-19）。下面给出逆向分析各种因素组合影响的计算表达式，其中带有上角标"t"表示为报告期的值，带有"0"的表示基期的值。

1. 一阶因素作用

$$\Delta \overline{\mathrm{GDP}^{\overline{A}^*}} = e_{n+1} [\overline{A}^{*t} * \mathrm{diag}[(1 - \overline{A}^{*t})^{-1}(\overline{G}_{n+1}^t + \overline{F}_{n+1}^t + \overline{NX}_{n+1}^t)]] -$$
$$e_{n+1} [\overline{A}^{*0} * \mathrm{diag}[(1 - \overline{A}^{*0})^{-1}(\overline{G}_{n+1}^t + \overline{F}_{n+1}^t + \overline{NX}_{n+1}^t)]] \tag{1}$$

$$\Delta \overline{\mathrm{GDP}^{\overline{c}_g}} = e_{n+1} [\overline{A}^{*t} * \mathrm{diag}[(1 - \overline{A}^{*t})^{-1}(\overline{c}_{gn+1}^t \overline{\overline{G}}_{n+1}^t)]] + e_n(\overline{c}_{gn+1}^t \overline{\overline{G}}_n^t) -$$
$$e_{n+1} [\overline{A}^{*t} * \mathrm{diag}[(1 - \overline{A}^{*t})^{-1}(\overline{c}_{gn+1}^0 \overline{\overline{G}}_{n+1}^t)]] - e_n(\overline{c}_{gn+1}^0 \overline{\overline{G}}_n^t) \tag{2}$$

$$\Delta \overline{\mathrm{GDP}^{\overline{\overline{G}}}} = e_{n+1} [\overline{A}^{*t} * \mathrm{diag}[(1 - \overline{A}^{*t})^{-1}(\overline{c}_{gn+1}^t \overline{\overline{G}}_{n+1}^t)]] + e_n(\overline{c}_{gn+1}^t \overline{\overline{G}}_n^t) -$$
$$e_{n+1} [\overline{A}^{*t} * \mathrm{diag}[(1 - \overline{A}^{*t})^{-1}(\overline{c}_{gn+1}^t \overline{\overline{G}}_{n+1}^0)]] - e_n(\overline{c}_{gn+1}^t \overline{\overline{G}}_n^0) \tag{3}$$

$$\Delta \overline{\mathrm{GDP}^{\overline{f}}} = e_{n+1} [\overline{A}^{*t} * \mathrm{diag}[(1 - \overline{A}^{*t})^{-1}(\overline{f}_{n+1}^t \overline{\overline{F}}_{n+1}^t)]] + e_n(\overline{f}_{n+1}^t \overline{\overline{F}}_n^t) -$$
$$e_{n+1} [\overline{A}^{*t} * \mathrm{diag}[(1 - \overline{A}^{*t})^{-1}(\overline{f}_{n+1}^0 \overline{\overline{F}}_{n+1}^t)]] - e_n(\overline{f}_{n+1}^0 \overline{\overline{F}}_n^t) \tag{4}$$

$$\Delta \overline{\mathrm{GDP}^{\overline{\overline{F}}}} = e_{n+1} [\overline{A}^{*t} * \mathrm{diag}[(1 - \overline{A}^{*t})^{-1}(\overline{f}_{n+1}^t \overline{\overline{F}}_{n+1}^t)]] + e_n(\overline{f}_{n+1}^t \overline{\overline{F}}_n^t) -$$
$$e_{n+1} [\overline{A}^{*t} * \mathrm{diag}[(1 - \overline{A}^{*t})^{-1}(\overline{f}_{n+1}^t \overline{\overline{F}}_{n+1}^0)]] - e_n(\overline{f}_{n+1}^t \overline{\overline{F}}_n^0) \tag{5}$$

$$\Delta \overline{\mathrm{GDP}^{nx}} = e_{n+1} [\overline{A}^{*t} * \mathrm{diag}[(1 - \overline{A}^{*t})^{-1}(\overline{nx}_{n+1}^t \overline{\overline{NX}}_{n+1}^t)]] + e_n(\overline{nx}_{n+1}^t \overline{\overline{NX}}_n^t) -$$
$$e_{n+1} [\overline{A}^{*t} * \mathrm{diag}[(1 - \overline{A}^{*t})^{-1}(\overline{nx}_{n+1}^0 \overline{\overline{NX}}_{n+1}^t)]] - e_n(\overline{nx}_{n+1}^0 \overline{\overline{NX}}_n^t) \tag{6}$$

$$\Delta \overline{\mathrm{GDP}^{\overline{NX}}} = e_{n+1} [\overline{A}^{*t} * \mathrm{diag}[(1 - \overline{A}^{*t})^{-1}(\overline{nx}_{n+1}^t \overline{\overline{NX}}_{n+1}^t)]] + e_n(\overline{nx}_{n+1}^t \overline{\overline{NX}}_n^t) -$$

$$e_{n+1}\left[\overline{A}^{*t} * \mathrm{diag}\left[\left(1-\overline{A}^{*t}\right)^{-1}\left(\overline{nx}_{n+1}^{t}\ \overline{\overline{NX}}_{n+1}^{0}\right)\right]\right]-e_{n}\left(\overline{nx}_{n+1}^{t}\ \overline{\overline{NX}}_{n}^{0}\right) \tag{7}$$

2. 二阶联合总作用

$$\Delta\overline{\mathrm{GDP}}_{\left(\overline{A}^{*}\overline{c}_{g}\right)}=e_{n+1}\left[\overline{A}^{*t} * \mathrm{diag}\left[\left(1-\overline{A}^{*t}\right)^{-1}\left(\overline{c}_{gn+1}^{t}\ \overline{\overline{G}}_{n+1}^{t}\right)\right]\right]+e_{n}\left(\overline{c}_{gn+1}^{t}\ \overline{\overline{G}}_{n}^{t}\right)-$$
$$e_{n+1}\left[\overline{A}^{*0} * \mathrm{diag}\left[\left(1-\overline{A}^{*0}\right)^{-1}\left(\overline{c}_{gn+1}^{0}\ \overline{\overline{G}}_{n+1}^{t}\right)\right]\right]-e_{n}\left(\overline{c}_{gn+1}^{0}\ \overline{\overline{G}}_{n}^{t}\right) \tag{8}$$

$$\Delta\overline{\mathrm{GDP}}_{\left(\overline{A}^{*}\overline{\overline{G}}\right)}=e_{n+1}\left[\overline{A}^{*t} * \mathrm{diag}\left[\left(1-\overline{A}^{*t}\right)^{-1}\left(\overline{c}_{gn+1}^{t}\ \overline{\overline{G}}_{n+1}^{t}\right)\right]\right]+e_{n}\left(\overline{c}_{gn+1}^{t}\ \overline{\overline{G}}_{n}^{t}\right)-$$
$$-e_{n+1}\left[\overline{A}^{*0} * \mathrm{diag}\left[\left(1-\overline{A}^{*0}\right)^{-1}\left(\overline{c}_{gn+1}^{t}\ \overline{\overline{G}}_{n+1}^{0}\right)\right]\right]-e_{n}\left(\overline{c}_{gn+1}^{t}\ \overline{\overline{G}}_{n}^{0}\right) \tag{9}$$

$$\Delta\overline{\mathrm{GDP}}_{\left(\overline{c}_{g}\overline{\overline{G}}\right)}=e_{n+1}\left[\overline{A}^{*t} * \mathrm{diag}\left[\left(1-\overline{A}^{*t}\right)^{-1}\left(\overline{c}_{gn+1}^{t}\ \overline{\overline{G}}_{n+1}^{t}\right)\right]\right]+e_{n}\left(\overline{c}_{gn+1}^{t}\ \overline{\overline{G}}_{n}^{t}\right)-$$
$$e_{n+1}\left[\overline{A}^{*t} * \mathrm{diag}\left[\left(1-\overline{A}^{*t}\right)^{-1}\left(\overline{c}_{gn+1}^{0}\ \overline{\overline{G}}_{n+1}^{0}\right)\right]\right]-e_{n}\left(\overline{c}_{gn+1}^{0}\ \overline{\overline{G}}_{n}^{0}\right) \tag{10}$$

$$\Delta\overline{\mathrm{GDP}}_{\left(\overline{A}^{*}\overline{f}\right)}=e_{n+1}\left[\overline{A}^{*t} * \mathrm{diag}\left[\left(1-\overline{A}^{*t}\right)^{-1}\left(\overline{f}_{n+1}^{t}\ \overline{\overline{F}}_{n+1}^{t}\right)\right]\right]+e_{n}\left(\overline{f}_{n+1}^{t}\ \overline{\overline{F}}_{n}^{t}\right)-$$
$$e_{n+1}\left[\overline{A}^{*0} * \mathrm{diag}\left[\left(1-\overline{A}^{*0}\right)^{-1}\left(\overline{f}_{n+1}^{0}\ \overline{\overline{F}}_{n+1}^{t}\right)\right]\right]-e_{n}\left(\overline{f}_{n+1}^{0}\ \overline{\overline{F}}_{n}^{t}\right) \tag{11}$$

$$\Delta\overline{\mathrm{GDP}}_{\left(\overline{A}^{*}\overline{\overline{F}}\right)}=e_{n+1}\left[\overline{A}^{*t} * \mathrm{diag}\left[\left(1-\overline{A}^{*t}\right)^{-1}\left(\overline{f}_{n+1}^{t}\ \overline{\overline{F}}_{n+1}^{t}\right)\right]\right]+e_{n}\left(\overline{f}_{n+1}^{t}\ \overline{\overline{F}}_{n}^{t}\right)-$$
$$e_{n+1}\left[\overline{A}^{*0} * \mathrm{diag}\left[\left(1-\overline{A}^{*0}\right)^{-1}\left(\overline{f}_{n+1}^{t}\ \overline{\overline{F}}_{n+1}^{0}\right)\right]\right]-e_{n}\left(\overline{f}_{n+1}^{t}\ \overline{\overline{F}}_{n}^{0}\right) \tag{12}$$

$$\Delta\overline{\mathrm{GDP}}_{\left(\overline{f}\overline{\overline{F}}\right)}=e_{n+1}\left[\overline{A}^{*t} * \mathrm{diag}\left[\left(1-\overline{A}^{*t}\right)^{-1}\left(\overline{f}_{n+1}^{t}\ \overline{\overline{F}}_{n+1}^{t}\right)\right]\right]+e_{n}\left(\overline{f}_{n+1}^{t}\ \overline{\overline{F}}_{n}^{t}\right)-$$
$$e_{n+1}\left[\overline{A}^{*t} * \mathrm{diag}\left[\left(1-\overline{A}^{*t}\right)^{-1}\left(\overline{f}_{n+1}^{0}\ \overline{\overline{F}}_{n+1}^{0}\right)\right]\right]-e_{n}\left(\overline{f}_{n+1}^{0}\ \overline{\overline{F}}_{n}^{0}\right) \tag{13}$$

$$\Delta\overline{\mathrm{GDP}}_{\left(\overline{A}^{*}\overline{nx}\right)}=e_{n+1}\left[\overline{A}^{*t} * \mathrm{diag}\left[\left(1-\overline{A}^{*t}\right)^{-1}\left(\overline{nx}_{n+1}^{t}\ \overline{\overline{NX}}_{n+1}^{t}\right)\right]\right]+e_{n}\left(\overline{nx}_{n+1}^{t}\ \overline{\overline{NX}}_{n}^{t}\right)-$$
$$e_{n+1}\left[\overline{A}^{*0} * \mathrm{diag}\left[\left(1-\overline{A}^{*0}\right)^{-1}\left(\overline{nx}_{n+1}^{0}\ \overline{\overline{NX}}_{n+1}^{t}\right)\right]\right]-e_{n}\left(\overline{nx}_{n+1}^{0}\ \overline{\overline{NX}}_{n}^{t}\right) \tag{14}$$

$$\Delta\overline{\mathrm{GDP}}_{\left(\overline{A}^{*}\overline{\overline{NX}}\right)}=e_{n+1}\left[\overline{A}^{*t} * \mathrm{diag}\left[\left(1-\overline{A}^{*t}\right)^{-1}\left(\overline{nx}_{n+1}^{t}\ \overline{\overline{NX}}_{n+1}^{t}\right)\right]\right]+e_{n}\left(\overline{nx}_{n+1}^{t}\ \overline{\overline{NX}}_{n}^{t}\right)-$$
$$e_{n+1}\left[\overline{A}^{*0} * \mathrm{diag}\left[\left(1-\overline{A}^{*0}\right)^{-1}\left(\overline{nx}_{n+1}^{t}\ \overline{\overline{NX}}_{n+1}^{0}\right)\right]\right]-e_{n}\left(\overline{nx}_{n+1}^{t}\ \overline{\overline{NX}}_{n}^{0}\right) \tag{15}$$

$$\Delta\overline{\mathrm{GDP}}_{\left(\overline{nx}\overline{\overline{NX}}\right)}=e_{n+1}\left[\overline{A}^{*t} * \mathrm{diag}\left[\left(1-\overline{A}^{*t}\right)^{-1}\left(\overline{nx}_{n+1}^{t}\ \overline{\overline{NX}}_{n+1}^{t}\right)\right]\right]+e_{n}\left(\overline{nx}_{n+1}^{t}\ \overline{\overline{NX}}_{n}^{t}\right)-$$
$$e_{n+1}\left[\overline{A}^{*t} * \mathrm{diag}\left[\left(1-\overline{A}^{*t}\right)^{-1}\left(\overline{nx}_{n+1}^{0}\ \overline{\overline{NX}}_{n+1}^{0}\right)\right]\right]-e_{n}\left(\overline{nx}_{n+1}^{0}\ \overline{\overline{NX}}_{n}^{0}\right) \tag{16}$$

3. 二阶联合纯作用

$$\Delta \overline{GDP}^{\overline{A}^* \overline{c}_g} = \Delta \overline{GDP}_{(\overline{A}^* \overline{c}_g)} - \Delta \overline{GDP}^{\overline{A}^*} - \Delta \overline{GDP}^{\overline{c}_g} \tag{17}$$

$$\Delta \overline{GDP}^{\overline{A}^* \overline{\overline{G}}} = \Delta \overline{GDP}_{(\overline{A}^* \overline{\overline{G}})} - \Delta \overline{GDP}^{\overline{A}^*} - \Delta \overline{GDP}^{\overline{\overline{G}}} \tag{18}$$

$$\Delta \overline{GDP}^{\overline{c}_g \overline{\overline{G}}} = \Delta \overline{GDP}_{(\overline{c}_g \overline{\overline{G}})} - \Delta \overline{GDP}^{\overline{c}_g} - \Delta \overline{GDP}^{\overline{\overline{G}}} \tag{19}$$

$$\Delta \overline{GDP}^{\overline{A}^* \hat{f}} = \Delta \overline{GDP}_{(\overline{A}^* \overline{F})} - \Delta \overline{GDP}^{\overline{A}^*} - \Delta \overline{GDP}^{f} \tag{20}$$

$$\Delta \overline{GDP}^{\overline{A}^* \overline{\overline{F}}} = \Delta \overline{GDP}_{(\overline{A}^* \overline{\overline{F}})} - \Delta \overline{GDP}^{\overline{A}^*} - \Delta \overline{GDP}^{\overline{\overline{F}}} \tag{21}$$

$$\Delta \overline{GDP}^{\widehat{f\overline{F}}} = \Delta \overline{GDP}_{(\widehat{f\overline{F}})} - \Delta \overline{GDP}^{f} - \Delta \overline{GDP}^{\overline{\overline{F}}} \tag{22}$$

$$\Delta \overline{GDP}^{\overline{A}^* \widehat{nx}} = \Delta \overline{GDP}_{(\overline{A}^* \widehat{nx})} - \Delta \overline{GDP}^{\overline{A}^*} - \Delta \overline{GDP}^{nx} \tag{23}$$

$$\Delta \overline{GDP}^{\overline{A}^* \overline{\overline{NX}}} = \Delta \overline{GDP}_{(\overline{A}^* \overline{\overline{NX}})} - \Delta \overline{GDP}^{\overline{A}^*} - \Delta \overline{GDP}^{\overline{\overline{NX}}} \tag{24}$$

$$\Delta \overline{GDP}^{nx \overline{\overline{NX}}} = \Delta \overline{GDP}_{(nx \overline{\overline{NX}})} - \Delta \overline{GDP}^{nx} - \Delta \overline{GDP}^{\overline{\overline{NX}}} \tag{25}$$

4. 三阶总联动作用

$$\Delta \overline{GDP}_{(\overline{A}^* \overline{c}_g \overline{\overline{G}})} = \Delta \overline{GDP}_{(\overline{A}^* \overline{G})} \tag{26}$$

$$\Delta \overline{GDP}_{(\overline{A}^* \widehat{fF})} = \Delta \overline{GDP}_{(\overline{A}^* \overline{F})} \tag{27}$$

$$\Delta \overline{GDP}_{(\overline{A}^* nx \overline{\overline{NX}})} = \Delta \overline{GDP}_{(\overline{A}^* \overline{NX})} \tag{28}$$

5. 三阶联合纯作用

$$\Delta \overline{GDP}^{\overline{A}^* \overline{c}_g \overline{\overline{G}}} = \Delta \overline{GDP}_{(\overline{A}^* \overline{G})} - \Delta \overline{GDP}^{\overline{A}^*} - \Delta \overline{GDP}^{\overline{c}_g} -$$
$$\Delta \overline{GDP}^{\overline{\overline{G}}} - \Delta \overline{GDP}^{\overline{A}^* \overline{c}_g} - \Delta \overline{GDP}^{\overline{A}^* \overline{\overline{G}}} - \Delta \overline{GDP}^{\overline{c}_g \overline{\overline{G}}} \tag{29}$$

$$\Delta \overline{GDP}^{\overline{A}^* \widehat{f\overline{F}}} = \Delta \overline{GDP}_{(\overline{A}^* \overline{F})} - \Delta \overline{GDP}^{\overline{A}^*} - \Delta \overline{GDP}^{f} -$$
$$\Delta \overline{GDP}^{\overline{\overline{F}}} - \Delta \overline{GDP}^{\overline{A}^* \hat{f}} - \Delta \overline{GDP}^{\overline{A}^* \overline{\overline{F}}} - \Delta \overline{GDP}^{\widehat{f\overline{F}}} \tag{30}$$

$$\Delta \overline{GDP}^{\overline{A}^* nx \overline{\overline{NX}}} = \Delta \overline{GDP}_{(\overline{A}^* \overline{NX})} - \Delta \overline{GDP}^{\overline{A}^*} - \Delta \overline{GDP}^{nx} -$$
$$\Delta \overline{GDP}^{\overline{\overline{NX}}} - \Delta \overline{GDP}^{\overline{A}^* \widehat{nx}} - \Delta \overline{GDP}^{\overline{A}^* \overline{\overline{NX}}} - \Delta \overline{GDP}^{nx \overline{\overline{NX}}} \tag{31}$$

引用式(4-9)—(4-12)，$\Delta \overline{A}^*$ 对 GDP 的影响可以分解为：

$$\Delta \overline{\mathrm{GDP}}^{A^*} = e_{n+1} [\overline{A}^{*t} * \mathrm{diag}[(1-\overline{A}^{*t})^{-1}(\overline{G}_{n+1}^{t} + \overline{F}_{n+1}^{t} + \overline{NX}_{n+1}^{t})]] -$$

$$e_{n+1} [\overline{A}^{*0} * \mathrm{diag}[(1-\overline{A}^{*0})^{-1}(\overline{G}_{n+1}^{t} + \overline{F}_{n+1}^{t} + \overline{NX}_{n+1}^{t})]]$$

$$= \Delta \overline{\mathrm{GDP}}^{A} + \Delta \overline{\mathrm{GDP}}^{c} + \Delta \overline{\mathrm{GDP}}^{Ac} \tag{32}$$

其中

$$\Delta \overline{\mathrm{GDP}}^{A} = e_{n+1} [\overline{A}^{*tA} * \mathrm{diag}[(1-\overline{A}^{*tA})^{-1}(\overline{G}_{n+1}^{t} + \overline{F}_{n+1}^{t} + \overline{NX}_{n+1}^{t})]] -$$

$$e_{n+1} [\overline{A}^{*0} * \mathrm{diag}[(1-\overline{A}^{*0})^{-1}(\overline{G}_{n+1}^{t} + \overline{F}_{n+1}^{t} + \overline{NX}_{n+1}^{t})]] \tag{33}$$

$$\Delta \overline{\mathrm{GDP}}^{c} = e_{n+1} [\overline{A}^{*tc} * \mathrm{diag}[(1-\overline{A}^{*tc})^{-1}(\overline{G}_{n+1}^{t} + \overline{F}_{n+1}^{t} + \overline{NX}_{n+1}^{t})]] -$$

$$e_{n+1} [\overline{A}^{*0} * \mathrm{diag}[(1-\overline{A}^{*0})^{-1}(\overline{G}_{n+1}^{t} + \overline{F}_{n+1}^{t} + \overline{NX}_{n+1}^{t})]] \tag{34}$$

$$\Delta \overline{\mathrm{GDP}}^{Ac} = \Delta \overline{\mathrm{GDP}}^{A^*} - \Delta \overline{\mathrm{GDP}}^{A} - \Delta \overline{\mathrm{GDP}}^{c} \tag{35}$$

式中，$\Delta \overline{\mathrm{GDP}}^{A}$、$\Delta \overline{\mathrm{GDP}}^{c}$、$\Delta \overline{\mathrm{GDP}}^{Ac}$ 分别表示中间投入系数 A、居民消费结构 c 以及二者的联合变动对 GDP 的影响。

记

$$\Delta \overline{\mathrm{GDP}}^{(1)} = \Delta \overline{\mathrm{GDP}}^{A} + \Delta \overline{\mathrm{GDP}}^{c} + \Delta \overline{\mathrm{GDP}}^{\overline{c_g}} + \Delta \overline{\mathrm{GDP}}^{\overline{\overline{G}}} + \Delta \overline{\mathrm{GDP}}^{f} + \Delta \overline{\mathrm{GDP}}^{\overline{F}} +$$

$$\Delta \overline{\mathrm{GDP}}^{nx} + \Delta \overline{\mathrm{GDP}}^{\overline{NX}}$$

$$\Delta \overline{\mathrm{GDP}}^{(2)} = \Delta \overline{\mathrm{GDP}}^{c_g \overline{\overline{G}}} + \Delta \overline{\mathrm{GDP}}^{f\overline{F}} + \Delta \overline{\mathrm{GDP}}^{nx\overline{NX}} + \Delta \overline{\mathrm{GDP}}^{Ac} + \Delta \overline{\mathrm{GDP}}^{A^* \overline{c_g}} +$$

$$\Delta \overline{\mathrm{GDP}}^{A^* \overline{\overline{G}}} + \Delta \overline{\mathrm{GDP}}^{A^* f} + \Delta \overline{\mathrm{GDP}}^{A^* \overline{F}} + \Delta \overline{\mathrm{GDP}}^{A^* nx} + \Delta \overline{\mathrm{GDP}}^{A^* \overline{NX}}$$

$$\Delta \overline{\mathrm{GDP}}^{(3)} = \Delta \overline{\mathrm{GDP}}^{A^* \overline{c_g} \overline{\overline{G}}} + \Delta \overline{\mathrm{GDP}}^{A^* f\overline{F}} + \Delta \overline{\mathrm{GDP}}^{A^* nx\overline{NX}}$$

可知，$\Delta \overline{\mathrm{GDP}}$ 可以分解为 8 个一阶纯影响、10 个二阶纯影响和 3 个三阶纯影响之和。

计算所使用数据依然为 36 部门不变价投入产出表。首先看 2007—2012 年变动的计算结果，见附表 4-1。

附表 4-1　各因素变动对 GDP 增长贡献:2007—2012　　　　　　　%

GDP 总增长率:62.68%

因素	对 GDP 增长贡献	因素	对 GDP 增长贡献
$\Delta\overline{GDP}^{A}$	22.67	$\Delta\overline{GDP}^{Ac}$	16.88
$\Delta\overline{GDP}^{c}$	−45.98	$\Delta\overline{GDP}^{\bar{A}*\bar{c}_g}$	0.04
$\Delta\overline{GDP}^{\bar{c}_g}$	0.07	$\Delta\overline{GDP}^{\bar{A}*f}$	0.69
$\Delta\overline{GDP}^{f}$	−0.29	$\Delta\overline{GDP}^{\bar{A}*nx}$	0.55
$\Delta\overline{GDP}^{nx}$	−0.16	$\Delta\overline{GDP}^{\bar{A}*\bar{C}}$	0.70
$\Delta\overline{GDP}^{\bar{G}}$	23.77	$\Delta\overline{GDP}^{\bar{A}*\bar{F}}$	1.38
$\Delta\overline{GDP}^{\bar{F}}$	82.62	$\Delta\overline{GDP}^{\bar{A}*\overline{NX}}$	−0.32
$\Delta\overline{GDP}^{\overline{NX}}$	−2.49	$\Delta\overline{GDP}^{\bar{A}*\bar{c}_g\bar{C}}$	−0.02
$\Delta\overline{GDP}^{\bar{c}_g\bar{C}}$	−0.03	$\Delta\overline{GDP}^{\bar{A}*\bar{f}\bar{F}}$	−0.31
$\Delta\overline{GDP}^{\bar{f}\bar{F}}$	0.13	$\Delta\overline{GDP}^{\bar{A}*\overline{nx}\,\overline{NX}}$	0.12
$\Delta\overline{GDP}^{\overline{nx}\,\overline{NX}}$	−0.04	合计	100

对照表 4-2 发现,在 21 项因素中,有 4 项相同:分别是单因素的政府消费结构和三因素的 $\Delta\overline{GDP}^{\bar{A}*\bar{c}_g\bar{G}}$、$\Delta\overline{GDP}^{\bar{A}*\bar{f}\bar{F}}$、$\Delta\overline{GDP}^{\bar{A}*\overline{nx}\,\overline{NX}}$;主要的 4 项因素依然是直接消耗系数、居民消费结构、政府消费总额和资本形成总额,且 4 项中除居民消费结构外,其他很接近,居民消费结构在逆向分析作用倍增,方向不变;有 10 项的符号发生了反转,包括位于左栏的有直接消耗系数参与的二阶因素、资本形成结构、净出口结构、公共消费结构与总量的二阶因素。

根据逆向分析的意义,附表 4-1 中的结果说明,在 2007—2012 年的变化中,居民消费结构对经济增长有很强的抑制作用,而直接消耗系数与居民消费结构的联合则显著削弱了居民消费结构的抑制作用。再从符号反转的方面看,直接消耗系数对该段时期的经济增长作用是十分显著的,很好地抑制了不利作用。

再看 2012—2017 年的计算结果,见附表 4-2。

附表 4-2　各因素变动对 GDP 增长贡献:2007—2012　　　　　　　　　　%

GDP 总增长率:38.99%

因素	对 GDP 增长贡献(%)	因素	对 GDP 增长贡献(%)
$\Delta\overline{GDP}^{A}$	10.20	$\Delta\overline{GDP}^{Ac}$	0.56
$\Delta\overline{GDP}^{c}$	4.06	$\Delta\overline{GDP}^{\bar{A}*\bar{c}g}$	-0.18
$\Delta\overline{GDP}^{\bar{c}g}$	-0.10	$\Delta\overline{GDP}^{\bar{A}*f}$	-1.29
$\Delta\overline{GDP}^{f}$	1.67	$\Delta\overline{GDP}^{\bar{A}*\overline{nx}}$	-2.03
$\Delta\overline{GDP}^{\overline{nx}}$	1.78	$\Delta\overline{GDP}^{\bar{A}*\bar{G}}$	-1.57
$\Delta\overline{GDP}^{\bar{G}}$	25.20	$\Delta\overline{GDP}^{\bar{A}*\bar{F}}$	-1.59
$\Delta\overline{GDP}^{\bar{F}}$	69.84	$\Delta\overline{GDP}^{\bar{A}*\overline{NX}}$	4.48
$\Delta\overline{GDP}^{\overline{NX}}$	-10.65	$\Delta\overline{GDP}^{\bar{A}*\bar{c}g\bar{G}}$	0.05
$\Delta\overline{GDP}^{\bar{c}g\bar{G}}$	0.03	$\Delta\overline{GDP}^{\bar{A}*f\bar{F}}$	0.35
$\Delta\overline{GDP}^{f\bar{F}}$	-0.45	$\Delta\overline{GDP}^{\bar{A}*nx\overline{NX}}$	-2.74
$\Delta\overline{GDP}^{nx\overline{NX}}$	2.39		

　　对照表 4-4 发现,与 2007—2012 年时期相比,显示作用相同的剩下 3 项,没有了政府消费结构;主要作用因素剩下 2 项,是政府消费总量和资本形成总量,直接消耗系数和居民消费结构的作用大幅减弱;净出口的负作用显著增强,不仅单因素增强,而且相关的二阶和三阶作用也显著增强,并有正有负;作用方向反转的因素仍然有 10 项,与直接消耗系数相关的二阶因素依然在,原一阶因素资本形成结构换成了二阶因素资本形成结构与总量的联合。

　　从逆向分析看,政府消费和资本形成依然是经济增长的主导因素,净出口变化成为经济增长的主要不利因素,消费结构的作用快速下降。这些变化一是符合经济增长理论,二是显示了我国经济转型的成效和趋势。相对于正向分析,逆向分析更突出了这些特征。

第5章 最终使用结构对产业结构的影响分析

5.1 引言

产业结构演进可以反映经济所处阶段以及运行情况。我国目前处于后工业化时代,为促进经济高质量发展,调整产业结构成为面临的突出问题。传统宏观分析多从供给的角度研究产业结构变化原因,Baumol(1967)[①]最早从生产力差异的角度解释产业结构演进,认为技术进步和技术替代会打破原有的均衡状态,并对产业部门产生冲击和引起生产要素供给的变动。Ngai和Plsaridesa(2008)[②]将劳动变量引入产业结构和经济均衡增长的框架中,发现劳动因素对产业结构变动作用显著[③]。

产业结构作为供给侧变量,其变动是各种因素作用的结果[④]。作为需求方的最终使用结构变化与作为供给方的产业结构变化之间具有密切联系。沈利生(2011)[⑤]利用2007年投入产出数据分析发现,最终需求结构是影响产业结构变动的直接因素,经济发展方式转变依赖于最终需求结构调整。

近年来,已有一些学者从需求侧最终使用视角研究产业结构变化的原

---

① William J. Baumol. Macroeconomics of Unbalanced Growth: The Anatomy of Urban Crisis[J]. The American Economic Review, 1967, 57(3):415-426.

② L. Rachel Ngai, Christopher A. Pissarides. Trends in hours and economic growth[J]. Review of Economic Dynamics, 2008, 11(2):239-256.

③ 王宇,干春晖,汪伟.产业结构演进的需求动因分析:基于非竞争投入产出模型的研究[J].财经研究,2013,39(10):60-75.

④ 卓玛草.中国需求结构与供给结构诱发依存、动力来源及因素分解研究[J].现代经济探讨,2020(1):10-18.

⑤ 沈利生.最终需求结构变动怎样影响产业结构变动:基于投入产出模型的分析[J].数量经济技术经济研究,2011,28(12):82-95,114.

因,大部分都是以三次产业层次的视角进行分析。沈利生(2011)计算生产诱发系数,得到一单位各项最终使用拉动的三次产业总产出或者增加值,结论是为了调整三次产业的结构,提高第三产业在国民经济中的比重,必须从调整最终需求的结构入手,即加大消费在最终需求中的比重。沈利生(2011)、贾晓峰(2015)①等通过设定国内最终需求比例,进行情景模拟,然后计算各类国内最终产品拉动的三次产业增加值,进而得到三次产业结构的变化。

　　本章深入分析最终使用的细结构变化对我国 2007—2017 年产业结构变化的影响。下面首先给出产业结构变化因素影响分析的 MMIA 模型,然后,阐述我国产业结构与最终使用结构的重要特征以及在 2007—2012—2017 年的变化;再次,利用 MMIA 模型对产业结构变化的因素影响进行分析,最后是对以上分析结论的总结。

5.2　产业结构变化因素影响分析模型

　　最终需求结构决定总产出结构,这一点从投入产出基本模型就可以看出。问题的关键是对二者之间的关系作出定量分析。

　　设基本的投入产出表模式为

$$
\begin{pmatrix} X & Y & Q \\ Z' & & \\ Q' & & \end{pmatrix} \tag{5-1}
$$

　　其中,X' 表示中间投入矩阵,Y 表示最终使用矩阵,Z' 表示最初投入矩阵,Q 表示总产出列向量,A 表示直接消耗系数矩阵,B 表示列昂剔夫逆矩阵,当 Y 合并为一列向量,则有

$$
Q = (1 - A)^{-1} Y = BY, B = (1 - A)^{-1} \tag{5-2}
$$

　　设 q 是各部门总产出占总体总产出的比重,反映产业结构,y 是各部门最终使用产品占最终使用总值的比重,反映最终使用的产品部门结构,$\overline{m}$ 表示总增加值率,反映经济总体的价值增值率。e 为所有元素都是 1 的向量,则有

---

① 贾晓峰.江苏最终需求结构与产业结构之间互动变化定量研究[J].江苏社会科学,2015(6):260-267.

$$\overline{\overline{Q}} = eQ, \overline{\overline{Y}} = eY, q = \frac{Q}{\overline{\overline{Q}}}, y = \frac{Y}{\overline{\overline{Y}}}, \overline{\overline{m}} = \frac{\overline{\overline{Y}}}{\overline{\overline{Q}}} \tag{5-3}$$

$$q = Q\overline{\overline{Q}}^{-1} = BY\frac{1}{\overline{\overline{Y}}}\frac{\overline{\overline{Y}}}{\overline{\overline{Q}}} = By\overline{\overline{m}} \tag{5-4}$$

得到总产出结构方程为

$$q = By\overline{\overline{m}} \tag{5-5}$$

在以上符号定义基础上,总产出结构变化模型表示为①

$$\Delta q = \Delta(By)(\overline{\overline{m}} + \Delta\overline{\overline{m}}) + By\Delta\overline{\overline{m}}$$
$$= (\Delta By + B\Delta y + \Delta B\Delta y)(\overline{\overline{m}} + \Delta\overline{\overline{m}}) + By\Delta\overline{\overline{m}}$$
$$= B\Delta y\overline{\overline{m}} + \Delta B\Delta y\overline{\overline{m}} + B\Delta y\Delta\overline{\overline{m}} + \Delta B\Delta y\Delta\overline{\overline{m}}$$
$$+ \Delta By\Delta\overline{\overline{m}} + \Delta By\overline{\overline{m}} + By\Delta\overline{\overline{m}} \tag{5-6}$$

为了深入分析各项最终使用结构对产业结构的影响,对 y 作进一步分解:

$$y = Y\overline{\overline{Y}}^{-1} = (C_H + C_G + F + NX)\overline{\overline{Y}}^{-1}$$
$$= (c_h\overline{\overline{C_H}} + c_g\overline{\overline{C_G}} + f\overline{\overline{F}} + nx\overline{\overline{NX}})\overline{\overline{Y}}^{-1}$$
$$= (c_hy_h + c_gy_g + fy_f + nxy_{nx})\overline{\overline{YY}}^{-1}$$
$$= c_hy_h + c_gy_g + fy_f + nxy_{nx} \tag{5-7}$$

$$\Delta y = \Delta c_hy_h + c_h\Delta y_h + \Delta c_h\Delta y_h + \Delta c_gy_g + c_g\Delta y_g + \Delta c_g\Delta y_g$$
$$+ \Delta fy_f + f\Delta y_f + \Delta f\Delta y_f + \Delta nxy_{nx} + nx\Delta y_{nx} + \Delta nx\Delta y_{nx} \tag{5-8}$$

其中, c_h、c_g、f 与 nx 分别是每一项最终使用的部门产品结构,其分量是每一部门产品在该项最终使用总额的比重,称为纵向结构;y_h、y_g、y_f 与 y_{nx} 分别表示各项最终使用总额占 GDP 的比重,称为横向结构。将式(5-8)代入式(5-6)得

$$\Delta q = B\Delta y\overline{\overline{m}} + \Delta B\Delta y\overline{\overline{m}} + B\Delta y\Delta\overline{\overline{m}} + \Delta B\Delta y\Delta\overline{\overline{m}} +$$
$$\Delta By\Delta\overline{\overline{m}} + \Delta By\overline{\overline{m}} + By\Delta\overline{\overline{m}}$$

---

① 刘新建,张强. 基于多因素多阶影响分析的中美产业结构差异分析[J]. 燕山大学学报(哲学社会科学版),2017,18(1):60-71.

$$= B\Delta y_h \overline{\overline{m}} + B\Delta y_g \overline{\overline{m}} + B\Delta y_f \overline{\overline{m}} + B\Delta y_{nx} \overline{\overline{m}} +$$

$$\Delta B\Delta y_h \overline{\overline{m}} + \Delta B\Delta y_g \overline{\overline{m}} + \Delta B\Delta y_f \overline{\overline{m}} + \Delta B\Delta y_{nx} \overline{\overline{m}} +$$

$$B\Delta y_h \Delta \overline{\overline{m}} + B\Delta y_g \Delta \overline{\overline{m}} + B\Delta y_f \Delta \overline{\overline{m}} + B\Delta y_{nx} \Delta \overline{\overline{m}} +$$

$$\Delta B\Delta y_h \Delta \overline{\overline{m}} + \Delta B\Delta y_g \Delta \overline{\overline{m}} + \Delta B\Delta y_f \Delta \overline{\overline{m}} + \Delta B\Delta y_{nx} \Delta \overline{\overline{m}} +$$

$$\Delta By \Delta \overline{\overline{m}} + \Delta By \overline{\overline{m}} + By \Delta \overline{\overline{m}} \tag{5-9}$$

如果令

$$\Delta q^B = \Delta By \overline{\overline{m}}, \Delta q^{\overline{\overline{m}}} = By \Delta \overline{\overline{m}}, \Delta q^{B\overline{\overline{m}}} = \Delta By \Delta \overline{\overline{m}} \tag{5-10}$$

$$\Delta q^{y_h} = B\Delta y_h \overline{\overline{m}}, \Delta q^{y_g} = B\Delta y_g \overline{\overline{m}}, \Delta q^{y_f} = B\Delta y_f \overline{\overline{m}}, \Delta q^{y_{nx}} = B\Delta y_{nx} \overline{\overline{m}} \tag{5-11}$$

$$\Delta q^{By} = \Delta B\Delta y_h \overline{\overline{m}} + \Delta B\Delta y_g \overline{\overline{m}} + \Delta B\Delta y_f \overline{\overline{m}} + \Delta B\Delta y_{nx} \overline{\overline{m}}$$

$$= q^{By_h} + q^{By_g} + q^{By_f} + q^{By_{nx}} \tag{5-12}$$

$$\Delta q^{y\overline{\overline{m}}} = B\Delta y_h \Delta \overline{\overline{m}} + B\Delta y_g \Delta \overline{\overline{m}} + B\Delta y_f \Delta \overline{\overline{m}} + B\Delta y_{nx} \Delta \overline{\overline{m}}$$

$$= q^{y_h\overline{\overline{m}}} + q^{y_g\overline{\overline{m}}} + q^{y_f\overline{\overline{m}}} + q^{y_{nx}\overline{\overline{m}}} \tag{5-13}$$

$$\Delta q^{By\overline{\overline{m}}} = \Delta B\Delta y_h \Delta \overline{\overline{m}} + \Delta B\Delta y_g \Delta \overline{\overline{m}} + \Delta B\Delta y_f \Delta \overline{\overline{m}} + \Delta B\Delta y_{nx} \Delta \overline{\overline{m}}$$

$$= q^{By_h\overline{\overline{m}}} + q^{By_g\overline{\overline{m}}} + q^{By_f\overline{\overline{m}}} + q^{By_{nx}\overline{\overline{m}}} \tag{5-14}$$

则

$$\Delta q = q^{y_h} + q^{y_g} + q^{y_f} + q^{y_{nx}} + q^{By} + q^{y\overline{\overline{m}}} + q^{By\overline{\overline{m}}} + q^B + q^{\overline{\overline{m}}} + q^{B\overline{\overline{m}}} \tag{5-15}$$

其中,q^{y_h}、q^{y_g}、q^{y_f}、$q^{y_{nx}}$ 分别表示最终使用中居民消费、政府消费、资本形成、净出口结构变动对总产出结构变动 Δq 的一阶纯影响,q^B、$q^{\overline{\overline{m}}}$ 分别表示中间投入结构变动与总增加值率对动 Δq 的一阶纯影响,q^{By} 表示最终使用各项与中间投入结构变动对 Δq 的二阶纯联动影响之和,$q^{y\overline{\overline{m}}}$ 表示最终使用各项与总增加值率变动对 Δq 的二阶纯联动影响之和,$q^{B\overline{\overline{m}}}$ 表示中间投入结构与总增加值率变动对 Δq 的二阶纯联动影响,$q^{By\overline{\overline{m}}}$ 表示最终使用各项、中间投入结构与总增加值率变动对 Δq 的三阶纯联动影响之和。

5.3　中国经济的产业结构与最终使用结构特征

在详细分析产业结构变动的因素影响之前,先观察一下结构本身。为突出部门的经济功能特征,本章使用 23 部门投入表,如表 5-1 所示。在投入产出经济学中,产业结构有两种表示:一种是用各部门总产出的比例关系表示,通常用总产出列向量除以社会总产出①所得的向量表示;另一种是用各部门增加值的比例关系表示,可以用增加值向量除以 GDP 所得向量表示。在本章的分析中使用总产出结构表示产业结构。

表5-1　部门分类

代码	部门名称	代码	部门名称
01	农林牧渔产品和服务	13	信息传输及软件和信息技术服务
02	采选业	14	批发和零售
03	轻工制造业	15	住宿和餐饮
04	石油及炼焦产品和核燃料加工品	16	金融
05	化学产品	17	房地产
06	非金属矿物制品	18	租赁和商务服务
07	金属冶炼及压延加工	19	科学研究与技术服务
08	机械及其他制造业	20	居民服务及水利环境服务业
09	电燃供应业	21	教育
10	水的生产和供应	22	文化体育和娱乐
11	建筑业	23	公共服务业
12	交通运输及仓储和邮政		

5.3.1　产业结构特征

自 2008 年全球金融危机爆发以来,中央和各地区积极调整产业结构。依据 23 部门 2007、2012、2017 年投入产出表计算的各年份的产业结构。图 5-1 是三次产业 2007、2012、2017 年的产业结构,图 5-2 和 5-3 分别展示了二、三次产业内部三个年份的产业结构。

---

① 在计划经济体制下的统计制度中,把五大物质生产部门(农业、工业、建筑业、运输业、商业)总产出的和称为社会总产出。在传统市场经济的 SNA 系统中,没有总产出概念,而投入产出分析的基本变量是总产出,并随着投入产出核算进入 SNA。这里借用社会总产出概念表示 SNA 框架下所有生产部门总产出的和。社会总产出的值与基础部门划分的细度有关。在给定基础细度下,采用简单加法规则,不同汇总层次部门划分的社会总产出值是相同的。

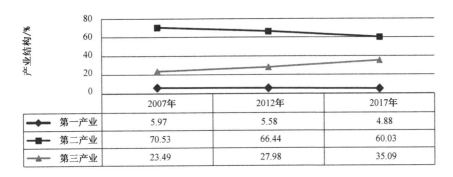

	2007年	2012年	2017年
第一产业	5.97	5.58	4.88
第二产业	70.53	66.44	60.03
第三产业	23.49	27.98	35.09

图 5-1 三次产业结构

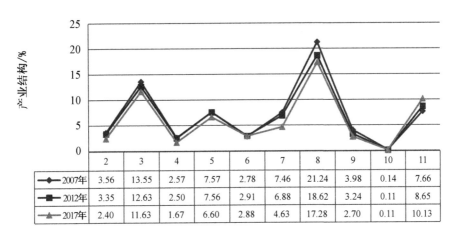

	2	3	4	5	6	7	8	9	10	11
2007年	3.56	13.55	2.57	7.57	2.78	7.46	21.24	3.98	0.14	7.66
2012年	3.35	12.63	2.50	7.56	2.91	6.88	18.62	3.24	0.11	8.65
2017年	2.40	11.63	1.67	6.60	2.88	4.63	17.28	2.70	0.11	10.13

图 5-2 第二产业内各部门结构

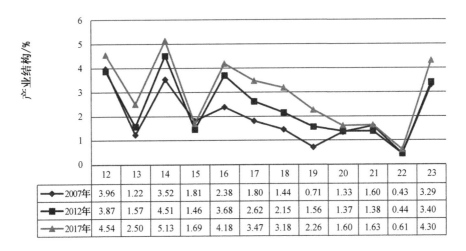

	12	13	14	15	16	17	18	19	20	21	22	23
2007年	3.96	1.22	3.52	1.81	2.38	1.80	1.44	0.71	1.33	1.60	0.43	3.29
2012年	3.87	1.57	4.51	1.46	3.68	2.62	2.15	1.56	1.37	1.38	0.44	3.40
2017年	4.54	2.50	5.13	1.69	4.18	3.47	3.18	2.26	1.60	1.63	0.61	4.30

图 5-3 第三产业内各部门结构

观察图 5-1 至图 5-3,有以下发现:

(1) 三次产业结构特征①。三次产业中,第二产业所占份额始终最大,其次是第三产业,第一产业所占份额最小;第二产业在 2012—2017 5 年相对于 2007—2012 5 年所占份额下降幅度加大,与此相对应的是第三产业份额上升幅度加大,第一产业份额下降幅度较小;第二产业与第三产业份额差距正在缩小。这表明我国在 2007—2017 年间产业结构转型效果明显,并且 2012—2017 年相对于 2007—2012 年,产业结构转型速度加快。

(2) 三次产业内部门结构特征。2007—2017 年 10 年间,第一产业即农林牧渔产品和服务部门所占份额逐渐减少,由 2007 年的 5.97% 到 2012 年的 5.58%,下降了 6.49%;2017 年份额为 4.88%,由 2012 年水平继续下降 12.64%。第一产业变动弹性较小,份额下降说明我国其他产业发展速度加快。

10 年间,第二产业中份额最大的都是机械及其他制造业,其次为轻工制造业,再次为建筑业,其他第二产业内部门所占份额均小于 10%。第二产业 10 年间总体份额下降约 10 个百分点,但内部的金属冶炼及压延加工部门下降幅度最大,为 37.93%,建筑业趋势相反,所占份额 10 年间上升 32.3%。整体来看,第二产业中多数部门在 2012—2017 年期间相对于 2007—2012 年下降幅度加大,产业结构调整速度加快。

10 年间,第三产业内各部门所占份额均小于 5%,但是份额变化幅度大。2007—2012 年交通运输及仓储和邮政业、住宿和餐饮业、教育业份额有所下降,其他部门份额均有所上升,其中上升最多的是科学研究与技术服务业,上升 120.7%。2012—2017 年,第三产业中各部门份额均有所上升,平均上升 28.94%,上升幅度最大的是租赁和商务服务部门,上升 48.05%,上升幅度最小为金融业,上升 13.4%。数据显示,第三产业内各部门 2012—2017 年间份额上升幅度显著,正在加速发展。

为进一步分析产业结构的细部特征,提取出总产出份额前十大部门,如表 5-2 所示,提取出总产出份额变化大的前六大部门如表 5-3 所示。

---

① 这里是用总产出结构表示的产业结构,若用增加值结构表示,根据国家统计局的年度数据,我国在 2012 年就实现了第三产业占比超第二产业的结构,2015 年第三产业增加值占比超过 50%。参见本书 3.4 节。

表 5-2　总产出份额前十大部门　　　　　　　单位:%

2007 年		2012 年		2017 年	
部门	份额	部门	份额	部门	份额
8	21.24	8	18.62	8	17.28
3	13.55	3	12.63	3	11.63
11	7.66	11	8.65	11	10.13
5	7.57	5	7.56	5	6.60
7	7.46	7	6.88	14	5.13
1	5.97	1	5.58	1	4.88
9	3.98	14	4.51	7	4.63
12	3.96	12	3.87	12	4.54
2	3.56	16	3.68	23	4.30
14	3.52	23	3.40	16	4.18

　　由表 5-2 知,机械及其他制造业、轻工制造业、建筑业、化学产品业一直处于 2007、2012、2017 年总产出份额前四大部门,虽然份额有所变化但是位序未变。2007 年份额前十大部门中有七个第二产业部门,前五大部门都属于第二产业。在 2012 年,第三产业中金融、公共服务业已经进入前十大产业部门,与此相对的是第二产业中采选业、电燃供应业跌出前十。第三产业初步显示主导部门潜力。在 2017 年,前十大产出部门没有改变,但是排名有所变化,其中批发和零售业位序不断上升,由 2007 年的第十升到 2012 年第七、2017 年的第五,这是我国经济市场化进一步加深的反映。

表 5-3　总产出份额变化前六大部门

2007—2012 年				2012—2017 年			
上升部门		下降部门		上升部门		下降部门	
部门	变化幅度(%)	部门	变化幅度(%)	部门	变化幅度(%)	部门	变化幅度(%)
19	120.70	10	−26.22	13	59.86	4	−33.24
16	54.88	15	−19.47	18	48.05	7	−32.64
18	49.26	9	−18.72	19	45.23	2	−28.28
17	45.02	21	−13.80	22	38.87	9	−16.48
14	27.95	8	−12.34	17	32.46	5	−12.66
13	27.86	7	−7.85	23	26.58	1	−12.64

　　由表 5-3 知,2007—2012 年,份额增长最大的前六大部门依次是:科学研究与技术服务、金融、租赁和商务服务、房地产、批发和零售、信息传输及

软件和信息技术服务,全部属于第三产业,这显示出我国正快速通过后工业化时代。科学研究与技术服务部门增长幅度最大,为 120.70%,这显示出我国科技兴国战略取得了良好的效果,科技产业正在我国形成并壮大。下降幅度最大的部门是水的生产和供应业,幅度是−26.22%,该部门的特点是受资源恒定性影响,规模具有稳定性,也体现着节约用水成就。下降幅度较大的 6 个部门中第二产业有 4 个,分别是金属冶炼及压延加工、机械及其他制造业、电燃供应业、水的生产和供应业。第三产业中住宿和餐饮、教育业份额也下降较大,说明这 2 个部门的发展遇到了瓶颈。

2007—2012 年,份额增长最大的前 6 个部门是:信息传输及软件和信息技术服务、租赁和商务服务、科学研究与技术服务、文化体育和娱乐、房地产、公共服务业,同样都是第三产业,并且增长幅度较大。下降幅度较大的 6 个部门前 5 个属于第二产业,依次是:石油及炼焦产品和核燃料加工品、金属冶炼及压延加工、采选业、电燃供应业、化学产品,都是重工业,第 6 个部门是农林牧渔产品和服务,主要是第一产业。相对于之前 5 年,这些部门的份额下降幅度有所加大,是我国主动加快产业结构调整的效果反映。

5.3.2 最终使用结构特征

最终使用结构包含两类:一个是最终使用的分项横向结构,是各分项的总额除以 GDP,即各项最终使用总额占 GDP 的比重;另一个是各分项的纵向结构,是各分项的产品分量除以该项的总额。

5.3.2.1 横向结构

对于最终使用的分项结构,2007、2012、2017 年最终使用中居民消费总和、政府消费总和、资本形成总和、净出口总和在 GDP 中的占比如表5-4所示。

表 5-4　最终使用各项总额占 GDP 份额　　　　　　　　　　单位:%

	最终使用各分项结构			最终使用各分项结构变化率		
	2007 年	2012 年	2017 年	2007—2012 年	2012—2017 年	2007—2017 年
居民消费	37.18	37.24	38.92	0.16	4.51	4.68
政府消费	13.20	13.63	15.03	3.28	10.30	13.92
资本形成	42.20	46.44	44.27	10.04	−4.66	4.91
出口	35.64	25.50	19.90	−28.44	−21.96	−44.15
进口	28.22	22.81	18.13	−19.15	−20.52	−35.74
净出口	7.42	2.69	1.77	−63.74	−34.17	−76.13

由表 5-4 知,2007、2012 与 2017 年都是资本形成份额最大,其次是居民消费,政府消费份额较小,出口与进口份额虽然较大,但是净出口份额最小,份额分布虽然还没有高低位序上的变化,但是份额大小上变化明显。

居民消费份额在 10 年间不断上升,并且在 2007—2012 年间上升幅度加大。随着经济发展水平和收入水平的提高,我国居民消费保持快速增长的态势,是需求侧拉动经济增长的最重要力量。

政府消费份额在 2007—2017 年逐年上升,由于政府消费份额较小,所以上升幅度明显,2007—2012 年上升了 3.28%,2007—2012 年上升了 10.3%,幅度加大。政府消费在促进国民经济运行方面起到的作用越来越大,在调控经济结构上发挥越来越重要的作用。

资本形成份额在 2007—2012 年间上升后在 2007—2012 年有所回落,呈倒 V 形,但依然保持着高位,占最终使用总额的 40% 以上。

在国际市场环境以及贸易政策等影响下,我国净出口份额波动剧烈,10 年间大幅下降,2017 年仅占 GDP 份额的 1.77%。当前,中美贸易冲突强烈,新冠疫情对世界经济影响巨大,我国采取扩大内需、增强内循环的政策,净出口的份额未来可能进一步减小。

5.3.2.2　纵向结构

图 5-4 是三次产业最终使用结构图。对比图 5-4 与图 5-1 发现,共同点为第二产业份额最大,其次是第三产业,第一产业份额最小,并且三次产业的最终使用结构变化趋势与产业结构变化趋势一致,都是第一产业与第二产业份额逐渐减少,第三产业份额逐渐增加。不同点是,最终使用结构相对于产业结构,第三产业占比更大。数据说明,最终使用结构对产业结构有决定性作用。

下面分别从三次产业与 23 部门两个层次,分析居民消费、政府消费、资本形成、出口、进口以及净出口等最终使用组成部分的纵向结构。

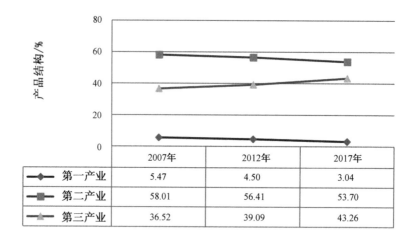

图 5-4　最终使用三次产业结构

1. 居民消费结构

居民消费涵盖各部门产品,图 5-5 是居民消费的 23 部门产品结构, 表 5-5 是居民消费的三次产业结构。

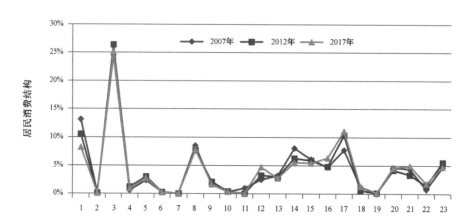

图 5-5　各部门产品占居民消费份额

表 5-5　居民消费的三次产业产品结构

单位:%

	居民消费结构			居民消费结构变化率		
	2007 年	2012 年	2017 年	2007—2012 年	2012—2017 年	2007—2017 年
第一产业	13.10	10.49	8.19	-19.95	-21.91	-37.48
第二产业	39.07	40.98	38.65	4.89	-5.69	-1.08
第三产业	47.83	48.53	53.16	1.47	9.54	11.15

由图 5-5 与表 5-5 知,居民消费对轻工制造业需求最大,为 25%左右,其他均小于 11%;从 2007 到 2017 年,对 23 部门的需求份额改变较小。从 2007 到 2017 年,居民对第三产业的消费占比重最大,其次为第二产业,对第一产业的需求份额最小,且对第三产业需求份额在上升,2007—2012 年上升幅度比前 5 年更大。对第一产业需求份额持续下降,2007—2012 年份额下降幅度增大。随着经济发展,人均国民收入水平提高,根据恩格尔定律,居民消费需求由低层次向高层次演变,由衣食住行基本生存需求为主导向追求精神文化满足、生活质量提高、生活环境改善等需求转变。我国居民消费结构的变化符合这个趋势,推动了产业结构优化和新经济的发展。

2. 政府消费结构

政府消费的产品是以公共产品为主的服务。表 5-6 是政府消费的细部门产品结构,表 5-7 是政府消费的三次产业结构。表 5-6 中仅列出政府消费不为 0 的部门,按 2007 年政府消费份额由大到小排列。

表 5-6　各部门占政府消费份额　　　　　　　　　　　　　　　单位:%

	政府消费结构			政府消费结构变化率		
	2007 年	2012 年	2017 年	2007—2012 年	2012—2017 年	2007—2017 年
公共服务业	60.19	57.00	63.73	−5.30	11.80	5.88
教育	21.34	19.23	15.56	−9.90	−19.10	−27.11
交通运输及仓储和邮政	4.65	2.70	2.44	−41.89	−9.78	−47.57
科学研究与技术服务	4.16	9.11	6.43	118.93	−29.46	54.44
居民服务及水利环境服务业	3.46	5.85	4.95	69.01	−15.44	42.91
文化体育和娱乐	2.57	2.43	3.63	−5.45	49.20	41.07
租赁和商务服务	1.62	1.55	1.34	−4.45	−13.40	−17.25
农林牧渔产品和服务	1.13	0.85	1.00	−25.17	18.27	−11.50
金融	0.87	1.27	0.93	46.81	−26.94	7.25

表 5-7　政府消费的三次产业产品结构　　　　　　　　　　　　单位:%

	政府消费结构			政府消费结构变化率		
	2007 年	2012 年	2017 年	2007—2012 年	2012—2017 年	2007—2017 年
第一产业	1.13	0.85	1.00	−25.17	18.27	−11.50
第二产业	0.00	0.00	0.00	0.00	0.00	0.00
第三产业	98.87	99.15	99.00	0.29	−0.16	0.13

由表 5-6 与表 5-7 知,政府对公共服务业支持力度最大,占政府支出份额

的60%左右。公共服务业包括卫生、社会工作、社会保障、公共管理和社会组织等部门，这些部门的产出属于公共产品性质，由于不具有排他性与竞用性，所以一般需要由政府通过财政支持购买才能保障这些服务的供给。其次政府对教育的支持也较大，2007年占比21.34%，2017年占比15.56%，但10年间下降明显。对交通运输及仓储和邮政、科学研究与技术服务、居民服务及水利环境服务业、文化体育和娱乐、租赁和商务服务、农林牧渔产品和服务、金融等部门也有一定的支持。

3. 资本形成

资本形成总额在GDP中占比最大，但产品结构比较集中。表5-8是资本形成的细部门产品结构，按2007年政府消费份额由大到小依次排列，表5-9是资本形成的三次产业结构。

表5-8　各部门占资本形成份额　　单位:%

	资本形成结构			资本形成结构变化率		
	2007年	2012年	2017年	2007—2012年	2012—2017年	2007—2017年
建筑业	53.07	51.91	59.83	-2.18	15.25	12.73
机械及其他制造业	34.86	32.37	22.57	-7.14	-30.26	-35.25
房地产	3.07	3.78	2.89	23.19	-23.52	-5.78
轻工制造业	2.30	1.88	1.19	-18.37	-36.75	-48.36
农林牧渔产品和服务	2.11	2.73	0.66	29.44	-75.91	-68.81
批发和零售	1.82	2.22	2.19	22.26	-1.56	20.35
信息传输及软件和信息技术服务	1.15	3.15	5.37	173.22	70.35	365.43
金属冶炼及压延加工	0.46	0.07	0.10	-84.77	38.16	-78.96
化学产品	0.43	0.09	0.11	-78.51	18.22	-74.60
科学研究与技术服务	0.28	0.48	3.83	69.27	695.34	1246.29
交通运输及仓储和邮政	0.26	0.89	1.05	244.59	17.43	304.64
采选业	0.22	0.25	0.09	13.68	-64.76	-59.94
非金属矿物制品	0.04	-0.03	0.02	-181.47	-173.53	-40.10
电燃供应业	0.00	0.02	0.01	823.73	-54.97	315.91
水的生产和供应	0.00	0.00	0.01	0.00	0.00	0.00
住宿和餐饮	0.00	0.00	0.00	0.00	0.00	0.00
金融	0.00	0.00	0.00	0.00	0.00	0.00
租赁和商务服务	0.00	0.00	0.00	0.00	0.00	0.00

	资本形成结构			资本形成结构变化率		
	2007 年	2012 年	2017 年	2007—2012 年	2012—2017 年	2007—2017 年
居民服务及水利环境服务业	0.00	0.00	0.00	0.00	0.00	0.00
教育	0.00	0.00	0.00	0.00	0.00	0.00
文化体育和娱乐	0.00	0.00	0.00	0.00	0.00	0.00
公共服务业	0.00	0.00	0.00	0.00	0.00	0.00
石油及炼焦产品和核燃料加工品	−0.07	0.18	0.09	−369.09	−46.14	−244.94

表 5-9　资本形成的三次产业产品结构　　　　单位:%

	资本形成结构			资本形成结构变化率		
	2007 年	2012 年	2017 年	2007—2012 年	2012—2017 年	2007—2017 年
第一产业	2.11	2.73	0.66	29.44	−75.91	−68.81
第二产业	91.30	86.74	84.01	−5.00	−3.14	−7.99
第三产业	6.58	10.53	15.33	59.95	45.57	132.84

由表 5-8 与表 5-9 知,资本形成在建筑业和机械及其他制造业部门占有绝大多数的份额,分别占资本形成总额的 55% 左右与 30% 左右,其他部门均占资本形成份额的 5% 以内。资本形成份额在科学研究与技术服务、信息传输及软件和信息技术服务两部门的上升最大,显示出我国在高新技术领域投入力度的加大,对创新的重视度提高。2007—2017 年间服务业现代化程度提高,前景良好,吸引了更多的资本流入,无形资产成为未来投资的重要方向。目前在我国新冠疫情后期,复工复产持续推进,投资作为短期内拉动经济的关键力量,应是新旧基建齐发力,顺应资本形成向高新技术产业、服务业转移的趋势,为未来经济可持续发展培育新动能。

4. 进出口结构

进口与出口在部门间的分布较为集中,且大致未变,相比之下净出口结构变化明显,图 5-6 至图 5-8 分别是出口、进口、净出口细部门产品结构,表5-10 至表 5-12 分别是出口、进口、净出口的三次产业结构。

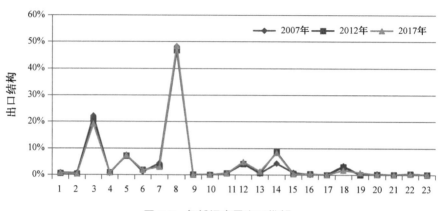

图 5-6　各部门产品出口份额

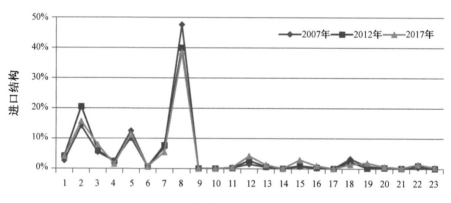

图 5-7　各部门产品进口份额

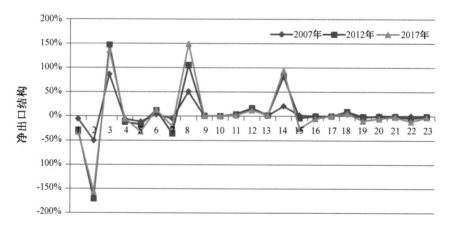

图 5-8　各部门产品净出口份额

表 5-10　出口的三次产业产品结构　　　　　　　单位:%

	出口结构			出口结构变化率		
	2007 年	2012 年	2017 年	2007—2012 年	2012—2017 年	2007—2017 年
第一产业	0.82	0.58	0.73	-28.74	25.28	-10.72
第二产业	84.95	81.51	81.19	-4.05	-0.39	-4.43
第三产业	14.23	17.91	18.08	25.84	0.94	27.02

表 5-11　进口的三次产业产品结构　　　　　　　单位:%

	出口结构			出口结构变化率		
	2007 年	2012 年	2017 年	2007—2012 年	2012—2017 年	2007—2017 年
第一产业	2.60	4.10	4.03	57.81	-1.77	55.01
第二产业	89.75	87.32	81.08	-2.70	-7.15	-9.66
第三产业	7.65	8.57	14.89	12.08	73.7	94.68

表 5-12　净出口的三次产业产品结构　　　　　　单位:%

	出口结构			出口结构变化率		
	2007 年	2012 年	2017 年	2007—2012 年	2012—2017 年	2007—2017 年
第一产业	-5.97	-29.28	-33.08	390.57	12.96	454.17
第二产业	66.69	32.17	82.33	-51.77	155.98	23.46
第三产业	39.28	97.12	50.74	147.24	-47.75	29.18

结合图 5-6 至 5-8 与表 5-10 至 5-12 知,各部门净出口变化幅度很大,部门顺差程度最大的是轻工制造业、机械及其他制造业、批发和零售业。轻工制造业出口份额在 20% 左右,并且处于逐年减少的态势,10 年间下降13.62%,进口份额占 6% 左右,为逐年增加趋势,但是净出口 10 年间份额处于上升,这是由于其他部门净出口数额下降程度超过此部门下降程度。机械及其他制造业出口份额变化较小,进口份额处于下降趋势,10 年间下降了18.99%;此部门净出口处于上升趋势,并且上升幅度很大,份额由 2007 年的50.43% 到 2012 年的 105.15%,再到 2017 年的 148.55%。批发和零售业出口份额 10 年间有所增加,由 2007 年的 4.34% 到 2017 年的 8.32%,并且进口一直为零,即我国在国际贸易中批发与零售业贸易中属于纯输出国,净出口份额也处于上升趋势,由 2007 年的 20.86% 到 2012 年的 81.44%,再到 2017年的 93.49%,相比之下 2007—2012 年此部门净出口份额上升幅度更大。贸易逆差部门逆差程度最大的是采选业部门,此部门出口份额较小,仅有

0.5%左右,并且 10 年间有所下降,进口份额较大,占总进口份额由 2007 年的 14.12%到 2012 年的 20.46%,再到 2017 年的 15.6%,采选业是我国净进口最大的部门,国内需求一大部分依赖其他国家的供给。

从三次产业角度看,出口结构中,第二产业份额最大,高达 80%以上,10 年间有所下降但是下降程度较小,第三产业产品出口份额 2007 年为 14.23%,到 2012 年 17.91%,再到 2017 年的 18.08%,份额逐年上升,2007—2012 年份额上升幅度放缓,说明我国第三产业逐渐在国际市场上竞争力增强。第一产业产品出口份额最小,一直在 1%以下。进口结构中,同样是第二产业份额最大,10 年间均高达 80%以上,份额有所下降,但程度较小。其次为第三产业进口份额较大,由 2007 年的 7.65%到 2012 年的 8.57%,再到 2017 年的 14.89%,份额逐年上升,我国对外需求中,对第三产业的需求程度上升。相对于出口而言,我国对境外第一产业的需求份额大于对外输出份额,由 2007 年的 2.60%,到 2012 年的 4.10%,再到 2017 年的 4.03%。净出口结构中,我国在第一产业中属于净进口国,并且对外依赖程度增大;在 2007 年我国第二产业是拉动贸易顺差的主要力量,占净出口份额为 66.69;2012 年第三产业是拉动贸易顺差的主要力量,占净出口份额为 97.12%(实际主要是批发和零售服务顺差),2017 年第二产业重新成为拉动贸易顺差的主要力量,占净出口份额的 82.33%。

5.4 最终使用结构对产业结构的多阶影响分析

最终使用结构的变化会对产业结构的变化产生影响,而影响大小单纯从表面结构数据看无法得到。为了追溯结构变化的源头,本节基于投入产出模型,用 MMIA 方法考察影响 2007—2012—2017 年产业结构变化的更深入的内部情况。

5.4.1 计算结果与相关概念

根据式(5-9)~(5-15),基于 2007 和 2012 年投入产出表,利用 MMIA 模型计算 2007—2012 年产业结构变化的影响域,结果见表 5-13 与表 5-14。

表 5-13　贡献于 q 的变化的一阶影响域（2007—2012 年）　　　　单位：%

代码	q 的总变化率	变化贡献百分比					
		q^{y_h}	q^{y_g}	q^{y_i}	$q^{y_{nx}}$	q^B	$q^{\bar{\bar{m}}}$
1	−6.493	156.2	5.5	−61.2	55.8	−10.4	−48.6
2	−6.093	3.1	0.0	−3.0	109.9	32.7	−51.8
3	−6.790	−42.1	0.0	6.0	145.4	36.5	−46.5
4	−2.928	−83.3	0.0	−41.3	−55.2	388.9	−107.9
5	−0.197	−330.7	0.0	186.5	−535.6	2659.5	−1602.4
6	4.486	14.1	0.0	−40.5	126.5	−75.6	70.4
7	−7.854	0.0	0.0	13.4	48.4	75.6	−40.2
8	−12.337	4.8	0.0	−5.3	15.2	110.4	−25.6
9	−18.722	−6.4	0.0	−0.3	−0.2	123.0	−16.9
10	−26.222	−21.2	0.0	0.0	0.0	133.3	−12.0
11	12.988	−11.9	0.0	57.2	1.0	25.5	24.3
12	−2.311	−104.5	88.7	−110.5	237.9	89.5	−136.7
13	27.863	−7.6	0.0	96.3	1.4	−15.4	11.3
14	27.948	−16.4	0.0	6.6	15.9	81.3	11.3
15	−19.475	6.7	0.0	0.0	18.1	89.0	−16.2
16	54.879	0.7	1.3	0.0	0.0	85.3	5.8
17	45.022	40.0	0.0	18.8	0.0	28.7	7.0
18	49.265	−10.7	−0.1	0.0	−2.4	100.0	6.4
19	120.698	1.7	27.1	4.1	7.3	48.4	2.6
20	2.533	−149.9	305.9	0.0	−59.2	−132.7	124.7
21	−13.796	56.3	29.1	0.0	1.3	32.8	−22.9
22	1.125	1764.3	−59.5	0.0	−1023.6	−866.7	280.8
23	3.255	94.1	−50.4	0.0	−2.2	−41.1	97.0

表 5-14　贡献于 q 的变化的二、三阶影响域（2007—2012 年）　　　　单位：%

代码	q 的总变化率	变化贡献百分比												
		二阶影响									三阶影响			
		q^{By_h}	q^{By_g}	q^{By_f}	$q^{By_{nx}}$	$q^{y_h\bar{\bar{m}}}$	$q^{y_g\bar{\bar{m}}}$	$q^{y_f\bar{\bar{m}}}$	$q^{y_{nx}\bar{\bar{m}}}$	$q^{B\bar{\bar{m}}}$	$q^{By_h\bar{\bar{m}}}$	$q^{By_g\bar{\bar{m}}}$	$q^{By_f\bar{\bar{m}}}$	$q^{By_{nx}\bar{\bar{m}}}$
1	−6.493	−1.8	−0.1	0.7	−0.6	4.9	0.2	−1.9	1.8	−0.3	−0.1	0.0	0.0	0.0
2	−6.093	0.1	0.0	−0.1	4.5	0.1	0.0	−0.1	3.5	1.0	0.0	0.0	0.0	0.1
3	−6.790	1.4	0.0	−0.2	−4.9	−1.3	0.0	0.2	4.6	1.2	0.0	0.0	0.0	−0.2
4	−2.928	−3.5	0.0	−1.7	−2.3	−2.6	0.0	−1.3	−1.7	12.3	−0.1	0.0	−0.1	−0.1

续表5-14　单位:%

代码	q的总变化率	二阶影响									三阶影响			
		q^{By_h}	q^{By_g}	q^{By_f}	$q^{By_{nx}}$	$q^{y_h\bar{\bar{m}}}$	$q^{y_g\bar{\bar{m}}}$	$q^{y_f\bar{\bar{m}}}$	$q^{y_{nx}\bar{\bar{m}}}$	$q^{B\bar{\bar{m}}}$	$q^{By_h\bar{\bar{m}}}$	$q^{By_g\bar{\bar{m}}}$	$q^{By_f\bar{\bar{m}}}$	$q^{By_{nx}\bar{\bar{m}}}$
5	−0.197	−160.3	0.0	90.4	−259.6	−10.4	0.0	5.9	−16.9	84.0	−5.1	0.0	2.9	−8.2
6	4.486	0.6	0.0	−1.7	5.2	0.4	0.0	−1.3	4.0	−2.4	0.0	0.0	−0.1	0.2
7	−7.854	0.0	0.0	−0.3	−1.1	0.0	0.0	0.4	1.5	2.4	0.0	0.0	0.0	0.0
8	−12.337	−1.1	0.0	1.2	−3.4	0.2	0.0	−0.2	0.5	3.5	0.0	0.0	0.0	−0.1
9	−18.722	−2.5	0.0	−0.1	−0.1	−0.2	0.0	0.0	0.0	3.9	−0.1	0.0	0.0	0.0
10	−26.222	−3.5	0.0	0.0	0.0	−0.7	0.0	0.0	0.0	4.2	−0.1	0.0	0.0	0.0
11	12.988	−0.4	0.0	1.9	0.0	−0.4	0.0	1.8	0.0	0.8	0.0	0.0	0.1	0.0
12	−2.311	−26.5	22.5	−28.0	60.3	−3.3	2.8	−3.5	7.5	2.8	−0.8	0.7	−0.9	1.9
13	27.863	−0.9	0.0	12.0	0.2	−0.2	0.0	3.0	0.0	−0.5	0.0	0.0	0.4	0.0
14	27.948	3.9	0.0	−1.5	−3.7	−0.5	0.0	0.2	0.5	2.6	0.1	0.0	0.0	−0.1
15	−19.475	−0.3	0.0	0.0	−0.9	0.2	0.0	0.0	0.6	2.8	0.0	0.0	0.0	0.0
16	54.879	1.5	2.5	0.0	0.0	0.0	0.0	0.0	0.0	2.7	0.0	0.1	0.0	0.0
17	45.022	1.9	0.0	0.0	0.0	1.3	0.0	0.0	0.6	0.9	0.1	0.0	0.0	0.0
18	49.265	3.2	0.0	0.0	0.7	−0.3	0.0	0.0	−0.1	3.2	0.1	0.0	0.0	0.0
19	120.698	0.2	3.9	0.6	1.1	0.1	0.9	0.1	0.2	1.5	0.0	0.1	0.0	0.0
20	2.533	−18.5	37.7	0.0	−7.3	−4.7	9.7	0.0	−1.9	−4.2	−0.6	1.2	0.0	−0.2
21	−13.796	−0.3	−0.1	0.0	0.0	1.8	0.9	0.0	0.0	1.0	0.0	0.0	0.0	0.0
22	1.125	26.4	−0.9	0.0	−15.3	55.7	−1.9	0.0	−32.3	−27.4	0.8	0.0	0.0	−0.5
23	3.255	5.5	−3.0	0.0	−0.1	3.0	−1.6	0.0	−0.1	−1.3	0.2	−0.1	0.0	0.0

根据式(5-9)~(5-11),基于2012和2017年投入产出表,利用MMIA模型计算2007—2012年产业结构变化的影响域,结果如表5-15和表5-16所示。

表5-15　贡献于 q 变化的一阶影响域(2007—2012年)　单位:%

代码	q的总变化率	变化贡献百分比					
		q^{y_h}	q^{y_g}	q^{y_i}	$q^{y_{nx}}$	q^B	$q^{\bar{\bar{m}}}$
1	−12.637	58.3	−2.9	79.4	−16.4	37.9	−69.6
2	−28.282	0.6	0.0	3.2	−76.1	192.7	−31.1
3	−7.924	2.8	0.0	18.8	85.3	90.6	−110.9
4	−33.242	6.4	0.0	3.3	−18.3	123.9	−26.4
5	−12.664	9.5	0.0	−1.1	17.3	136.8	−69.4

续表 5-15　单位:%

代码	q 的总变化率	变化贡献百分比					
		q^{y_h}	q^{y_g}	q^{y_i}	$q^{y_{nx}}$	q^B	$q^{\bar{\bar{m}}}$
6	−1.142	−93.5	0.0	80.2	−339.7	1064.6	−769.5
7	−32.640	0.0	0.0	0.1	3.0	115.3	−26.9
8	−7.214	−5.6	0.0	176.7	6.9	12.6	−121.8
9	−16.476	13.9	0.0	0.6	0.1	126.5	−53.4
10	3.860	−140.7	0.0	29.4	0.0	1.1	227.7
11	17.089	0.0	0.0	56.1	−1.7	−9.8	51.4
12	17.403	31.2	−0.1	2.5	−11.9	29.7	50.5
13	59.859	−2.3	0.0	40.5	−0.6	39.3	14.7
14	13.941	−12.9	0.0	−4.6	−38.4	94.9	63.1
15	15.716	−8.7	0.0	0.0	−39.0	83.9	55.9
16	13.405	54.4	−2.7	0.0	−7.2	−17.0	65.6
17	32.460	−17.5	0.0	18.4	0.0	63.4	27.1
18	48.055	9.1	−0.3	0.0	−4.7	69.8	18.3
19	45.233	0.5	−15.0	80.4	−7.6	11.1	19.4
20	17.381	41.8	−10.5	0.0	−13.8	26.5	50.6
21	18.393	95.6	−39.4	0.0	−2.4	−5.4	47.8
22	38.870	36.3	46.9	0.0	−15.3	2.0	22.6
23	26.583	−7.7	67.6	0.0	−1.3	2.2	33.1

表 5-16　贡献于 q 变化的二、三阶影响域（2007—2012 年）　　单位:%

代码	q 的总变化率	二阶影响									三阶影响			
		q^{By_h}	q^{By_g}	q^{By_f}	$q^{By_{nx}}$	$q^{y_h\bar{\bar{m}}}$	$q^{y_g\bar{\bar{m}}}$	$q^{y_f\bar{\bar{m}}}$	$q^{y_{nx}\bar{\bar{m}}}$	$q^{B\bar{\bar{m}}}$	$q^{By_h\bar{\bar{m}}}$	$q^{By_g\bar{\bar{m}}}$	$q^{By_f\bar{\bar{m}}}$	$q^{By_{nx}\bar{\bar{m}}}$
1	−12.637	−0.3	0.0	−0.4	0.1	5.1	−0.3	7.0	−1.4	3.3	0.0	0.0	0.0	0.0
2	−28.282	0.0	0.0	0.0	0.2	0.1	0.0	0.3	−6.7	16.9	0.0	0.0	0.0	0.0
3	−7.924	−0.1	0.0	−0.6	−2.8	0.2	0.0	1.7	7.5	8.0	0.0	0.0	−0.1	−0.2
4	−33.242	−0.7	0.0	−0.4	2.0	0.6	0.0	0.3	−1.6	10.9	−0.1	0.0	0.0	0.2
5	−12.664	−2.5	0.0	0.3	−4.5	0.8	0.0	−0.1	1.5	12.0	−0.2	0.0	0.0	−0.4
6	−1.142	23.2	0.0	−19.9	84.3	−8.2	0.0	7.1	−29.9	93.6	2.0	0.0	−1.8	7.4
7	−32.640	0.0	0.0	0.0	−1.7	0.0	0.0	0.3		10.1	0.0	0.0	0.0	−0.1
8	−7.214	−0.4	0.0	13.1	0.5	−0.5	0.0	15.5	0.6	1.1	0.0	0.0	1.2	0.0

代码	q 的总变化率	二阶影响 q^{By_h}	q^{By_g}	q^{By_f}	$q^{By_{nx}}$	$q^{y_h\overline{m}}$	$q^{y_g\overline{m}}$	$q^{y_f\overline{m}}$	$q^{y_{nx}\overline{m}}$	$q^{B\overline{m}}$	三阶影响 $q^{By_h\overline{\overline{m}}}$	$q^{By_g\overline{\overline{m}}}$	$q^{By_f\overline{\overline{m}}}$	$q^{By_{nx}\overline{\overline{m}}}$
9	-16.476	-0.2	0.0	0.0	0.0	1.2	0.0	0.1	0.0	11.1	0.0	0.0	0.0	0.0
10	3.860	-9.2	0.0	1.9	0.0	-12.4	0.0	2.6	0.0	0.1	-0.8	0.0	0.2	0.0
11	17.089	0.0	0.0	0.1	0.0	0.0	0.0	4.9	-0.2	-0.9	0.0	0.0	0.0	0.0
12	17.403	-8.4	0.0	-0.7	3.2	2.7	0.0	0.2	-1.0	2.6	-0.7	0.0	-0.1	0.3
13	59.859	-0.1	0.0	1.7	0.0	-0.2	0.0	3.6	-0.1	3.5	0.0	0.0	0.2	0.0
14	13.941	-1.2	0.0	-0.4	-3.5	-1.1	0.0	-0.4	-3.4	8.3	-0.1	0.0	0.0	-0.3
15	15.716	0.8	0.0	0.0	3.5	-0.8	0.0	0.0	-3.4	7.4	0.1	0.0	0.0	0.3
16	13.405	5.0	-0.2	0.0	-0.7	4.8	-0.2	0.0	-0.6	-1.5	0.4	0.0	0.0	-0.1
17	32.460	-58.2	0.0	61.0	0.0	-1.5	0.0	1.6	0.0	5.6	-5.1	0.0	5.4	0.0
18	48.055	2.7	-0.1	0.0	-1.4	0.8	0.0	0.0	-0.4	6.1	0.2	0.0	0.0	-0.1
19	45.233	0.0	-1.2	6.5	-0.6	0.0	-1.3	7.1	-0.7	1.0	0.0	-0.1	0.6	-0.1
20	17.381	3.6	-0.9	0.0	-1.2	3.7	-0.9	0.0	-1.2	2.3	0.3	-0.1	0.0	-0.1
21	18.393	-0.8	0.3	0.0	0.0	8.4	-3.5	0.0	-0.2	-0.5	-0.1	0.0	0.0	0.0
22	38.870	0.6	0.8	0.0	-0.3	3.2	4.1	0.0	-1.3	0.2	0.1	0.1	0.0	0.0
23	26.583	-0.1	0.8	0.0	0.0	-0.7	5.9	0.0	-0.1	0.2	0.0	0.1	0.0	0.0

为了对 10 年间产业结构变化的因素影响有一个整体描述,根据式(5-9)～(5-15),基于 2007 和 2017 年投入产出表,利用 MMIA 模型计算 2007—2017 年产业结构变化的影响域,结果如表 5-17 和表 5-18 所示。

表 5-17　贡献于 q 变化的一阶影响域(2007—2017 年)　　单位:%

代码	q 的总变化率	q^{y_h}	q^{y_g}	q^{y_i}	$q^{y_{nx}}$	q^B	$q^{\overline{m}}$
1	-18.309	89.9	-0.1	32.0	7.6	20.4	-66.8
2	-32.652	1.5	0.0	2.1	-38.6	157.0	-37.4
3	-14.176	-18.3	0.0	12.6	112.4	64.8	-86.2
4	-35.197	-6.1	0.0	-2.9	-15.3	143.7	-34.7
5	-12.836	8.2	0.0	-5.5	12.9	170.9	-95.3
6	3.293	155.5	0.0	51.8	73.4	-461.0	371.4
7	-37.931	0.0	0.0	15.3	-0.3	104.8	-32.2
8	-18.661	1.5	0.0	54.4	12.8	75.1	-65.5

表 5-17　贡献于 q 变化的一阶影响域（2007—2017 年）　　　　单位:%

代码	q 的总变化率	变化贡献百分比					
		q^{y_h}	q^{y_g}	q^{y_i}	$q^{y_{nx}}$	q^B	$q^{\bar{\bar{m}}}$
9	−32.114	0.2	0.0	0.0	0.0	122.1	−38.1
10	−23.375	−8.4	0.0	−3.0	0.0	149.2	−52.3
11	32.296	−4.8	0.0	55.1	−0.6	4.9	37.9
12	14.691	89.8	−24.2	34.8	−87.9	20.2	83.2
13	104.400	−3.5	0.0	51.1	0.0	22.4	11.7
14	45.785	−22.6	0.0	5.4	2.9	86.7	26.7
15	−6.819	31.6	0.0	0.0	113.0	103.5	−179.3
16	75.640	13.0	0.5	0.0	−1.6	57.3	16.2
17	92.096	28.8	0.0	−0.3	0.0	44.8	13.3
18	120.994	0.7	−0.2	0.0	−4.0	80.2	10.1
19	220.526	1.1	8.9	33.6	1.0	30.7	5.5
20	20.354	6.5	40.8	0.0	−19.3	5.5	60.1
21	2.060	251.8	−390.9	0.0	−21.2	−259.5	593.5
22	40.433	84.2	43.2	0.0	−43.4	−22.0	30.2
23	30.704	3.8	52.4	0.0	−1.4	−2.5	39.8

表 5-18　贡献于 q 变化的二、三阶影响域（2007—2017 年）　　　　单位:%

代码	q 的总变化率	变化贡献百分比												
		二阶影响									三阶影响			
		q^{By_h}	q^{By_g}	q^{By_f}	$q^{By_{nx}}$	$q^{y_h\bar{\bar{m}}}$	$q^{y_g\bar{\bar{m}}}$	$q^{y_f\bar{\bar{m}}}$	$q^{y_{nx}\bar{\bar{m}}}$	$q^{B\bar{\bar{m}}}$	$q^{By_h\bar{\bar{m}}}$	$q^{By_g\bar{\bar{m}}}$	$q^{By_f\bar{\bar{m}}}$	$q^{By_{nx}\bar{\bar{m}}}$
1	−18.309	−1.0	0.0	−0.3	−0.1	11.0	0.0	3.9	0.9	2.5	−0.1	0.0	0.0	0.0
2	−32.652	0.0	0.0	0.0	0.6	0.2	0.0	0.3	−4.7	19.2	0.0	0.0	0.0	0.1
3	−14.176	0.9	0.0	−0.6	−5.7	−2.2	0.0	1.5	13.7	7.9	0.1	0.0	−0.1	−0.7
4	−35.197	0.2	0.0	0.1	0.4	−0.7	0.0	−0.4	−1.9	17.6	0.0	0.0	0.0	0.1
5	−12.836	−6.6	0.0	4.4	−10.3	1.0	0.0	−0.7	1.6	20.9	−0.8	0.0	0.5	−1.3
6	3.293	−34.1	0.0	−11.3	−16.1	19.0	0.0	6.3	9.0	−56.4	−4.2	0.0	−1.4	−2.0
7	−37.931	0.0	0.0	−2.1	0.0	0.0	0.0	1.9	0.0	12.8	0.0	0.0	−0.3	0.0
8	−18.661	0.1	0.0	2.9	0.7	0.2	0.0	6.7	1.6	9.2	0.0	0.0	0.4	0.1
9	−32.114	0.6	0.0	0.0	0.0	0.0	0.0	0.0	0.0	14.9	0.1	0.0	0.0	0.0
10	−23.375	−1.6	0.0	−0.6	0.0	−1.0	0.0	−0.4	0.0	18.2	−0.2	0.0	−0.1	0.0
11	32.296	−0.1	0.0	0.8	0.0	−0.6	0.0	6.7	−0.1	0.6	0.0	0.0	0.1	0.0

代码	q的总变化率	变化贡献百分比												
		二阶影响									三阶影响			
		q^{By_h}	q^{By_g}	q^{By_f}	$q^{By_{nx}}$	$q^{y_h\bar{m}}$	$q^{y_g\bar{m}}$	$q^{y\bar{m}}$	$q^{y_{nx}\bar{m}}$	$q^{B\bar{m}}$	$q^{By_h\bar{m}}$	$q^{By_g\bar{m}}$	$q^{By_f\bar{m}}$	$q^{By_{nx}\bar{m}}$
12	14.691	-128.0	34.5	-49.6	125.4	11.0	-3.0	4.3	-10.8	2.5	-15.6	4.2	-6.1	15.3
13	104.400	-0.6	0.0	9.3	0.0	-0.4	0.0	6.2	0.0	2.7	-0.1	0.0	1.1	0.0
14	45.785	-11.3	0.0	2.7	1.4	-2.8	0.0	0.7	0.2	10.6	-1.4	0.0	0.3	0.2
15	-6.819	0.2	0.0	0.0	0.7	3.9	0.0	0.0	13.8	12.7	0.0	0.0	0.0	0.1
16	75.640	6.1	0.2	0.0	-0.8	1.6	0.0	0.0	-0.2	7.0	0.7	0.0	0.0	-0.1
17	92.096	4.0	0.0	0.0	0.0	3.5	0.0	0.0	0.0	5.5	0.5	0.0	0.0	0.0
18	120.994	-0.7	1		3.8	0.1		0.0	-0.5	9.8	-0.1	0.0		0.5
19	220.526	0.2	1.8	6.7	0.2	0.1	1.1	4.1	0.1	3.8	0.0	0.2	0.8	0.0
20	20.354	0.5	3.1	0.0	-1.5	0.8	5.0		-2.4	0.7	0.1	0.4		-0.2
21	2.060	31.5	-48.9	0.0	-2.6	30.8	-47.8	0.0	-2.6	-31.7	3.9	-6.0	0.0	-0.3
22	40.433	0.1			-0.1	10.3	5.3		-5.3	-2.7	0.0	0.0		0.0
23	30.704	0.1	1.3	0.0	0.0	0.5	6.4	0.0	-0.2	-0.3	0.0	0.2	0.0	0.0

　　表5-13至表5-18中变化贡献百分比部分,如果贡献为正,说明该因素有助于结构变化方向;如果贡献为负,说明该因素对产业结构变化方向是抑制的。对同一个部门,贡献率越大即影响越大。如在表5-13的部门1中,q变化-6.493%,q^{y_h}对q变化的一阶贡献率是156.2%,为正,说明居民消费结构变化对部门1总产出份额变小有促进作用;q^{y_i}对q变化的一阶贡献率是-61.2%,为负,说明资本形成结构变化对部门1总产出份额变小有阻碍作用。从贡献率绝对值看,居民消费对产业结构比资本形成影响更大。

　　需要说明的是,由于所选基期的不同,表5-17并不是表5-13和表5-15的简单加总。并且不同部门间变化贡献率数值无可比性,变化贡献率仅在同一部门各因素间可以比较大小,即在同一个部门中贡献率大小是相对的,同一部门变化贡献率相加为100%。为了下面评估不同因素影响贡献率,对同一部门,根据贡献率绝对值大小将因素影响分成三类:主导影响(在绝对值上最大影响贡献率是次大因素贡献率的四倍以上)、重要影响(在绝对值上影响贡献率大于最大值的1/4)、较小影响(在绝对值上影响贡献率小于最大值的1/4)。

5.4.2 各因素影响的总体特征

根据表 5-13 至 5-16,下面首先描述各列因素的总体特征。

居民消费结构的变迁是反映居民生活水平的重要参照指标,同时居民消费结构的变化对产业结构的变化也会产生影响。居民消费结构参数包括居民消费项的纵向结构和居民消费总额占 GDP 的比重。2007—2012 年,居民消费结构变化对部门产出份额变动起主导作用的部门是第一产业,第一产业以农业为主;起重要作用的是第二产业中的轻工制造业、能源电力行业,还有第三产业中的交通运输及仓储和邮政、提供生活服务的部门以及为提高科学文化水平和居民素质服务的部门,可见都是紧紧围绕居民"衣食住行"以及物质文化需求的部门,居民消费结构变化对这些部门产生了重要影响。居民消费结构对于第二产业中采选业、重化工业、建筑业,第三产业中的信息技术服务业、科学研究和技术服务业、批发和零售、住宿和餐饮等部门影响较小,这是由于这些部门产品以生产性用途为主,生产部门的需求结构才是其主导因素。2007—2012 年,情况与前 5 年大致相同,但是居民消费结构变化对轻工制造业、能源电力行业、公共服务业等部门影响变小,这是居民消费结构升级的结果。

政府消费即公共消费,是公共财政资金对公共产品的购买。2007—2012 年,我国政府消费结构变化对部门产出份额变化起重要作用的部门有交通运输及仓储和邮政业、信息传输及软件和信息技术服务、科学研究和技术服务业、居民服务及水利环境服务业、教育以及公共服务业,这些部门的产品具有较大的公共性,其产品需要政府通过财政资金投入购买,所以政府消费结构变化对这些行业影响很大,而政府消费变化对国民经济其他行业影响较小。2007—2012 年,政府消费结构变化起重要作用的部门仅有教育、文化及体育和娱乐、公共服务业,部门数目变少,这是有些部门市场化改革加深的结果。

资本形成包括固定资本形成总额以及存货增加,固定资本占绝对主要部分。资本形成是未来生产扩大的基础,对经济发展产生巨大影响。对某一部门投资的增加,将在未来一段时间内促进此部门的发展。2007—2012 年,资本形成结构改变对信息服务业产出份额的改变起到主导作用,对农林牧渔产品和服务业、建筑业、交通运输及仓储和邮政业、房地产业起到重要影响,这些部门属于资本密集型产业,投资结构的改变引发这些部门产出份额相应的变动。2007—2012 年资本形成结构改变对重工业、科学研究和技术服务业产出份额变化起主导作用,对农林牧渔产品和服务业、建筑业、信息技术服务业、房地产等部门总产出份额变化起重要作用,对其他第二产业与第三产业影响较小。资本形成对高新技术产业的影响加大,逐渐成为我国高科技领域重要的支撑力量。

净出口作为拉动我国经济的三驾马车之一,对经济增长和产业结构的变化影响巨大。2007—2012 年,净出口结构的变化对采选业、轻工制造业、金属冶炼及压延加工业、非金属矿物制品总产出份额变化起到主导作用,其中对非金属矿物制品总产出份额的增长起到促进作用,对其他部门比例的减少起到了减缓作用。对农林牧渔产品和服务业、交通运输及仓储和邮政业、文化及体育和娱乐部门总产出份额变化起到重要作用,对其他部门影响较小。2007—2012 年,净出口结构的改变对轻工制造业、采选业、非金属矿物制品部门、批发和零售、住宿和餐饮、文化及体育和娱乐部门总产出份额变化起到重要作用,其中,强化了轻工制造产品份额的下降,减缓了采选业、非金属矿物制品的下降,抑制了批发和零售、住宿和餐饮、文化及体育和娱乐部门总产出份额的提升。以上这些部门均集中在出口份额大或者进口份额大的行业中。

中间投入结构揭示了一个经济系统各部门之间的联系,从一个侧面反映出一个经济系统的技术结构,技术联系的变动调整对经济发展方式转变有正向影响。当一个经济系统内产业间的技术联系处于一个合理的状态时,技术变动会促进经济发展方式的转变,同时经济发展方式的转变又会进一步推动技术进步。表现中间投入结构的列昂惕夫逆 B 的元素 b_{ij} 的含义是,单独使用部门 j 一个单位产品作最终使用,将需要该经济系统中部门 i 生产的总产出量。2007—2012 年中间投入结构变化对总产出结构产生重要影响的部门数量最多,这反映出我国部门间联系紧密。中间投入结构变化对产业结构变化起主导或重要影响的部门主要集中在第二产业,其次是第三产业,这说明我国部门间技术联系的变动调整对第二、三产业产生深刻影响。2007—2012 年,中间投入结构变化对总产出份额变化起主导作用的部门全部属于第二产业,第二产业产品以满足生产性需求为主,由于产业结构变化,产生对这些部门需求量进一步变化的反馈作用。相比于 2007—2012 5 年,第一产业产品作为生产资料的属性增强,中间投入结构对第二产业产生的影响加大;第三产业中其他影响因素对产业结构的变化影响加大,与中间投入结构的改变共同起作用。

总增加值率表明一个经济体在市场经济下的投入产出效益水平,是一个经济体盈利水平的综合体现。总增加值率是一个经济体中各个部门的增加值之和(即 GDP)占各个部门总产出之和的比例。2007、2012、2017 年我国经济的总增加值率分别为 0.324 9、0.335 2、0.364 6,总增加值率是上升的,说明我国投入产出效益提高。经济发展效率的提高对产业结构升级具有积极影响。由于对各个部门,总增加值率是相同的,贡献率的差异取决于列昂惕夫逆向量与最终使用列矩阵的乘积对应的各个部门的大小以及产业结构份额的变化量。计算结果表明,2007—2017 年 10 年间总增加值率对总产出份额下降的部门起到抑制作用,对总产出份额增加的部门起到促进作用。

两个因素的一阶影响方向与二阶影响方向无直接联系,如轻工制造业净出口因素对产业结构变化贡献率为 145.4%,中间投入结构变化贡献率为 36.5%,而二者的协同影响贡献率为-4.9%。在二阶影响中,从纵向角度知,中间投入结构与总增加值率的协同影响、最终使用各因素与中间投入结构的协同影响较大,而最终使用结构各因素与总增加值率的协同影响很小。这进一步验证了最终使用各因素与中间投入结构的变化对产业结构变化的重要性。从横向角度知,二阶影响中,在一些部门中某两个因素的协同作用在数值上较大,如对化学产品部门,居民消费、资本形成、净出口分别与中间投入结构的协同影响贡献率为-160.3%、90.4%、-259.6%,数值较大,但是相对于中间投入结构变化贡献率 2 659.5%,则数值很小,对总产出份额变化影响较小。在 2007—2012 年时期,仅在交通运输及仓储和邮政部门,净出口结构变化与中间投入结构变化协同影响起到重要作用,使此部门总产出份额下降,其他二阶影响均较小,作用效果不明显。在 2007—2012 年,仅在房地产部门,居民消费结构变化与中间投入结构变化联合影响对总产出份额上升起到重要的抑制作用,资本形成结构变化与中间投入结构变化联合影响对总产出份额上升起到重要的促进作用,其他二阶影响均较小。在三阶影响中,最终使用各因素与中间投入结构、总增加值率的协同影响均很小。这说明各部门的产业结构变化因素影响机制为某些因素单独起作用为主,其中个别部门某两个因素协同产生一定的影响。

5.4.3 分部门结构分析

为了深入分析每个部门份额变化的因素影响,下面根据表 5-13 至表 5-18 数据,逐一分析各部门产业结构变化的原因,对每个部门的讨论将包括 4 个方面:第一个方面讨论 2007—2012 以及 2007—2012 年总产出变化大小以及主导因素;第二方面分别讨论因素的影响方向和大小;第三个方面讨论两个五年时期之间的差别;第四个方面讨论十年间总产出变化、主导因素以及所表现的经济实质。

1. 关于部门 01——农林牧渔产品和服务业

2007—2012 年 5 年时间内,农林牧渔产品和服务业总产出份额下降 6.493%,其中引起变化的重要原因为此部门产品占居民消费总和份额的下降,居民消费结构变化贡献率达到 156.2%,意味着恩格尔系数下降,居民生活水平提高。在 2007—2012 年期间份额下降幅度增加,变化-12.637%,这一阶段起主要作用的是资本形成份额的改变,贡献率达到 79.4%,两个最终使用结构同时起作用,即资本形成占 GDP 的份额减少,其次为居民消费结构起到一定的作用,贡献率达到 58.3%。第一产业 10 年间所占比重下降 18.309%,是产业结构升级的重要表现,在居民消费以及资本形成结构改变的作用下,2007—2012 年产业结构升级加速。

2. 关于部门 02——采选业

2007—2012 年 5 年时间内,采选业总产出份额下降 6.093%,其中引起变化的重要因素为净出口结构的变化,贡献率达到 109.9%,主要原因是此部门净出口占总净出口份额的下降。在 2007—2012 年期间,总产出份额下降幅度增加,变化-28.282%,而主要原因为中间投入结构变化,对此部门需求度减小,贡献率达到 192.7%。而净出口因素反而起到一定的抑制作用,贡献率为-76.1%。此部门 10 年间份额下降了 32.652%,起主导作用的是中间投入结构的变化,贡献率达 157.0%。采选业属于第二产业,主要是对金属与非金属等自然资源的开采,采选业份额的下降可以反映出我国随着技术的进步、社会经济的发展,对自然资源的依赖程度正在减弱。

3. 关于部门 03——轻工制造业

2007—2012 年 5 年时间内,轻工制造业总产出份额下降 6.790%,引起变化的主导因素为净出口结构的变化,贡献率达 145.4%。在 2007—2012

年,此部门总产出份额下降幅度大致不变,总变化率为 -7.924%,主要来自净出口结构变化,贡献率为 85.3%,两个最终使用结构同时起作用,此部门净出口占 GDP 份额减少;并且 5 年内中间投入结构的变化贡献率为 90.6%,说明由于技术的改进,我国对轻工制造业的需求依赖程度降低。10 年间,此部门总产出份额下降 14.176%,因为此部门占净出口的份额反而有所上升,所以是净出口总和占 GDP 比例的下降产生较大作用,贡献率达到 112.4%,这说明 10 年间我国轻工制造业在国际市场上具有竞争力,净出口结构中,轻工制造业也占有不可忽视的地位,但是我国 GDP 对净出口的依赖度下降,此部门中大多是利润微薄的加工业,其总产出对我国经济的拉动力也处于下降趋势。

4. 关于部门 04——石油及炼焦产品和核燃料加工品

2007—2012 年 5 年时间内,石油及炼焦产品和核燃料加工品部门总产出份额下降 2.928%,引起变化的主导因素为中间投入结构的变化,贡献率为 388.9%,最终使用各项结构对总产出变化的影响均较小且为负,居民消费、资本形成、净出口的贡献率分别为 -83.3%、-41.3% 和 -55.2%。根据原始结构数据,发现此部门三项最终使用占 GDP 份额均有所提升,总增加值率变化贡献率为 -107.9%。2007—2012 年 5 年时间内,此部门总产出份额大幅下降 33.242%,中间投入结构的变化仍是主导因素,贡献率为 123.9%,其他因素影响均较小。10 年间,此部门总产出份额下降 -35.197%,中间投入结构变化是主导因素,贡献率为 143.7%,其他因素均影响较小。此部门所生产的产品大多满足生产性需求,所以最终使用结构对此部门产业结构影响较小。

5. 关于部门 05——化学产品

2007—2012 年 5 年时间内,化学产品部门总产出份额有较小程度的下降,仅为 -0.197%。引起变化的主导因素为中间投入结构的变化,贡献率为 2 659.5%,最终使用各因素对变化影响较小,并且居民消费、净出口结构变化对总产出的下降起到一定的抑制作用,贡献率为 -409.4% 与 -435.9%,资本形成结构变化起到一定的促进作用,贡献率为 165.6%。2007—2012 年 5 年,此部门总产出份额下降幅度有所加大,下降 12.664%,起主导作用的仍是中间投入结构的改变,贡献率为 136.8%,此部门最终使用结构变化对产业结构变化影响较小。10 年间,此部门总产出份额下降 12.836%,中间投入结构变化仍是主导因素,此部门主要功能同样为满足生产性需求,中间投入结构的变化,即其他部门对此部门需求的变化是引起总产出份额变化的重要原因。

6. 关于部门 06——非金属矿物制品

2007—2012 年 5 年时间内,非金属矿物制品业占总产出份额上升 4.486%,引起变化的重要因素是净出口结构的变化,贡献率达到 126.5%,在两个最终使用结构中,在净出口比重下降的情况下,由于此部门净出口占总净出口份额的上升,使得总产出份额是上升的,这说明我国向外净输出非金属矿物制品程度加大,在一定程度上拉动了贸易顺差度。在 2007—2012 年 5 年间,此部门占总产出份额发生逆转,下降 1.142%,起主导作用的是中间投入结构的大幅变化,贡献率达到 1064.6%,由于我国生产技术的改变,对非金属矿物制品的需求比例减少,在这个过程中,此部门总产出的净出口需求变化对总产出份额下降起到一定的抑制作用。在 10 年内,此部门总产出占比增加 3.293%,由数据来看,重要因素为居民消费以及总增加值率的变化,贡献率分别为 155.5% 与 371.4%,说明投入产出效率的提高对非金属矿物制品的需求程度加大,并且中间投入结构的改变起到重要的抑制作用,贡献率为-461.0%。

7. 关于部门 07——金属冶炼及压延加工

2007—2012 年 5 年时间内,金属冶炼及压延加工部门总产出份额下降 7.854%,其中引起变化的重要因素为净出口结构与中间投入结构的改变,贡献率为 48.4% 与 75.6%,根据结构原始数据,净出口结构中两个结构同时起作用,此部门净出口占 GDP 的份额下降,另外,资本形成结构变化也起到较小的影响,贡献率为 13.4%,此部门资本形成占 GDP 的份额下降。总增加值率贡献率为-40.2%,起到重要的抑制作用。2007—2012 年,此部门总产出份额大幅下降 32.640%,中间投入结构变化是主导因素,贡献率为 115.3%,其他因素贡献率均很小。10 年间,此部门总产出份额下降 37.931%,中间投入结构变化是主导因素,贡献率为 104.8%,其他因素影响均很小。此部门生产的产品大多属于生产性产品,所以中间投入结构变化对此部门影响较大。

8. 关于部门 08——机械及其他制造业

2007—2012 年 5 年时间内，机械及其他制造业占总产出份额下降 12.337%，引起变化的主导因素是中间使用结构的变化，贡献率达到 110.4%，考虑到机械及其他制造业部门主要是制造生产性资料，所以其他部门对机械及其他制造业中生产性资料的需求程度减弱。在此 5 年内，最终使用结构对产业结构影响很小。2007—2012 年，此部门总产出份额下降 7.214%，速度放缓，起主导作用的是资本形成结构的变化，贡献率达到 176.7%，观察发现两个最终使用结构同时起作用，即对此部门的资本形成占 GDP 的份额下降。总增加值率变化起到重要的抑制作用，贡献率为 -121.8%。在 10 年内，此部门总产出占比下降 18.661%，起重要作用的是资本形成结构与中间投入结构的变化，贡献率达到 54.4% 与 75.1%，总增加值率的改变起到重要的抑制作用，贡献率为 -65.5%。从一定程度上表明我国生产性资料达到一定程度的稳态，新增产能度减弱。

9. 关于部门 9——电燃供应业

2007—2012 年 5 年时间内，电燃供应业总产出份额下降 18.722%，引起变化的主导因素为中间投入结构的改变，贡献率为 123.0%，而其他因素影响均很小。2007—2012 年 5 年间，此部门总产出份额继续下降 16.476%，中间投入结构的改变是重要原因，贡献率为 126.5%，总增加值率的变化对总产出份额的下降起到一定的抑制作用，贡献率为 -53.4%。10 年间，此部门总产出份额下降 32.114%，中间投入结构是引起变化的主导因素，最终使用结构变化几乎无影响，由最终使用纵向结构知，此部门产品占最终使用各项比例很小或者为零，居民消费对此部门消费占比仅有 2% 左右且变动幅度较小，此部门产品绝大部分用于生产性需求。

10. 关于部门 10——水的生产和供应

2007—2012 年 5 年时间内，水的生产和供应业总产出份额下降 26.2%，引起变化的主导因素为中间投入结构的变化，贡献率为 133.3%，其他因素影响均较小，在最终使用结构中，仅居民消费结构变化有影响，贡献率为 -21.2%，此影响主要归咎于居民消费总额占 GDP 的增加，此部门占居民消费份额仅有 0.3% 左右，且变化较小。2007—2012 年五年，此部门总产出份额上升 3.86%，主导影响因素发生改变，为总增加值率变化，贡献率为

227.7%。最终使用结构中居民消费结构变化贡献率为-140.7%,对比原始结构数据,发现居民消费占 GDP 份额增加,纵向结构中,此部门占居民消费总额仅有 0.3%,并且变动较小。10 年间,此部门总产出下降 23.375%,起重要作用的是中间投入结构的改变,最终使用结构对比部门影响很小,此部门占最终使用各项的份额很小甚至为零。

11. 关于部门 11——建筑业

2007—2012 年 5 年时间内,建筑业占总产出份额上升 12.988%,资本形成因素起到重要作用,贡献率达到 57.2%,经过对比发现,资本形成总和占GDP 的份额增加起到重要作用,对建筑业产品的投资一直是国民经济投资的主要领域,在所选年间一直大于 50%,中间投入结构与总增加值率变化的贡献率为 25.5%、24.3%。2007—2012 年,此部门总产出份额大幅上升 17.089%,起重要作用的是资本形成结构和总增加值率的变化,贡献率分别为56.1% 与 51.4%。在资本形成变化中,两个结构同时起作用,即此部门资本形成占 GDP 比重上升。10 年间,此部门占总产出份额上升 32.296%,主要归因于资本形成占 GDP 比重的增加,贡献率达到 55.1%,总增加值率变化贡献率为 37.9%。回顾 10 年间的“投资热”,建筑业迅猛发展,数据与现实得到了良好的印证。住房已经不仅仅满足了居民生活需要,也被赋予了投资价值。

12. 关于部门 12——交通运输及仓储和邮政

2007—2012 年 5 年时间内,交通运输及仓储和邮政占总产出份额下降2.311%。此部门各种因素起到的作用相当,分为两个方面:一方面政府消费、净出口以及中间投入结构的改变对此部门总产出份额下降起到促进作用,贡献率分别为 88.7%、237.9% 与 89.5%。另一方面居民消费、资本形成结构的变化和总增加值率的变化起到抑制作用,贡献率分别为 -104.5%、-110.5% 与 -136.7%。二阶影响中净出口与中间投入结构改变的联合影响也起到重要作用,贡献率为 60.3%,在多种因素影响此消彼长的共同作用下,总产出所占比重下降。这一趋势在 2007—2012 年发生大幅逆转,此部门占总产出份额上升 17.403%,主要归因于居民消费、中间投入结构与总增加值率的变化,贡献率分别为 31.2%、29.7% 与 50.5%。10 年内,此部门占总产出份额上升 14.691%,居民消费结构、资本形成结构、总增加值率的改变

是重要因素,贡献率为 89.8%、34.8%与 83.2%,净出口因素贡献率为
-87.9%,此部门净出口占 GDP 比重下降对总产出份额下降起到较大的抑
制作用。二阶影响对产业结构变化的影响也很重要,居民消费、政府消费、
资本形成、净出口分别与中间投入结构的变化协同作用对总产出份额变化
的贡献率为-128.0%、34.5%、-49.6%与 125.4%。综上,交通运输及仓储和
邮政部门总产出份额变化源自多种因素共同作用,整体来讲,居民对此部门
需求旺盛,结合最近几年网购的盛行,快递产业蓬勃发展,并且居民的出行
需求越来越大,居民消费拉动了此部门供给增加。

13. 关于部门 13——信息传输及软件和信息技术服务

2007—2012 年 5 年时间内,信息传输及软件和信息技术服务业占总产
出份额上升 27.863%,主导因素为资本形成结构的变化,贡献率达到 96.
3%,两个最终使用结构同时起到作用,所以表现为资本形成占 GDP 份额增
加。作为信息技术服务业此部门发展迅速,前景广阔,吸引了众多投资。在
2007—2012 年此部门在总产出中占比继续大幅上升,增加 59.859%,主导因
素为此部门资本形成占总资本形成的份额大幅增加,贡献率达 40.5%,并且
由于技术因素,其他部门对此部门需求程度加大,表现为中间投入结构变化
贡献率为 39.3%。10 年内,此部门总产出占比大幅上升 104.4%,资本形成
结构变化贡献率达到 51.1%,中间投入结构变化贡献率为 22.4%,两个因素
起到重要影响。

14. 关于部门 14——批发和零售

2007—2012 年 5 年时间内,批发和零售业部门总产出份额上升
27.948%,起主导作用的是中间投入结构的改变,贡献率为 81.3%,最终使用
结构中居民消费结构变化起抑制作用,贡献率为-16.4%,主要原因为此部
门居民消费份额下降。净出口结构变化也起到一定作用,贡献率为 15.9%,
其中此部门占出口份额大幅上升,由之前的 4.34%上升到 8.59%,在此阶
段,我国批发和零售业在我国出口贸易中重要性加大。2007—2012 年 5 年
内,此部门总产出份额上升 13.941%,其中起到重要作用的是中间投入结构
以及总增加值率的改变,贡献率分别为 94.9%与 63.1%。最终使用中居民
消费、资本形成和净出口结构变化都对总产出上升起到抑制作用,贡献率为
-12.9%、-4.6%与-38.4%,批发和零售部门此 3 项最终使用均占 GDP 份额

有所减少。10 年间,总产出份额上升 45.785%,中间投入结构与总增加值率的改变是重要因素。

15. 关于部门 15——住宿和餐饮

2007—2012 年 5 年时间内,住宿和餐饮部门总产出份额下降 19.475%,起主导作用的是中间投入结构的改变,贡献率为 89.0%,最终使用中,净出口结构变化贡献率较大,为 18.1%。观察净出口结构时发现,此部门出口份额有所下降,进口份额有所上升,净出口份额由 1% 下降为 -4%。2007—2012 年 5 年内,此部门总产出份额转为上升 15.716%,中间投入结构与总增加值率的改变是重要因素,贡献率分别为 83.9% 与 55.9%。最终使用结构中,居民消费与净出口结构变化贡献率为 -8.7% 与 -39%,净出口中出口份额继续下降,进口份额继续上升,净出口份额由 -4% 下降为 -26%,我国住宿和餐饮业对国外需求程度逐步加大。10 年间,总产出份额下降 6.819%,净出口与中间投入结构的改变是重要因素,总增加值率的变化起到一定程度的抑制作用。

16. 关于部门 16——金融

金融业包含从事货币资金融通活动的金融部门与作为市场经济条件下风险管理的的保险部门。2007—2012 年 5 年时间内,金融业占总产出份额上升 54.879%,主导因素为中间投入结构的改变,贡献率达到 85.3%。在 2007—2012 年间,此部门占总产出份额继续上升 13.405%,居民消费结构变化与总增加值率的增加起到重要作用,贡献率分别为 54.4% 与 65.6%,其中最终使用结构中,两个结构同时起作用,居民消费占 GDP 份额增加。10 年内,金融业占总产出份额上升 75.64%,中间投入结构的变化是重要因素,贡献率为 57.3%,居民消费结构与总增加值率变化贡献率分别为 13% 与 16.2%。

17. 关于部门 17——房地产

2007—2012 年 5 年时间内,房地产业占总产出份额上升 45.022%,其中居民消费、资本形成与中间投入结构变化作用程度相当,贡献率分别为 40.0%、18.8% 与 28.7%。具体而言,此部门居民消费与资本形成占 GDP 的比重均有所增加,其他部门对此部门需求程度增加。在 2007—2012 年 5 年内,此部门占总产出份额继续上升 32.46%,但是主要原因发生改变,中间投入结构变化是重要因素,贡献率达到 63.4%,总增加值率变化贡献率也有 27.1%,这时居民消费、资本形成变化贡献率分别为-17.5%、18.4%,整体最终使用结构 Δy 份额是下降的,所以这里对比居民消费结构原始值,两个最终使用结构同时改变,此部门居民消费占 GDP 的份额是上升的,资本形成占 GDP 的份额是下降的。从居民消费、资本形成绝对值来看,均有大幅增加,但是从份额比例来看,居民消费在房地产部门呈扩张趋势,投资在房地产部门呈收缩趋势。与此同时居民消费与中间投入结构的改变的协同影响贡献率为-58.2%,资本形成与中间投入结构的改变协同影响贡献率为 61.0%,此二阶影响在此部门中起到重要作用。10 年内,此部门总产出份额上升 92.096%,居民消费以及中间投入结构、总增加值率的改变是重要原因,贡献率分别为 28.8%、44.8%、13.3%。

18. 关于部门 18——租赁和商务服务

2007—2012 年 5 年时间内,租赁和商务服务部门总产出份额大幅上升 49.265%,中间投入结构的变化起到主导作用,贡献率 100%,为其他因素的 10 倍以上。2007—2012 年 5 年内,此部门总产出份额继续大幅上升 48.055%,中间投入结构与总增加值率的变化是重要因素,贡献率为 69.8% 与 18.3%,最终使用结构变化贡献率均较小。10 年间,总产出份额上升幅度高达 120.994%,中间投入结构的改变是主导因素,其他因素影响均很小。租赁和商务服务部门是生产性服务业的重要组成部分,主要是为生产、商务活动提供服务,所以中间投入结构对此部门影响作用很大。

19. 关于部门 19——科学研究与技术服务

2007—2012 年 5 年时间内,科学研究与技术服务部门占总产出份额大幅上升 120.698%,起到重要作用的是政府消费与中间投入结构的改变,贡献率分别为 27.1% 与 48.4%。政府消费结构中,两个结构同时起作用,即此部门政府消费占 GDP 的份额上升,5 年间政府高度重视科学技术的发展,引导社会资源向科学技术研究偏移。在 2007—2012 年 5 年内,此部门总产出份额继续上升 45.233%,但是政府消费份额有所下降,起到主导作用的是资本形成结构的改变,贡献率为 80.4%。5 年间科学技术基础研究与创新发展,同样引起我国社会的高度重视,资本形成向此部门大幅偏移,在一定程度上代替了政府投资。10 年内,此部门总产出份额上升 220.526%,为上升幅度最大的部门,资本形成结构与中间投入结构改变起到重要原因,贡献率分别为 33.6%与 30.7%。

20. 关于部门 20——居民服务及水利环境服务业

2007—2012 年 5 年时间内,居民服务及水利环境服务业部门中,各种因素影响有正有负,相互抵消,最终此部门总产出份额增加 2.533%。最终使用结构中,此部门中居民消费、净出口占 GDP 份额减少,居民消费结构和净出口结构影响贡献率为 -149.9%与 -59.2%;此部门中政府消费占 GDP 份额增加,贡献率为 305.9%。中间投入结构变化对此部门需求减少、总增加值率增加,影响贡献率分别为 -132.7%与 124.7%,所以此部门总产出份额变化不明显。在 2007—2012 年,此部门情况变化明显,总产出份额上升 17.381%,主要是由于此部门居民消费结构变化以及总增加值率的增加,贡献率分别为 41.8%与 50.6%,而此部门在政府消费以及净出口中份额小幅下降起到一定的抑制作用,贡献率为 -10.5%、-13.8%,中间投入结构改变的贡献率为 26.5%。10 年间此部门总产出所占比重上升 20.354%,主要归因于政府消费的刺激,以及总增加值率的上升,贡献率为 40.8%与 60.1%,净出口变化起到抑制作用,贡献率为 -19.3%。10 年间,政府重视居民服务的提升及水利环境服务的改善,对提升国民福利、居民生活水平有重要作用。

21. 关于部门 21——教育

2007—2012 年 5 年时间内,教育业占总产出份额下降 13.796%,主要归因于此部门在居民消费以及政府消费中所占比例下降,贡献率为 56.3%与 29.1%。并且中间投入结构变化使得其他部门对此部门需求减少,贡献率为 32.8%。而这一情况在 2007—2012 年发生逆转,5 年间此部门总产出所占份额上升 18.393%,此部门居民消费在 GDP 中份额增加是主要促成因素,贡献率为 95.6%。但是此部门政府消费占 GDP 份额仍有所下降,起到一定抑制作用。10 年间,此部门在居民消费占 GDP 份额上升以及总增加值率上升,贡献率为 251.8%与 593.5%。同时此部门政府消费占政府消费总额下降以及中间使用结构的影响起到一定的抑制作用,贡献率为 -390.9%与 -259.5%,此消彼长作用下此部门在总产出中所占比重上升 2.06%。政府财政支持在教育业份额上的连续下降,不利于此部门总产出的上升,居民消费支持教育业的发展,一定程度上补偿了政府消费。

　　22. 关于部门 22——文化体育和娱乐

　　2007—2012 年 5 年时间内,文化体育和娱乐占总产出份额上升1.125%,在居民消费中所占份额也上升,居民消费结构对其总产出份额变化贡献率达 1 764.3%;在净出口中份额由正转负,净出口结构对其总产出份额变化贡献率为−1 023.6%,净出口数值由正转负,2012 年此部门是贸易逆差;中间投入结构的改变对此部门总产出份额上升起到重要抑制作用,贡献率为−866.7%。在 2007—2012 年,此部门总产出份额大幅上升 38.87%,不论是在居民消费还是政府消费中,此部门所占份额都有所上升,二者对其总产出份额上升贡献率为 36.3% 与 46.9%;此部门产品在净出口份额中逆差继续扩大,净出口结构变化的贡献率为−15.4%,此外,总增加值率变化的贡献率为 22.6%。10 年间,此部门占总产出份额上升 40.433%,主要归因于在居民消费中比重上升,居民消费结构贡献率为 84.2%;其次是政府消费起到一定促进作用,贡献率为 43.3%;而净出口因素起到一定的抑制作用,贡献率为−43.4%;中间投入结构与总增加值率变化贡献率分别为−22% 与30.2%。文化体育和娱乐在居民生活中占据越来越重要的地位,根据恩格尔定律,居民对文化体育和娱乐等方面的开支比重上升,显示出我国十年间居民生活水平的提高。

　　23. 关于部门 23——公共服务业

　　2007—2012 年 5 年时间内,公共服务业占总产出份额上升 3.255%,起重要作用的是居民消费对此部门的需求份额增加,贡献率为 94.1%,并且总增加值率的上升贡献率也达 97%,政府消费对此部门产品的支出份额有所下降,贡献率为−50.4%,中间投入结构变化贡献率为−41.1%。在 2012—2017 年,情况有所不同,此部门占总产出份额大幅上升 26.583%,政府消费在此部门份额上升起到重要作用,贡献率达到 67.6%;此部门产品在居民消费中份额有所下降,贡献率为−7.7%,总增加值率变化贡献率为 33.1%。10 年间,此部门占总产出份额上升 30.704%,政府消费对此部门的偏移起到重要作用,贡献率为 52.4%,总增加值率的上升贡献率为 39.8%。公共服务业包括卫生、社会工作、社会保障与公共管理和社会组织等部门,都与居民福利与生活保障有关,此部门总产出份额上升表明,我国政府对民生支持力度增大。

5.4.4 基于主要驱动因素的部门归类

按照变化的主要驱动因素(投入系数、总增加值率除外),可以将各部门划分为居民消费变化驱动型、政府消费变化驱动型、资本形成变化驱动型以及净出口变化驱动型4种,将部门进行归类后,结果可以直观反映最终使用结构各因素变化对部门总产出的影响。

表5-19　基于产业结构变化最终使用动因的部门分类

产业类型	部门	
	+	−
居民消费变化驱动型	12 交通运输及仓储和邮政(2012—2017) 16 金融(2012—2017) 17 房地产(2007—2012) 20 居民服务及水利环境服务业(2012—2017) 21 教育(2012—2017) 22 文化体育和娱乐(2007—2017) 23 公共服务业(2007—2012)	1 农林牧渔产品和服务业(2007—2017) 10 水的生产和供应(2012—2017) 21 教育(2007—2012)
政府消费变化驱动型	19 科学研究与技术服务(2007—2012) 20 居民服务及水利环境服务业(2007—2012) 22 文化体育和娱乐(2012—2017) 23 公共服务业(2012—2017)	21 教育(2007—2017) 23 公共服务业(2007—2012)
资本形成变化驱动型	11 建筑业(2007—2017) 13 信息传输及软件和信息技术服务(2007—2017) 19 科学研究与技术服务(2012—2017)	1 农林牧渔产品和服务业(2012—2017) 8 机械及其他制造业(2012—2017)
净出口变化驱动型	6 非金属矿物制品(2007—2012)	2 采选业(2007—2012) 3 轻工制造业(2007—2017) 12 交通运输及仓储和邮政(2007—2012)

表5-19中,在部门括号中所显示时期内,对应的产业类型是引起此部门总产出比重变化的主要促成因素,主要促成因素表示对变动影响大,而与具体拉动的产值高低无关。方向分为"+"、"−"两个方向,分别指促进产值份额增加与刺激产值份额下降。例如对于部门22——文化体育和娱乐,2007—2017年10年间居民消费结构变化是此部门总产出占比增加的主要

原因,而 2012—2017 年间,政府消费对此部门所占比重增加也起到了重要作用,所以 2007—2012 年此部门属于居民消费变化驱动型,2012—2017 年此部门同时属于居民消费变化驱动型和政府消费变化驱动型。石油及炼焦产品和核燃料加工品、化学产品、金属冶炼及压延加工、电燃供应业、水的生产和供应、批发和零售、住宿和餐饮、租赁和商务服务部门属于中间投入结构变化驱动型或者总增加值率变化驱动型,在表中未列出。

从表 5-19 中可以直观地发现,居民消费变化驱动产值份额增加的部门都属于第三产业,并且在 2012—2017 年间驱动第三产业部门数更多,居民消费的需求与习惯的改变成为我国第三产业发展的重要力量。居民对第一产业需求份额降低,导致第一产业产值增长速度放缓。2012—2017 年居民消费结构制约水的生产和供应部门总产出份额的上升,体现出居民消费升级以及节约用水成就。值得注意的是,居民消费在 2007—2012 年在教育方面的支出份额下降,在 2012—2017 年份额增加,显示出居民对教育的重视程度的改变。

政府消费一直是具有公共物品性质的第三产业部门发展的重要支持力量,在政府的支持下,这类部门 2007—2017 年间发展动力强劲。在 2007—2012 年,政府对公共服务业支出份额减少,减弱了此部门快速增长的态势,而 2012—2017 年政府消费份额向此部门支持更多,成为推动公共服务业快速增长的第一力量。需要注意的是,10 年间政府对教育的支出在政府全部支出中的份额在减小,值得深入研究这种趋势的内在原因。

企业投资一般是选择未来一段时间有发展前景的行业,为投资者带来利润,也会促进行业的发展,产生良性循环。资本形成变化驱动建筑行业与信息传输及软件和信息技术服务 2007—2017 年的发展,在 2012—2017 年资本形成也是科学研究与技术服务部门增加的重要驱动因素。在 2012—2017 年资本形成从第一产业与机械及其他制造业部门转移份额,增加到第三产业新兴服务业中,加速了产业升级。

净出口变化具有强不确定性,受外部影响较大。只有非金属矿物制品业在 2007—2012 年属于净出口驱动上涨型。采选业、交通运输及仓储和邮政业在 2007—2012 年因 2008 年经济危机受到境外需求收缩的影响较大,总产出份额下降显著。轻工制造业在 10 年过程中的总产出份额持续下降,除了受我国机电和大型设备产品竞争力增强影响以外,净出口结构影响最强。

净出口主要集中在第二产业,所以对第二产业影响较大。目前,第二产业仍占据我国国民经济的主导地位,所以应该警戒境外需求变化对我国第二产业生产带来的危险因素。

5.5　结论

本章主要结论概括如下：

（1）相对于2007—2012年,2012—2017年5年间中国产业结构升级加快。虽然产业格局一直是"二三一"的结构,但第三产业份额持续上升,二产、三产"双轮驱动"模式明显。

以机械制造业和化学产品为主的现代制造业一直是我国的主导产业,资源开采和冶炼产业的占比持续下降；各类服务业的占比都在上升,主要转折发生在第二阶段。科学研究与技术服务、租赁和商务服务、房地产、信息传输及软件和信息技术服务四类服务业在前后两个阶段份额都持续增长；金融、批发和零售在第一个阶段增长较猛,反映了当时高速增长和市场化加快的需求,但在第二阶段增速趋缓,反映了我国经济去虚向实的改革成效。

（2）最终使用产品结构演进与总产出结构代表的产业结构具有相似性,促进了产业结构转型升级。

2007—2017年10年间,居民消费总额在GDP中保持了渐进的增长,已接近40%,并且居民消费需求由低层次向高层次演变,2017年服务消费在居民消费中的比例已经超过50%。居民消费围绕"衣食住行娱"进行升级迭代,在这10年中,住和行的份额增长显著,交通运输及仓储和邮政在居民消费中的占比增长90%以上,房地产消费增长40%以上。

政府消费总额在GDP中占比在第一阶段基本维持不变,在第二阶段增加了两个百分点。政府消费即公共消费占比较大是发达国家的特征之一,我国正在升级途中。政府消费除了国家党政机关的行政服务之外,最大的投入就是医疗卫生与教育事业。一个值得注意的现象是,虽然国家对教育的投入每年都增加,并且达到4%的要求,但是,教育事业费占政府消费的比例持续下降。

资本形成总额在我国GDP中占比较大且持续维持在45%左右,是我国经济处于快速发展阶段的特征。从2007到2017的10年中,以建筑投资为主的基建投资始终是领头的,在第二阶段的增长更为显著。另外一个显著特点是,信息传输及软件和信息技术服务在资本形成中的占比持续增加,显示着我国新型资本现代化的发展。

在 2008 年以前,对外贸易增长是我国经济增长的重要发动机,但 2008 年之后,其作用在减小,10 年间净出口总额在 GDP 中占比从 7.42% 下降到 1.77%。在出口产品构成中,以机电制造产品、轻工产品和化学产品为主导,而进口中,轻工产品换成了矿采产品。从趋势上看,进口的机电产品份额在下降,轻工产品份额在上升。服务贸易(除交通运输和商业)仍然未能在我国的出口中有显著影响,并一直是逆差。一个值得注意的现象是:批发和零售在净出口中占比因与货物贸易相关联,一直较大,但 2012 年占比超 80%,2017 年更超 90%,远大于 2007 年 18.6% 的水平。

(3)我国最终使用各因素影响的部门具有不同特征,需求侧居民消费、政府消费、资本形成等因素促进产业结构升级,净出口是最不确定的因素。

围绕居民“衣食住行”以及物质文化需求的部门,居民消费结构变化对其总产出份额变化产生了重要影响,居民消费需求与习惯的改变成为推动我国第三产业发展的重要力量。2012—2017 年相对于 2007—2012 年,居民消费结构变化对轻工制造业、能源电力行业、公共服务业等部门影响变小,驱动第三产业部门数量更多,是居民消费结构升级的结果。

政府消费一直是具有公共性质的第三产业部门发展的重要支持力量,在政府的支持下,这类部门发展动力强。2012—2017 年相比于 2007—2012 年,政府消费对产业结构变化起主要作用的部门数量变少,这是有些部门市场化改革加深的结果。

资本形成主要对资本密集型产业影响较大。资本形成从第一产业与机械及其他制造业部门转移份额,增加到第三产业中,加速了产业升级。由于信息传输及软件和信息技术服务、科学研究与技术服务部门在生产部门中的作用越来越大,国家“互联网+”战略强力实施,对这两个部门的投资需求加速扩张,从而资本形成成为其总产出份额上升的重要驱动因素。

在进口产品依赖度高与出口需求大的部门中,进口需求加大,同时伴随着境外市场萎缩,净出口结构变化对这些部门影响巨大。在净出口影响较大的部门中,对轻工制造产品的份额下降起了推动作用,促进了非金属矿物制品份额的上升,阻碍了交通运输部门份额的上升;对住宿和餐饮在第一个阶段的下降起强化作用,对第二个阶段增长起阻碍作用,这背后的原因可能是我国居民持续增长的境外旅游。10 年中,我国对境外农产品的依赖程度渐进加大,对我国由粮食安全带来的风险是呈上升趋势的。

由于部门间技术联系的变动调整以及产业结构变化对各部门需求变化的反馈作用,中间投入结构变化也是产业结构变化的重要因素,涉及的部门数量众多,对具有生产性需求的部门产生的影响更大。相比之下,最终使用各因素与中间投入结构或总增加值率的协同影响仅在个别部门产生较大影响,两个因素的协同作用可能会与总产出份额的变化方向相反,尽管它们各自的作用可能是支持因变量变化的。这个发现可能会对政策制定者产生警示作用,避免政策的合成谬误。最终使用各因素与中间投入结构和总增加值率的协同影响均较小,不具备参考价值。

(4)不同部门产业结构变化的影响因素作用模式各具特征,为根据不同部门的特点调整产业结构提供了方向指引。在目前复杂的国际形势下,我国从需求端和供给侧同时发力,出口转内销,启动新基建,对强化国内大市场稳定器作用、促进产业结构升级具有重大意义。

(5)特别说明一下对教育部门的分析结果。首先,在第一阶段,教育总产出即总支出份额是减少的,这恐怕是教育投入减弱的标识,居民消费、政府消费、净出口和中间投入都对此"负有责任",唯有总增加值率对此起了减缓作用。其次,在第二阶段,教育总产出份额终于反转,增加了 18.39%,但是,起决定作用的是居民消费,同时总增加值率继续起有利作用,而政府消费继续对教育投入增强起阻碍作用。这些事实说明,虽然看起来每年财政投入的教育经费都在增加,但是,相对于对其他方面的投入,支持强度较低,还需大幅提高。

第 6 章 基于超局部闭模型的最终使用变化对经济增长影响分析

第 4 章主要研究了最终使用结构变化对中国经济增长的影响,认为直接消耗系数、居民消费结构、政府消费总量、资本形成总量及净出口总量是影响 GDP 变化的主要因素。本章将在上述研究的基础上,依据所提出的投入产出分析超局部闭模型①,使用各年投入产出表数据定量研究可能的最终使用变动对经济增长的影响。

6.1 数据来源与处理

主要以 2017 年 10 部门表为基础进行相关影响分析,同时简要考虑 23 部门和 38 部门表以及其他年份。由于超局部闭模型使用的为填充完全的闭型投入产出表,因此,需要填充投入产出表第四象限数据。基本数据处理方式是:

(1) 对处于第四象限的生产税净额行与居民消费列的交叉项,本章使用当年个人所得税指标代替。

(2) 对处于第四象限的生产税净额行与净出口列的交叉项,本章使用当年关税指标代替。

(3) 对处于第四象限的劳动者报酬行与政府消费列的交叉项,本章使用当年居民人均可支配转移净收入指标与年末总人口指标的乘积代替。

需要说明的是,居民人均可支配转移净收入等指标源于国家统计局 2013 年开展的城乡一体化住户收支与生活状况调查,与 2013 年前的分城镇和农村住户调查的调查范围、调查方法、指标口径有所不同,故 2013 年前并

---

① 刘新建,陈文强. 投入产出分析超局部闭模型及其应用[J]. 统计与决策,2021(9):9-14.

无此指标,为了尽可能保持数据的一致性,贴合数据趋势,对于2013年前的数据将使用指数回归方程得到。使用的回归方程是：$y = 797.17e^{(0.1041x)}$,其中y为回归得到的居民人均可支配转移净收入指标;x为年序号,此处将2001年设置为"1",以便得到更多年份数据。经验证,y值基本稳定,与x所取的开始年份基本无关。

（4）劳动者报酬与居民消费、资本形成、净出口的交叉项,生产税净额与政府消费、资本形成的交叉项,以及毛盈余与资本形成的交叉项,由于未有适合经济意义,故此交叉处数值皆为0。

（5）毛盈余与居民消费、政府消费及净出口的交叉项,分别依据投入产出表行列平衡关系得到,即用第四象限劳动报酬行总和与居民消费列总支出相等的平衡项、用生产税净额行总和与政府消费列总支出相等的平衡项作为毛盈余与居民消费、政府消费交叉项的值,毛盈余与净出口交叉项确定与上述有所不同,依据净出口列总和为零,进一步得到平衡时毛盈余与净出口的交叉项值。

所用原始数据及估算得到数据见本章附表6-1,各年第四象限数据见附表6-2,处理后的2017年10部门投入产出闭型表见附表6-3。

6.2 静态普通局部闭模型影响分析

以附表6-4所示静态普通局部闭模型基本流量表为基础,应用式(2-36)可计算出外生最终使用需求的最终产品乘数矩阵,结果如表6-1所示;应用式(2-38)可计算出外生最终使用需求的增加值乘数矩阵,结果如表6-2所示,两个表的最后一行是各部门产品的GDP乘数。

从表6-1可知,由于居民消费中不包含建筑业产品,所以,除非在外生最终使用需求中直接使用此部门产品,各部门产品的最终产品乘数在建筑业(007)上为0。从GDP总效果看,各部门外生最终使用产品的GDP乘数都小于2,从大到小依次是农业(001)、其他服务业(010)、轻工业(003)、建筑业(007)、运输业(009)、商业(008)、金属冶炼加工与重型机械产品(005)、重化工业(004)、采选业(002)、电力蒸汽热水及煤气自来水生产供应业(006)。

从表6-2可知,除建筑业(007)外,各部门外生最终使用产品需求对本部门增加值的拉动作用最大;建筑业产品对商业(008)增加值的拉动作用最大(这是因为建筑产品几乎不作为中间使用),除了建筑业和商业,其他部门都是对商业的增加值乘数第二大。

表 6-1　外生最终使用需求的最终产品乘数矩阵(普通局部闭模型)

代码	001	002	003	004	005	006	007	008	009	010
001	1.067 3	0.031 4	0.042 5	0.032 2	0.033 9	0.031 2	0.040 1	0.035 9	0.037 2	0.047 3
002	0.000 3	1.000 2	0.000 2	0.000 2	0.000 2	0.000 2	0.000 2	0.000 2	0.000 2	0.000 2
003	0.228 3	0.106 6	1.144 1	0.109 2	0.115 2	0.106 0	0.136 1	0.121 8	0.126 4	0.160 5
004	0.031 0	0.014 5	0.019 5	1.014 8	0.015 6	0.014 4	0.018 5	0.016 5	0.017 1	0.021 8
005	0.042 0	0.019 6	0.026 5	0.020 1	1.021 2	0.019 5	0.025 0	0.022 4	0.023 2	0.029 5
006	0.015 9	0.007 4	0.010 0	0.007 6	0.008 0	1.007 4	0.009 5	0.008 5	0.008 8	0.011 2
007	0.000 0	0.000 0	0.000 0	0.000 0	0.000 0	0.000 0	1.000 0	0.000 0	0.000 0	0.000 0
008	0.243 4	0.113 7	0.153 6	0.116 4	0.122 8	0.113 1	0.145 1	1.129 9	0.134 7	0.171 2
009	0.038 6	0.018 0	0.024 3	0.018 4	0.019 5	0.017 9	0.023 0	0.020 6	1.021 4	0.027 1
010	0.154 7	0.072 2	0.097 6	0.074 0	0.078 0	0.071 8	0.092 2	0.082 5	0.085 6	1.108 8
GDP 乘数	1.821 4	1.383 7	1.518 4	1.392 8	1.414 4	1.381 5	1.489 7	1.438 1	1.454 7	1.577 7

表 6-2　外生最终使用需求的增加值乘数矩阵(普通局部闭模型)

代码	001	002	003	004	005	006	007	008	009	010
001	0.813 7	0.068 7	0.231 5	0.096 5	0.092 3	0.071 0	0.106 5	0.086 1	0.077 9	0.104 0
002	0.058 4	0.648 8	0.064 8	0.170 8	0.120 1	0.183 3	0.090 5	0.031 2	0.053 5	0.049 8
003	0.165 8	0.091 6	0.452 2	0.106 2	0.138 0	0.098 3	0.138 0	0.108 5	0.099 1	0.136 0
004	0.103 6	0.071 3	0.099 0	0.439 6	0.097 2	0.062 5	0.158 4	0.047 1	0.084 9	0.086 3
005	0.063 1	0.064 5	0.088 7	0.061 3	0.418 4	0.071 2	0.110 9	0.042 2	0.075 5	0.056 4
006	0.035 6	0.044 6	0.038 8	0.051 5	0.045 1	0.467 6	0.040 7	0.022 5	0.036 1	0.030 8
007	0.001 3	0.000 9	0.001 1	0.001 0	0.001 0	0.001 9	0.250 8	0.001 7	0.001 3	0.002 2
008	0.372 9	0.264 2	0.362 3	0.310 0	0.337 9	0.285 7	0.371 3	0.946 5	0.368 6	0.368 2
009	0.077 4	0.051 6	0.078 3	0.073 2	0.074 7	0.055 4	0.078 9	0.062 0	0.556 0	0.071 2
010	0.129 6	0.077 5	0.101 3	0.082 4	0.089 5	0.084 7	0.143 7	0.090 3	0.101 8	0.673 0
GDP 乘数	1.821 4	1.383 7	1.518 4	1.392 8	1.414 4	1.381 5	1.489 7	1.438 1	1.454 7	1.577 7

外生最终使用的产品结构是$(-0.002\ 4, -0.044\ 7, 0.095\ 8, -0.005\ 7, 0.153\ 1, 0.000\ 3, 0.434\ 1, 0.062\ 0, 0.017\ 1, 0.290\ 4)$,由此可以用 $e\Omega f$ 计算得外生最终使用产品需求总值的 GDP 乘数是 1.507 2。以净出口影响为例,根据投入产出表,2017 年我国的 GDP 是 82 万亿元人民币,净出口总额 1.46 万亿元约占 GDP 的 1.78%。假设由于中美贸易战使我国净出口损失 30% 即

0.438万亿,按2017年情况计算,我国GDP将损失0.438×1.5072=0.6602万亿元,是GDP总量的0.83%。如果净出口为0,则GDP将损失1.46×1.5072=2.2005万亿元,达GDP的2.68%。有可能,在未来20年左右的时间内,我国的对外贸易可以实现基本平衡略有顺差的水平,但不应当断崖式下跌,应渐进演变。当然,贸易的本质是"各尽所能,互通有无",现象上会"质效竞争,胜者为王"。当我国生产部门必需的一些关键贸易品受阻时,即使有些量的变化很小,其对经济关键部门和社会的影响也会比较大,这是非连续性变量的影响。比如2008年的汶川地震,虽然在经济增长速度上看不出显著影响,但是造成的社会影响极其巨大。

上述以2017年10部门投入产出表为基础分别计算了普通局部闭模型下的外生最终使用需求的最终产品乘数矩阵、增加值乘数矩阵及相应的GDP乘数,为了研究各量变化趋势,再分别计算2007年、2010年、2012年、2015年10部门下的各GDP乘数,结果如表6-3所示。

表6-3 各年外生最终使用需求的GDP乘数(普通局部闭模型)

年份	001	002	003	004	005	006	007	008	009	010	总值乘数
2007	1.8134	1.3732	1.4477	1.3697	1.3698	1.3317	1.4157	1.3056	1.3360	1.5118	1.4330
2010	1.7433	1.3560	1.4588	1.3654	1.3819	1.3518	1.4295	1.3317	1.3974	1.5450	1.4480
2012	1.8085	1.3957	1.4878	1.3928	1.4076	1.3613	1.4698	1.3444	1.4354	1.5674	1.4785
2015	1.8264	1.4311	1.5200	1.4249	1.4341	1.3879	1.5009	1.3983	1.5194	1.6168	1.5173
2017	1.8214	1.3837	1.5184	1.3928	1.4144	1.3815	1.4897	1.4381	1.4547	1.5777	1.5072

由表6-3可知,各年外生最终使用需求无论是对各部门产品的GDP乘数还是总GDP乘数,都基本呈现逐渐递增趋势,这表明最终使用部分对经济增长的拉动作用稳步上升,三驾马车的作用依然强劲。需要注意的是,2017年各项乘数相对于2015年均有回落,表明三驾马车的作用相对已有弱化趋势,结合我国实际发展历程,可认为此种趋势极有可能是供给侧结构性改革的作用。其实,三驾马车只是GDP的三大组成部分,是应对宏观经济波动的一种短期手段,其只是经济增长的结果而非原因,制度变革、结构优化和要素升级(对应着改革、转型、创新)"三大发动机"才是经济发展的根本动力。改变传统三驾马车模式,要更多地依靠改革、转型、创新等来提升全要素生产率,培育新的增长点,形成新的增长动力。

6.3 静态超局部闭模型 I 应用分析

应用静态超局部闭模型 I 时将居民消费及政府消费纳入内生变量,将资本形成及净出口作为外生变量且统一核算为其他最终使用,同时在第四象限补充加入其他有关收入的估计量形成闭型表。下面的计算基于附表 6-3。

基于超局部闭模型 I 计算出的外生最终使用需求的最终产品乘数矩阵如表 6-4 所示,相应的外生最终使用需求的增加值乘数矩阵如表 6-6 所示,两个表的最后一行同样是各部门产品的 GDP 乘数。

从表 6-4 可以看出,与普通局部闭模型类似,除非在外生最终使用需求中直接使用建筑业的产品,各部门产品的最终产品乘数在建筑业(007)上都是 0。与普通局部闭模型有差异的是,除了对本部门自身的乘数中的基数 1 之外,各部门对其他服务业(010)的最终产品乘数最大,且大都集中在 0.4~0.5 之间。农业(001)的 GDP 乘数依然是很大,位于第二高位,仅略低于采选业(002)。除运输业(009)外,其他部门的 GDP 乘数也都大于 2,各部门差别不大,从大到小依次是:采选业(002)、农业(001)、重化工业(004)、建筑业(007)、金属冶炼加工与重型机械产品(005)、轻工业(003)、电力蒸汽热水及煤气自来水生产供应业(006)、其他服务业(010)、商业(008)、运输业(009)。可以看出,超局部闭模型 I 下各部门的 GDP 乘数显著大于普通局部闭模型。两种模型下的各产业部门 GDP 乘数排序见表 6-5。

表 6-4 外生最终使用需求的最终产品乘数矩阵(超局部闭模型 I)

代码	001	002	003	004	005	006	007	008	009	010
001	1.087 0	0.078 1	0.072 2	0.071 2	0.069 5	0.065 4	0.073 8	0.064 8	0.060 1	0.070 8
002	0.000 4	1.000 4	0.000 4	0.000 3	0.000 3	0.000 3	0.000 4	0.000 3	0.000 3	0.000 4
003	0.288 5	0.249 3	1.234 8	0.228 5	0.223 8	0.210 3	0.239 0	0.210 2	0.196 2	0.232 5
004	0.039 1	0.033 8	0.031 9	1.031 0	0.030 4	0.028 5	0.032 4	0.028 5	0.026 6	0.031 5
005	0.053 0	0.045 8	0.043 2	0.042 0	1.041 1	0.038 7	0.043 9	0.038 8	0.036 1	0.042 7
006	0.020 1	0.017 4	0.016 4	0.015 9	0.015 6	1.014 6	0.016 6	0.014 6	0.013 7	0.016 2
007	0.000 0	0.000 0	0.000 0	0.000 0	0.000 0	0.000 0	1.000 0	0.000 0	0.000 0	0.000 0
008	0.312 2	0.276 5	0.257 2	0.252 5	0.246 7	0.232 0	0.262 5	1.230 8	0.214 4	0.253 2

续表 6-4

代码	001	002	003	004	005	006	007	008	009	010
009	0.053 5	0.053 5	0.046 9	0.048 1	0.046 5	0.043 8	0.048 6	0.042 6	1.038 7	0.045 0
010	0.380 9	0.608 0	0.438 4	0.522 0	0.486 0	0.463 4	0.478 6	0.414 7	0.347 7	1.378 8
GDP 乘数	2.234 8	2.362 8	2.141 2	2.211 6	2.159 9	2.097 2	2.195 9	2.045 2	1.933 6	2.071 1

表 6-5　普通局部闭模型及超局部闭模型 I 下产业部门 GDP 乘数排序

排序	普通局部闭模型	超局部闭模型 I
1	农业（001）	采选业（002）
2	其他服务业（010）	农业（001）
3	轻工业（003）	重化工业（004）
4	建筑业（007）	建筑业（007）
5	运输业（009）	金属冶炼加工与重型机械产品（005）
6	商业（008）	轻工业（003）
7	金属冶炼加工与重型机械产品（005）	电力蒸汽热水及煤气自来水生产供应业（006）
8	重化工业（004）	其他服务业（010）
9	采选业（002）	商业（008）
10	电力蒸汽热水及煤气自来水生产供应业（006）	运输业（009）

由表 6-5 可知，普通局部闭模型与超局部闭模型 I 各产业部门 GDP 乘数排序有较大不同，在超局部闭模型 I 下，采选业（002）、重化工业（007）的 GDP 乘数排名有大幅上升，相对的商业（008）、运输业（009）、其他服务业（010）等产业的 GDP 乘数排名有显著下降。其原因可能在于超局部闭模型 I 下将政府消费纳入内生部门，而仅留资本形成及净出口作为外生变量，而通常情况下资本形成将作为投资直接作用于传统工业，相对的对于服务业的投入有限，导致两种模型下外生变量对各产业部门 GDP 乘数所有不同，也表明对 GDP 的拉动情况不同。

观察表 6-6 可以发现，除了商业（008）对自身的增加值乘数略大于 1 之外，其他增加值乘数都小于 1；除了轻工业（003）、重化工业（004）、金属冶炼加工与重型机械产品（005）、建筑业（007）对商业（008）的增加值乘数最大之外，其他各部门都是对自身的增加值乘数最大，且都在 0.25 以上。另外，各部门对建筑业（007）的增加值乘数都很小。

表 6-6 外生最终使用需求的增加值乘数矩阵(超局部闭模型 I)

代码	001	002	003	004	005	006	007	008	009	010
001	0.848 3	0.150 7	0.283 7	0.165 1	0.154 8	0.131 0	0.165 7	0.136 9	0.118 0	0.145 3
002	0.072 2	0.681 6	0.085 8	0.198 3	0.145 2	0.207 3	0.114 2	0.051 6	0.069 6	0.066 3
003	0.207 0	0.189 3	0.514 3	0.187 9	0.212 4	0.169 6	0.208 4	0.169 0	0.146 9	0.185 2
004	0.126 8	0.126 3	0.134 3	0.485 8	0.139 0	0.102 6	0.198 0	0.081 2	0.111 7	0.113 9
005	0.079 8	0.104 1	0.113 9	0.094 4	0.448 6	0.100 2	0.139 5	0.066 8	0.094 9	0.076 3
006	0.044 5	0.065 6	0.052 1	0.069 0	0.061 1	0.482 9	0.055 9	0.035 6	0.046 3	0.041 5
007	0.001 8	0.002 1	0.001 9	0.002 0	0.002 0	0.002 8	0.251 7	0.002 4	0.001 9	0.002 5
008	0.484 4	0.528 4	0.530 4	0.531 1	0.539 1	0.478 9	0.561 8	1.110 3	0.497 9	0.501 4
009	0.100 2	0.105 4	0.112 5	0.118 2	0.115 7	0.094 7	0.117 5	0.095 4	0.582 3	0.098 3
010	0.269 7	0.409 2	0.312 3	0.359 8	0.342 1	0.327 2	0.383 0	0.296 0	0.264 1	0.840 2
GDP 乘数	2.234 8	2.362 8	2.141 2	2.211 6	2.159 9	2.097 2	2.195 9	2.045 2	1.933 6	2.071 1

同样观察净出口影响,按 2017 年外生最终使用需求(其他最终使用)的结构(-0.006 4, -0.059 3, 0.127 1, -0.007 6, 0.203 1, 0.000 4, 0.575 9, 0.074 8, 0.014 8, 0.077 3)计算,外生最终使用总值的 GDP 乘数是 2.146 5,显著大于普通局部闭模型的对应值。若净出口下降 30% 即 0.438 万亿元人民币,则 GDP 将损失 0.438×2.146 5 = 0.940 2 万亿元,约等于 GDP 总值的 1.15%。若净出口降到 0,则 GDP 将损失 1.46×2.146 5 = 3.133 9 万亿元,达 GDP 的 3.82%,这样的损失是相当大的。

超局部闭模型 I 的分析结果表明:尽管内需对我国经济增长的拉动作用在不断增强,但出口对我国经济增长和稳定的作用依然非常巨大。在应对美国的贸易对抗中,积极建立新的替代市场是必须之策。

应用 2007 年、2010 年、2012 年及 2015 年 10 部门超局部闭模型 I 基本流量表,以计算出超局部闭模型 I 下外生最终使用需求的最终产品乘数矩阵、增加值乘数矩阵及相应的 GDP 乘数,相应的各年各产业部门 GDP 乘数结果如表 6-7 所示。

表 6-7 外生最终使用需求的增加值乘数矩阵(超局部闭模型 I)

年份	001	002	003	004	005	006	007	008	009	010	总乘数
2007	2.257 0	1.922 1	2.002 2	1.928 0	1.953 9	1.811 6	1.948 8	1.794 4	1.772 0	1.940 4	1.956 2
2010	2.138 7	1.923 3	1.957 5	1.926 2	1.907 0	1.864 8	1.950 4	1.817 7	1.829 0	1.948 3	1.929 7
2012	2.162 8	2.043 0	2.019 4	2.013 9	1.970 5	1.920 4	2.035 0	1.922 7	1.872 8	2.001 1	1.999 8
2015	2.210 1	2.176 4	2.132 7	2.129 2	2.087 4	1.971 4	2.148 9	2.030 9	1.946 5	2.112 2	2.120 3
2017	2.234 8	2.362 8	2.141 2	2.211 6	2.159 9	2.097 2	2.195 9	2.045 2	1.933 6	2.071 1	2.146 5

比较表6-3及表6-7可以发现,除2007年农业(001)、轻工业(003)、重化工业(004)、金属冶炼加工与重型机械产品(005)及总乘数显著大于2010年外,各年产业部门乘数基本呈现逐年递增趋势。同时,2015年及2017年各乘数基本一致,并无较大差距,个别产业部门乘数也呈现递减趋势,其原因基本同在普通局部闭模型处分析,此外还可能的原因在于将政府消费内生化,弱化了其作为外生变量时对于供给侧结构性改革结果的反映。

为了观察部门数的影响,分别计算2007年、2010年、2012年、2015年及2017年的23部门、38部门下的各产业部门GDP乘数,表6-8列出了各年各部门分类情况下外生最终使用产品需求总值的GDP乘数。

表6-8 外生最终使用产品需求总值的 GDP 乘数

年份	普通局部闭模型			静态超局部闭模型 I		
	10 部门	23 部门	38 部门	10 部门	23 部门	38 部门
2007	1.433 0	1.433 1	1.432 4	1.956 2	1.955 1	1.955 1
2010	1.448 0	1.447 8	1.447 4	1.929 7	1.929 0	1.929 0
2012	1.478 5	1.477 9	1.477 9	1.999 8	1.999 1	1.999 2
2015	1.517 3	1.517 7	1.517 3	2.120 3	2.119 7	2.119 7
2017	1.507 2	1.507 1	1.506 7	2.146 5	2.145 7	2.145 6

由表6-8知,对同一年份,超局部闭模型 I 下外生最终使用产品需求总值的 GDP 乘数显著大于普通局部闭模型。计算结果分部门数据也显示,超局部闭模型 I 下各部门的 GDP 乘数同样显著大于普通局部闭模型。从时间序列来说,历年外生最终使用产品需求总值的 GDP 乘数基本都保持逐年递增趋势,在普通局部闭模型下仅有2017年 GDP 乘数有略微减少;在静态超局部闭模型 I 下仅2010年 GDP 乘数有所回落,而之后又大幅上升,这表明外生变量对 GDP 的影响越来越大。但是,很明显,部门数对 GDP 总乘数影响很小。

6.4 静态超局部闭模型 II 应用分析

相比于静态超局部闭模型 I,超局部闭模型 II 同时将居民消费、政府消费、资本形成纳入内生变量,仅留净出口作为外生变量并将其记为其他最终使用。以下计算的基础数据仍然是附表6-3。

在使用静态超局部闭模型Ⅱ基本流量表把资本形成列和毛盈余纳入直接系数矩阵后,可以验证:矩阵$1-A^*$的行列式值为0,因此无法直接用投入产出模型分析外生最终使用需求即净出口变动引起的增加值和GDP变动。此时可采取使总产出变动的平方和最小的数学规划模型来求解当外生最终产品需求即净出口变动一个量后引起的总产出变动。以净出口向量的变动代入式(2-44)时,模型变为

$$\mathrm{Min}(\boldsymbol{Q}^*)'\boldsymbol{Q}^*$$
$$\text{s. t.} \quad (1-A^*)\boldsymbol{Q}^* = Y^* \tag{6-1}$$

对于规划问题式(6-1)的求解,既可以使用一般非线性规划解法,也可以使用广义逆矩阵求解。若记$1-A^*$的PM广义逆阵为$\boldsymbol{M}$,则矩阵理论可证明:$\boldsymbol{M}Y^*$不仅是式(6-1)的可行解,而且是唯一的极小范数解,也就是式(6-1)的唯一最优解。

此时,式(6-1)可行解的通解可表示为

$$\boldsymbol{Q}^* = \boldsymbol{M}Y^* + (1-\boldsymbol{M}(1-A^*))\boldsymbol{y} \tag{6-2}$$

其中,$\boldsymbol{y}$是任意列向量。

经计算后,$1-A^*$的PM广义逆阵$\boldsymbol{M}(2017)$结果如下:

$\boldsymbol{M}(2017)=$

$$
\begin{bmatrix}
1.12 & -0.13 & 0.16 & -0.08 & -0.14 & -0.11 & -0.08 & -0.09 & -0.12 & -0.15 & -0.05 & -0.19 & -0.19 \\
-0.10 & 1.02 & -0.10 & 0.10 & 0.00 & 0.13 & 0.00 & -0.14 & -0.12 & -0.16 & -0.23 & -0.28 & 0.00 \\
0.17 & -0.16 & 1.45 & -0.09 & 0.00 & -0.09 & 0.00 & 0.00 & -0.13 & -0.31 & -0.22 & -0.44 & 0.00 \\
0.04 & -0.13 & 0.07 & 1.36 & -0.09 & -0.12 & 0.00 & -0.12 & -0.09 & -0.08 & -0.38 & -0.53 & 0.00 \\
-0.06 & -0.16 & 0.16 & -0.13 & 1.39 & -0.01 & 0.00 & -0.16 & -0.01 & -0.23 & -0.30 & -0.78 & 0.00 \\
-0.09 & -0.07 & -0.08 & -0.04 & -0.07 & 1.26 & -0.08 & -0.12 & -0.10 & -0.13 & -0.14 & -0.21 & -0.16 \\
0.04 & -0.14 & -0.02 & -0.12 & -0.17 & -0.03 & 0.94 & 0.00 & -0.03 & -0.09 & -0.19 & -0.69 & 0.00 \\
0.08 & -0.11 & 0.05 & 0.00 & -0.06 & -0.06 & 0.00 & 0.99 & 0.00 & -0.11 & -0.22 & -0.61 & 0.00 \\
-0.04 & -0.09 & -0.01 & -0.04 & -0.06 & -0.08 & 0.00 & -0.09 & 1.01 & -0.07 & -0.13 & -0.26 & -0.19 \\
-0.10 & -0.05 & -0.14 & -0.08 & -0.25 & -0.08 & 0.00 & -0.08 & -0.19 & 0.76 & -0.36 & 0.59 & 0.00 \\
0.48 & -0.08 & 0.23 & -0.05 & -0.31 & -0.09 & 0.00 & 0.00 & -0.08 & -0.13 & 0.41 & 0.00 & 0.00 \\
-0.10 & 0.05 & -0.04 & 0.00 & -0.04 & -0.01 & -0.08 & -0.06 & 0.00 & -0.13 & -0.15 & 0.74 & 0.00 \\
0.17 & -0.09 & 0.13 & -0.02 & 0.00 & 0.06 & 0.00 & 0.00 & 0.11 & 0.00 & 0.00 & -1.00 & 0.63
\end{bmatrix}
$$

在上述结果的基础上,若令每个部门产品的净出口都相对于原水平增加10%,则可以通过求解得到总产出向量的变化百分比是(0.37,-5.16,1.14,-0.13,0.47,0.08,0.00,0.31,0.56,-0.24),对应的各部门增加值变

动的百分比是(0.37,−5.16,1.14,−0.13,0.47,0.08,0.00,0.31,0.56,−0.24),GDP 总变动是增大 0.09%。如果假定净出口减小 10%,则可以通过求解得到总产出向量的变化百分比是(−0.37,5.16,−1.14,0.13,−0.47,−0.08,0.00,−0.31,−0.56,0.24),对应的各部门增加值变动的百分比是(−0.37,5.16,−1.14,0.13,−0.47,−0.08,0.00,−0.31,−0.56,0.24),GDP 总变动是减小 0.09%。通过模拟结果可以发现,增减两种情况下的解,除符号相反外,数值并没有变化。

此外,若同样令每个部门产品的净出口都相对于原水平减少 30%,则各部门增加值变动的百分比是(1.10,−15.48,3.43,−0.39,1.41,0.25,0.00,0.94,1.68,−0.71),GDP 减少 0.27%。可以发现在静态超局部闭模型 II 情况下,净出口变动对 GDP 的影响明显减小。这可能是由于当仅有净出口作为外生变量时,净出口相对于一国经济总量来说,相对比重较小,影响有限;而当其与政府消费、资本形成等共同作为外生变量时,由于共同变化导致其合计相对 GDP 比重较大,且与各部门联系密切,最终使得影响显著。

同时,通过计算也发现,如果令每个部门产品的净出口都相对于原水平变化其他比例,则由于模型中总产出和增加值对净出口是线性关系,所以,引起的总产出和增加值将同比例变化。即上述所示净出口减少 10%及减少 30%对总产出、增加值及 GDP 的变动影响都是成比例的。

6.5 结论

本章以基本投入产出表为基础,通过补全第四象限数据得到封闭型投入产出表。从此表出发,依次通过分别将居民消费、政府消费、资本形成等最终使用列及与之相对应的劳动报酬、生产税净额、毛盈余等最初投入行纳入中间流量矩阵,分别构建了静态普通局部闭模型、静态超局部闭模型 I、静态超局部闭模型 II,然后作了比较静态分析。

结果表明,不同模型下的外生最终使用产品需求总值的 GDP 乘数有所不同,其中静态超局部模型 I 下的各产业部门 GDP 乘数明显大于普通局部闭模型下各种情况,两种模型基本流量差别仅在于政府消费部分,因此可认为两种模型下 GDP 乘数不同可能是由于政府消费引起的,资本形成在作为投资时直接流向工业、建筑业等行业,这些行业对 GDP 起到直接促进作用,导致此种模型下 GDP 乘数较大,而政府消费的产品构成都是服务业,这就弱化了资本形成作为投资直接或间接影响 GDP 的程度。

静态超局部闭模型 Ⅱ 与静态普通局部闭模型、静态超局部模型 Ⅰ 相比,由于其将净出口以外其他最终使用都纳入基本流量部分,故相对于上述两模型,静态超局部闭模型 Ⅱ 特别适合研究净出口对经济的影响,但由于对目前的中国经济而言,净出口总额相对于其他最终使用所占比例相对较少,对其他部门的影响有限,进而其对经济增长的影响有限。

本章通过应用三种模型分析了外生最终使用对经济产出状态的影响,基本明确了各最终使用对总产出与增加值的影响程度及方向。结果表明,中美贸易战对中国 GDP 的总量影响就在 1 个百分点左右,但震荡还是会存在。从长期经济平稳发展考虑,要加强内循环,逐步过渡到进出口基本平衡,为中低速经济增长作准备。

附录　相关数据表

附表 6-1 原始数据及估算得到第四象限相关数据

附表 6-2 各年第四象限数据

附表 6-3 中国 2017 年 10 部门封闭型投入产出表

附表 6-4 静态普通局部闭模型基本流量表(2017)

附表 6-5 超局部闭模型 Ⅰ 基本流量表

附表 6-6 超局部闭模型 Ⅱ 基本流量表(2017)

附表 6-1　原始数据及估算得到第四象限相关数据

时间	个人所得税/万元	关税/万元	居民人均可支配转移净收入/元	人口/万人	估算得到居民人均可支配转移净收入/元	居民可支配转移净收入/万元
2001	9 952 600	8 405 200		127 627	884.63	112 902 501.11
2002	12 117 800	7 042 700		128 453	981.68	126 100 064.64
2003	14 180 300	9 231 300		129 227	1 089.38	140 777 865.31
2004	17 370 600	10 437 700		129 988	1 208.90	157 142 779.47
2005	20 949 100	10 661 700		130 756	1 341.53	175 413 434.05
2006	24 537 100	11 417 800		131 448	1 488.71	195 688 481.18
2007	31 855 800	14 325 700		132 129	1 652.04	218 282 783.68
2008	37 223 100	17 699 500		132 802	1 833.29	243 464 702.75

时间	个人所得税 /万元	关税 /万元	居民人均可支 配转移净收入 /元	人口 /万人	估算得到居民人 均可支配转移净 收入/元	居民可支配 转移净收入 /万元
2009	39 493 500	14 838 100		133 450	2 034.42	271 493 867.81
2010	48 372 700	20 278 300		134 091	2 257.62	302 726 982.32
2011	60 541 100	25 591 200		134 735	2 505.31	337 553 009.54
2012	58 202 800	27 839 300		135 404	2 780.17	376 446 364.56
2013	65 315 300	26 306 100	3 042	136 072	3 085.19	413 931 024
2014	73 766 100	28 434 100	3 427	136 782	3 423.67	468 751 914
2015	86 172 700	25 608 400	3 812	137 462	3 799.28	524 005 144
2016	100 889 800	26 037 500	4 259	138 271	4 216.11	588 896 189
2017	119 663 700	29 978 500	4 744	139 008	4 678.66	659 453 952
2018	138 719 700	28 477 800	5 168	139 538	5 191.97	721 132 384
2019	103 884 800	28 891 100	5 680	140 005	5 761.59	795 228 400

附表 6-2　各年第四象限数据

单位：万元

2007 年	中间使用 小计	居民消费 合计	政府消费	资本形成 合计	净出口	最终使用 合计	总产出
中间投入 合计	5 528 151 509	965 526 184	351 909 186	1 109 194 214	233 808 526	2 660 438 111	8 188 589 620
劳动者 报酬	1 100 473 000	0	218 282 784	0	0	218 282 784	1 318 755 784
生产税 净额	385 187 233	31 855 800	0	0	14 325 700	46 181 500	431 368 733
毛盈余	1 174 777 878	321 373 800	−138 823 237	0	−248 134 226	−65 583 664	1 109 194 214
增加值 合计	2 660 438 111	353 229 600	79 459 547	0	−233 808 526	198 880 620	2 859 318 731
总投入	8 188 589 620	1 318 755 784	431 368 733	1 109 194 214	0	2 859 318 731	11 047 908 351

2010 年	中间使用 小计	居民消费 合计	政府消费	资本形成 合计	净出口	最终使用 合计	总产出
中间投入 合计	8 489 958 968	1 447 144 204	519 720 574	1 936 039 112	133 585 864	4 036 489 753	12 526 448 721
劳动者 报酬	1 910 089 276	0	302 726 982	0	0	302 726 982	2 212 816 258
生产税 净额	599 108 470	48 372 700	0	0	20 278 300	68 651 000	667 759 470
毛盈余	1 527 292 008	717 299 354	−154 688 086	0	−153 864 164	408 747 104	1 936 039 112
增加值 合计	4 036 489 753	765 672 054	148 038 896	0	−133 585 864	780 125 087	4 816 614 840
总投入	12 526 448 721	2 212 816 258	667 759 470	1 936 039 112	0	4 816 614 840	17 343 063 561

2012 年	中间使用 小计	居民消费 合计	政府消费	资本形成 合计	净出口	最终使用 合计	总产出
中间投入 合计	10 648 269 125	1 985 367 833	731 817 933	2 483 898 954	166 916 990	5 368 001 709	16 016 270 834
劳动者 报酬	2 641 340 939	0	376 446 365	0	0	376 446 365	3 017 787 304
生产税 净额	736 062 253	58 202 800	0	0	27 839 300	86 042 100	822 104 353
毛盈余	1 990 598 518	974 216 671	−286 159 945	0	−194 756 290	493 300 436	2 483 898 954
增加值 合计	5 368 001 709	1 032 419 471	90 286 419	0	−166 916 990	955 788 901	6 323 790 610
总投入	16 016 270 834	3 017 787 304	822 104 353	2 483 898 954	0	6 323 790 610	22 340 061 445

2015 年	中间使用 小计	居民消费 合计	政府消费	资本形成 合计	净出口	最终使用 合计	总产出
中间投入 合计	14 011 923 983	2 659 804 776	970 534 166	3 032 717 166	139 485 053	6 802 541 161	20 814 465 144
劳动者 报酬	3 541 099 852	0	524 005 144	0	0	524 005 144	4 065 104 996
生产税 净额	822 747 797	86 172 700	0	0	25 608 400	111 781 100	934 528 897
毛盈余	2 438 693 512	1 319 127 520	−560 010 413	0	−165 093 453	594 023 654	3 032 717 166
增加值 合计	6 802 541 161	1 405 300 220	−36 005 269	0	−139 485 053	1 229 809 898	8 032 351 060
总投入	20 814 465 144	4 065 104 996	934 528 897	3 032 717 166	0	8 032 351 060	28 846 816 204

附表6-3　中国2017年10部门封闭投入产出表

单位:万元

| | 中间使用 | | | | | | | | | | 最终使用 | | 资本形成 | | 总产出/ |
	001	002	003	004	005	006	007	008	009	010	居民消费	政府消费	合计	净出口	总收入
001	146 837 892	247 531	575 881 696	51 570 581	188 695	65 444	18 961 515	42 806 178	101 265	14 007 935	262 406 860	12 379 033	24 008 203	-48 222 490	1 101 240 340
002	618 682	69 460 690	15 502 187	338 626 679	210 561 246	108 789 112	19 148 450	213 566	158 875	2 312 108	1 351 021	0	3 156 726	-228 036 379	541 862 962
003	98 143 906	22 663 067	1 544 108 303	112 595 446	302 051 576	24 507 276	182 108 719	312 154 194	21 704 713	266 142 558	890 523 433	0	166 616 301	314 986 002	4 258 305 494
004	95 447 553	36 659 218	262 273 067	897 465 932	225 825 565	14 444 253	538 726 589	39 382 193	89 585 985	224 034 940	120 791 649	0	8 174 302	-36 828 334	2 515 982 913
005	13 131 847	37 488 820	315 450 941	71 319 718	1 347 228 897	36 924 055	349 137 454	54 764 906	90 691 330	65 092 392	163 663 035	0	702 892 682	66 748 217	3 314 534 295
006	10 039 870	26 114 229	65 142 913	95 730 972	80 477 906	173 314 032	30 838 601	32 277 079	25 935 058	31 647 298	62 021 554	0	703 047	743 871	634 986 430
007	750 296	207 319	1 233 172	618 642	630 658	1 999 023	73 070 274	12 439 970	1 380 263	12 672 072	0	0	2 180 439 905	2 417 680	2 287 859 274
008	43 280 894	44 744 368	361 624 467	198 226 235	273 649 672	46 711 448	239 274 030	950 742 557	180 989 626	383 060 011	949 621 209	28 151 676	185 048 564	98 427 561	3 983 552 318
009	25 032 765	10 805 313	122 359 753	92 029 612	97 973 829	10 962 472	71 837 911	151 226 145	110 433 489	96 264 896	150 478 757	30 158 035	38 238 159	17 732 126	1 025 533 259
010	13 433 102	10 482 127	61 365 558	31 157 016	48 767 259	13 380 456	211 765 546	120 395 255	39 976 542	299 390 487	603 409 365	1 166 814 376	335 324 765	-42 183 846	2 913 478 008
劳动者报酬	652 709 226	99 497 763	422 664 272	193 521 717	267 400 728	67 025 456	342 117 996	944 240 661	220 667 637	1 022 834 825	0	659 453 952	0	0	4 892 134 232
生产税净额	-34 106 164	89 998 177	136 301 495	159 659 633	146 463 195	30 204 141	80 734 880	298 640 555	10 160 302	31 729 830	119 663 700	0	0	29 978 500	1 099 428 244
毛盈余	35 920 471	93 494 340	374 397 670	273 460 730	313 315 069	106 659 263	130 137 307	1 024 269 060	233 748 175	464 288 656	1 568 203 650	-797 528 826.6	0	-175 762 907.9	3 644 602 655
总投入	1 101 240 340	541 862 962	4 258 305 494	2 515 982 913	3 314 534 295	634 986 430	2 287 859 274	3 983 552 318	1 025 533 259	2 913 478 008	4 892 134 232	1 099 428 244	3 644 602 655	0	32 213 500 424

中间投入　最初投入　总支出

附表 6-4　静态普通局总闭模型基本流量表（2017）

单位：万元

| | 中间使用 | | | | | | | | | | 最终使用 | | 总产出 |
	001	002	003	004	005	006	007	008	009	010	居民消费	其他最终使用	
001	146 837 892	247 531	575 881 696	51 570 581	188 695	65 444	18 961 515	42 806 178	101 265	14 007 935	262 406 860	-11 835 254. 321	101 240 340
002	618 682	69 460 690	15 502 187	338 626 679	210 561 246	108 789 112	19 148 450	213 566	158 875	2 312 108	1 351 021	-224 879 653. 32	541 862 962
003	98 143 906	22 663 067	1 544 108 303	112 595 446	302 051 576	24 507 276	182 108 719	312 154 194	21 704 713	266 142 558	890 523 433	481 602 302.90	4 258 305 494
004	95 447 553	36 659 218	262 273 067	897 465 932	225 825 565	14 444 253	538 726 589	39 382 193	89 585 985	224 034 940	120 791 649	-28 654 031.85	2 515 982 913
005	13 131 847	37 488 820	315 450 941	71 319 718	1 347 228 897	36 924 055	349 137 454	54 764 906	90 691 330	65 092 392	163 663 035	769 640 899. 78	3 314 534 295
006	10 039 870	26 114 229	65 142 913	95 730 972	80 477 906	173 314 032	30 838 601	32 277 079	25 935 058	31 647 298	62 021 554	1 446 918. 03	634 986 430
007	750 296	207 319	1 233 172	618 642	630 658	1 999 023	73 070 274	12 439 970	1 380 263	12 672 072	0	2 182 857 585. 03	2 287 859 274
008	43 280 894	44 744 368	361 624 467	198 226 235	273 649 672	46 711 448	239 274 030	950 742 557	180 989 626	383 060 011	949 621 209	311 627 800.92	3 983 552 318
009	25 032 765	10 805 313	122 359 753	92 029 612	97 973 829	10 962 472	71 837 911	151 226 145	110 433 489	96 264 896	150 478 757	86 128 319.70	1 025 533 259
010	13 433 102	10 482 127	61 365 558	31 157 016	48 767 259	13 380 456	211 765 546	120 395 255	39 976 542	299 390 487	603 409 365	1 459 955 294. 87	2 913 478 008
劳动者报酬	652 709 226	99 497 763	422 664 272	193 521 717	267 400 728	67 025 456	342 117 996	944 240 661	220 667 637	1 022 834 825	0	659 453 952. 00	4 892 134 232
生产税净额	-34 106 164	89 998 177	136 301 495	159 659 633	146 463 195	30 204 141	80 734 880	298 640 555	10 160 302	31 729 830	119 663 700	29 978 500.00	1 099 428 244
毛盈余	35 920 471	93 494 340	374 397 670	273 460 730	313 315 069	106 659 263	130 137 307	1 024 269 060	233 748 175	464 288 656	1 568 203 650	-973 291 734.55	3 644 602 655
总投入	1 101 240 340	541 862 962	4 258 305 494	2 515 982 913	3 314 534 295	634 986 430	2 287 859 274	3 983 552 318	1 025 533 259	2 913 478 008	4 892 134 232	4 744 030 899. 18	32 213 500 424

附表6-5 超局部闭模型I基本流量表

单位:万元

| | | 中间使用 | | | | | | | | | | 最终使用 | | | 总产出 |
		001	002	003	004	005	006	007	008	009	010	居民消费	政府消费	其它最终使用	
中间投入	001	146 837 892	247 531	575 881 696	51 570 581	188 695	65 444	18 961 515	42 806 178	101 265	14 007 935	262 406 860	12 379 033	-24 214 287.18	1 101 240 340
	002	618 682	69 460 690	15 502 187	338 626 679	210 561 246	108 789 112	19 148 450	213 566	158 875	2 312 108	1 351 021	0	-224 879 653.32	541 862 962
	003	98 143 906	22 663 067	1 544 108 303	112 595 446	302 051 576	24 507 276	182 108 719	312 154 194	21 704 713	266 142 558	890 523 433	0	481 602 302.90	4 258 305 494
	004	95 447 553	36 659 218	262 273 067	897 465 932	225 825 565	14 444 253	538 726 589	39 382 193	89 585 985	224 034 940	120 791 649	0	-28 654 031.85	2 515 982 913
	005	13 131 847	37 488 820	315 450 941	71 319 718	1 347 228 897	36 924 055	349 137 454	54 764 906	90 691 330	65 092 392	163 663 035	0	769 640 899.78	3 314 534 295
	006	10 039 870	26 114 229	65 142 913	95 730 972	80 477 906	173 314 032	30 838 601	32 277 079	25 935 058	31 647 298	62 021 554	0	1 446 918.03	634 986 430
	007	750 296	207 319	1 233 172	618 642	630 658	1 999 023	73 070 274	12 439 970	1 380 263	12 672 072	0	0	2 182 857 585.03	2 287 859 274
	008	43 280 894	44 744 368	361 624 467	198 226 235	273 649 672	46 711 448	239 274 030	950 742 557	180 989 626	383 060 011	949 621 209	28 151 676	283 476 125.37	3 983 552 318
	009	25 032 765	10 805 313	122 359 753	92 029 612	97 973 829	10 962 472	71 837 911	151 226 145	110 433 489	96 264 896	150 478 757	30 158 035	55 970 285.02	1 025 533 259
	010	13 433 102	10 482 127	61 365 558	31 157 016	48 767 259	13 380 456	211 765 546	120 395 255	39 976 542	299 390 487	603 409 365	1 166 814 376	293 140 919.27	2 913 478 008
最初投入	劳动者报酬	652 709 226	99 497 763	422 664 272	193 521 717	267 400 728	67 025 456	342 117 996	944 240 661	220 667 637	1 022 834 825	0	659 453 952	0.00	4 892 134 232
	生产税净额	-34 106 164	89 998 177	136 301 495	159 659 633	146 463 195	30 204 141	80 734 880	298 640 555	10 160 302	31 729 830	119 663 700	- 797 528 826.6	-175 762 907.93	1 099 428 244
	毛盈余	35 920 471	93 494 340	374 397 670	273 460 730	313 315 069	106 659 263	130 137 307	1 024 269 060	233 748 175	464 288 656	1 568 203 650		29 978 500.00	3 644 602 655
	总投入	1 101 240 340	541 862 962	4 258 305 494	2 515 982 913	3 314 534 295	634 986 430	2 287 859 274	3 983 552 318	1 025 533 259	2 913 478 008	4 892 134 232	1 099 428 244	3 644 602 655	1232 213 500 424

附表6-6 超局部闭模型II 基本流量表

单位:万元

		中间使用										最终使用		资本形成		总产出/	
		001	002	003	004	005	006	007	008	009	010	居民消费	政府消费	合计	净出口	总产出	总收入
中间投入	001	146 837 892	247 531	575 881 696	51 570 581	188 695	65 444	18 961 515	42 806 178	101 265	14 007 935	262 406 860	12 379 033	24 008 203	-48 222 490	1 101 240 340	
	002	618 682	69 460 690	15 502 187	338 626 679	210 561 246	108 789 112	19 148 450	213 566	158 875	2 312 108	1 351 021	0	3 156 726	-228 036 379		541 862 962
	003	98 143 906	22 663 067	1 544 108 303	112 595 446	302 051 576	24 507 276	182 108 719	312 154 194	21 704 713	266 142 558	890 523 433	0	166 616 301	314 986 002	4 258 305 494	
	004	95 447 553	36 659 218	262 273 067	897 465 932	225 825 565	14 444 253	538 726 589	39 382 193	89 585 985	224 034 940	120 791 649	0	8 174 302	-36 828 334		2 515 982 913
	005	13 131 847	37 488 820	315 450 941	71 319 718	1 347 228 897	36 924 055	349 137 454	54 764 906	90 691 330	65 092 392	163 663 035	0	702 892 682	66 748 217	3 314 534 295	
	006	10 039 870	26 114 229	65 142 913	95 730 972	80 477 906	173 314 032	30 838 601	32 277 079	25 935 058	31 647 298	62 021 554	0	703 047	743 871		634 986 430
	007	750 296	207 319	1 233 172	618 642	630 658	1 999 023	73 070 274	12 439 970	1 380 263	12 672 072	0	0	2 180 439 905	2 417 680	2 287 859 274	
	008	43 280 894	44 744 368	361 624 467	198 226 235	273 649 672	46 711 448	239 274 030	950 742 557	180 989 626	383 060 011	949 621 209	28 151 676	185 048 564	98 427 561		3 983 552 318
	009	25 032 765	10 805 313	122 359 753	92 029 612	97 973 829	10 962 472	71 837 911	151 226 145	110 433 489	96 264 896	150 478 757	30 158 035	38 238 159	17 732 126	1 025 533 259	
最终投入	010	13 433 102	10 482 127	61 365 558	31 157 016	48 767 259	13 380 456	211 765 546	120 395 255	39 976 542	299 390 487	603 409 365	1 166 814 376	335 324 765	-42 183 846		2 913 478 008
最初投入	劳动者报酬	652 709 226	99 497 763	422 664 272	193 521 717	267 400 728	67 025 456	342 117 996	944 240 661	220 667 637	1 022 834 825	0	659 453 952	0	0	4 892 134 232	
	生产税净额	-34 106 164	89 998 177	136 301 495	159 659 633	146 463 195	30 204 141	80 734 880	298 640 555	10 160 302	31 729 830	119 663 700	0	0	29 978 500		1 099 428 244
	毛盈余	35 920 471	93 494 340	374 397 670	273 460 730	313 315 069	106 659 263	130 137 307	1 024 269 060	233 748 175	464 288 656	1 568 203 650	-797 528 826.6	0	-175 762 907.9	3 644 602 655	
总投入		1 101 240 340	541 862 962	4 258 305 494	2 515 982 913	3 314 534 295	634 986 430	2 287 859 274	3 983 552 318	1 025 533 259	2 913 478 008	4 892 134 232	1 099 428 244	3 644 602 655	0	32 213 500 424	

第7章 政策启示

我国经济正处于从高速度向高质量的转型发展期。对于在这个时期的发展方式,有人认为中国经济还可以实现 8% 以上的高速度增长,有人认为中国的经济增长速度从此会越来越低。那么,究竟会是什么样的? 我们的看法是,根据一些国家的历史经验,中国经济再次实现 7.5%~8.5% 的中高速度依然是可行的。对这个前景的一些有利条件是:(1)中国还有很大的落后地区,还有很大比例的中低收入人口;(2)在"一带一路"国际经济空间下,世界上的一些发展中大国正在崛起,提供了广阔的市场空间,以及世界经过一段时期的再平衡后,将迎来新的发展机遇期;(3)中国要在 2050 年成为世界领先的发达国家,按照目前发达国家的水平,人均国内生产总值应达到 3~5 万美元,还需要再翻两番。为了实现这个目标,即使匀速发展,年均增长速度都需要 5%。考虑到目前发达国家的历史经验,在人均 GDP 过 3 万美元后都只能有 3% 左右的增长速度,所以,即使考虑到人民币升值,也需要 10 年左右 7%~8% 的增长速度。

基于以上认识,根据本项目对 2007 年至 2017 年发展历史经验的分析,对我国未来经济发展提出以下观点:

(1) 坚持可持续发展指导思想,以提高人民幸福指数、加强国家安全和科教兴国为基本国策。当前,我国经济正在按照"两山"理论谋划发展蓝图,既符合这个基本国策和指导思想,也有我国经济发展的阶段历史成就提供的深厚物质基础。2012 年以来,新时代转型升级的调控过程为新阶段的高速度+高质量"双高"发展提供了制度框架和社会文化基础。由于新冠疫情的影响,新阶段的开启可能要到 2022 年后。

(2) 在实施发展动力转换时,不仅要保证人民生活水平的持续提高,促进消费,同时也要兼顾发展速度,因此,要保持一定的投资增长速度。回顾过去的经济发展经验,根据科学的经济增长理论,一定的 GDP 增长速度是由具有提前期的固定资产投资保证的,所以,一定不能因顾虑当前消费的增长而减少投资,必须保证增长速度需要的积累率。本项目的分析也说明,固定资产投资是增长的第一推动因素。

（3）农业现代化进程要加强。研究分析表明,虽然我国第一产业的产业化和市场化水平在不断提高,但是,速度不算快,与发达国家的差距巨大,农业现代化的路还较长,所以,需要中央和地方两级财政进一步提高"三农"支持力度,使其与农业基础地位和农业人口规模相适应。

（4）必须进一步加大教育投入,提高教育生产效率。现代经济增长和发展是与高素质人力资源增长密切联系在一起的。我国高等教育虽然看起来已经非常庞大,但这是由我国巨大的人口基数促成的。与发达国家水平相比,我国高等教育规模仍然非常不足。建议规划实施普及高等教育计划,使得在未来 10 到 20 年内,专科教育水平成为必须完成的教育义务,本科生实现 50% 以上的研究生入学率。根据本项目分析,我国现在的国家教育经费投入仍然非常不足,以至于教育总投入在社会总产出中的份额持续下降。实际上,我国现在的教育经费一方面表现为总量不足,许多高校仍然负债运行,另一方面也存在经费使用效率低、教育生产效率低等问题。建议国家组织专家开展深入研究,搞清楚高等学校的有效运行模式和操作规范,抓几所高校作出示范来。要协调学历人才培养的社会资源,加强高校与社会实践机构在教育上的刚性联系,用法治进行规范。对于落后地区的基础教育的投入要进一步提高标准,依靠最先进的信息技术尽快实现标准化和多样化相统一的高质量教育。根据有关报道,2020 年新冠疫情开始后,美国纽约市教育局宣布,向需要远程上学的学生免费租借 iPad,加利福尼亚州向家庭困难的学生发放约 7 万台笔记本电脑和平板电脑。新加坡政府计划到 2028 年,向每个中学生提供一台笔记本电脑或平板电脑,或补贴。

（5）经济计划性(不是计划经济)既是我国在中高速发展阶段的必然特征,也是社会主义经济制度的必然要求。高速运行的经济不能任由市场调节,否则必然会剧烈震荡。实际上,观察美国等发达资本主义国家的经济增长史,剧烈震荡性不亚于我国改革开放前,虽然是两种不同的机理。在新时代中国特色社会主义阶段,对"五年规划"工作要进一步提高其科学水平,深入贯彻钱学森的总体设计部思想和综合集成研讨厅方法论,同时规范性开展十年和二十年规划的制定,建成迭代生成的规划决策支持系统。

（6）以消费增长计划作为经济增长的主导控制器。经济的根本目的是消费,经济增长是需求拉动和供给推动的双轮驱动系统。本项目应用局部闭模型研究最终需求各因素对经济增长的影响,居民消费总量是内生变量。研究发现,在第一阶段,居民消费结构变化并不利于 GDP 增长,在第二阶段稍有利于 GDP 增长。不过居民消费总量必然是不断增长的。政府消费实际上是对公共产品的消费,公共消费计划就是对公共产品供给的计划。除了行政经费以外,公共产品支出主要就是教育、医疗卫生、环境保护、国家安全和文体艺术。分析已经表明,公共消费在我国过去的经济增长中扮演了非常重要的角色,然而,与发达国家相比,我国的公共产品供给缺口依然很大。因此,做好居民消费预测和公共产品提供规划,就能很好地制订经济计划。

（7）加强统计核算理论研究,为科学计算经济增长提供更科学的方法理论。我国的经济统计制度一直是引用国际上成型的方法体系,但实际上这些建立在西方经济学基本原理基础上的核算方法具有深刻的科学缺陷。在本项目研究中碰到了 GDP 增长核算的难题。因为使用投入产出技术,GDP 计算要与投入产出表关系相一致,因而使用不变价投入产出表。但是,用不变价第二象限加总求得的实际 GDP 与用缩减指数法求得的实际 GDP（名义 GDP 除以总价格指数）在理论上是不一致的。本项目暂且使用了前者。虽然基本结论在定性上可以接受,基本合理,但在理论上是有缺陷的。

后　记

　　这本专著是集体努力的成果。刘新建负责总体设计、理论指导和第1、2、7章的撰写,王薇负责第3章的研究和撰写,李小文负责第4章的研究和撰写,杨茜负责第5章的研究和撰写,陈文强负责第6章的研究和撰写,苗晨负责基本投入产出表的数据处理和计算。最后,刘新建负责统稿和修改完善。课题申报和研究过程中,房俊峰、户艳辉、王韶华提供了重要支持,研究生宋中炜做了部分计算工作,在此对他们表示衷心感谢。

　　燕山大学经济管理学院为本书的出版提供了部分资助,在此表示衷心感谢。